法政文丛

主　编

何勤华　贺卫方　李秀清

编委会主任

陈启甸　黄　韬

编委会成员（按字母顺序）

曹勉之	陈　颐	陈越峰	冯　静	傅蔚冈
葛　峰	胡晓进	蒋传光	金旼旼	赖骏楠
李　鸽	刘思达	吕亚萍	屈文生	史大晓
宋华琳	田　雷	仝宗锦	于　霄	于　明
汪庆华	王　婧	王　琳	王笑红	张海斌
张　龑	张芝梅	职　烨	郑　戈	朱绩崧

法政文丛 / 何勤华 贺卫方 李秀清 主编

America and the Law
of Nations 1776-1939

美国与国际法
1776–1939

［美］马克·威斯顿·贾尼斯（Mark Weston Janis） 著

李明倩 译

上海三联书店

《美国与国际法1776-1939》

［美］马克·威斯顿·贾尼斯 著，李明倩 译

America and the Law of Nations 1776-1939

By Mark Weston Janis

"法政文丛"序言

"法政"一词由来已久。在古典文献中,"法政"多指法律与政令,如"法政独出于主,则天下服德"(《管子·明法解》)。但"法政"一词的流行,却是在近代之后。受日本学制影响,我国清末法律教育多以法学和政治学并列,称为"政法科"或"法政科"。尤其在1905年立宪之议兴起后,出于对法律的强调,"法政"逐渐取代"政法",成为当时通行的称谓。这一时期的北洋法政学堂、京师法政学堂等均以"法政"为名。1910年京师大学堂办分科大学,也以"法政科"作为学科名称。名为《法政杂志》《法政学报》的报刊更是层出不穷。

但在新中国成立后,由于历史原因和对政治优先性的强调,在表达法律与政治的合称时,"政法"一词取代"法政"成为通行的官方用语,"政法机关"、"政法院校"、"政法战线"等词汇应运而生,并沿用至今。应当看到的是,近年来,随着依法治国与法治观念的深入,原本已被遗忘的"法政"一词,又开始焕发出新的生命力,重新回到学界的用语之中。就本套丛书而言,著译内容主要涵盖法律与政治的领域,因此即以"法政文丛"命名之。

自近代以来,翻译作品就在我国的法学教育和法学研究中扮演了重要角色,对于学术视野的开阔与研究方法的拓展,都具有十分重要的作用。在学术著作出版繁荣的今天,法律翻译作品的出版也差不多达到了百年来的高潮,林林总总的丛书令人眼花缭乱。以翻译作品为主的"法政文丛"与众不同的特点在于:

首先,这是一次跨地域的、有意义的合作。我们三位主编虽都曾主持多种丛书的出版、参与多部著作的翻译,但这种远距离的双城合作还是第一次。编委会成员更是分布于全国各地乃至国外,在不同的院校或研究、出版机构工作,但他们之间的一个共同点在于,他们都是法学院的毕业生,并且正从事着与法学相关的职业。

这一具有空间跨度的合作有可能把更多有着共同志趣的同仁团结在一起,更好地取长补短。

其次,本丛书的编委会成员大多为 70 后乃至 80 后。他们出自不同专业,有法律史、法理学、宪法,也有行政法等部门法学。这些非常优秀的青年学者已经用各自的著述证明了自己的实力。尤其值得一提的是,他们中的很多人曾在上海三联书店出版过自己的著译作品,因而具有很好的合作基础。青年人之间思想的交流与碰撞,必将让这套丛书更具活力与创造力。

第三,本丛书有望成为培养青年学术人才的一个平台。通过它的出版,应该能够锻炼一批年轻人,他们将在对优秀学术作品的精读和翻译中,提升自己的学术品位、夯实学术研究的基本功。编委会将不定期召开小型研讨会,集合众人的智慧,确定未来的书目,以加强学术共同体的凝聚力,相互学习与砥砺。这些青年学者具有广阔的学术前景,会不断延续薪火相传的学术理想。

本丛书第一辑书目包括《论美国新民主》、《誓言:奥巴马与最高法院》和《伦奎斯特谈最高法院》等几部比较重要的著作,它们不仅反映出我们对法律史、法理学、比较法、司法制度等领域一以贯之的研究旨趣,而且都涉及“法律与政治”的主题。这些著作都是从顶级的出版社引进,代表了当今世界法政出版的最新成果、最高水准。在阅读经典的同时,熟悉真实世界的运作也是极为必要的。而它们所讲述的正是正在发生的故事,将带领读者去了解域外政治、法律内部运作的真实情况,深化已有的理解。

“法政文丛”主编:何勤华　贺卫方　李秀清

2013 年 7 月 5 日

致谢

感谢我的秘书桑德拉·米哈利克（Sandra Michalik）和玛格丽特·肯特（Margaret Kent），尤其是我的手稿打字员琼·伍德（Joan Wood），她多年来将我的铅笔涂鸦变成了一部部手稿；感谢国际法图书馆员莎拉·考克斯（Sarah Cox）；感谢研究助理布伦特·休斯顿（Brent Houston）、贝齐·戈尔登（Betsy Golden）、埃莉诺·迈克尔（Eleanor Michael）、菲利普·贾尼斯（Philip Janis）、埃里克·伊赛（Eric Hisey），欧尼·李（Ownie Lee）和克里斯汀·柯林斯（Kristin Collins）；感谢牛津大学出版社的朋友们，特别是约翰·劳斯（John Louth）和梅雷尔·阿尔斯坦（Merel Alstein）；同时感谢我在康涅狄格大学、牛津大学等地的学术同仁。

本书中的某些章节已经以论文形式发表：

M W Janis, 'Jeremy Bentham and the Fashioning of "International Law"', 78 American Journal of International Law 405（1984），第一章中的部分内容得到了美国国际法学会的部分授权，特此感谢。

Mark W Janis, 'Protestants, Progress and Peace' and 'American Versions of the International Law of Christendom', Religion and International Law 191，211 （Mark W Janis and Carolyn Jones eds, 1999），第三章和第四章部分内容得到了 Kluwer Law International 的授权，特此感谢。

Mark W Janis, 'Missouri v Holland: Birds, Wars, and Rights,' International Law Stories 207（John E Noyes, Laura A Dickinson, and Mark W Janis eds, 2007），第十章部分内容得到了 Foundation Press 的授权，特此感谢。

目录 CONTENTS

如果说美国人处理国际关系的方式与众不同,世人应该不会感到太过惊讶。本书回顾了1776年北美独立战争打响至1939年第二次世界大战爆发期间,美国独特的国际法传统。之前已有著作讨论了1789年到1914年间美国的国际法发展历程,前一个日期诞生了流传至今的合众国新宪法,后一个时间点则是第一次世界大战爆发的初年。本书在此基础上有所发展,不仅在论述范围上有所拓宽,而且在内容分析上更加深入。

18世纪末,新成立的共和制政府对国际法甚为重视。此后的两个世纪里,国际法的重要性只增不减。然而,国际法未能阻止甚至也未能延缓第一次世界大战的爆发,使这个学科陷入尴尬境地,也令众多美国人至今仍唏嘘不已。尽管国际法对商贸的重要性被普遍认可,但我们应该怎样描绘、解读美国对国际法与众不同且常常前后矛盾的认知呢? 答案不会简单;事实上,永远也无法完满地予以回答。然而,如果能更加清晰地解释当今美国民众对国际法重要性的认识,帮助我们预测国际法未来的发展方向,探索一个答案便论有所值了。

我为读者准备了十一篇论文,着眼于考察在推动和批判国际法过程中发挥了重要作用的人物。他们具有不同的身份:法学家、革命者、政治家、法官、律师、乌托邦主义者、业内专家、质疑者以及国际法忠实拥趸。当然,有些人扮演了多重角色,有些人已不再举足轻重。但是,我希望本书能够连贯地呈现美国人参与国际法的过程。

简单地谈谈封底。1872 年是美国国际法传统的情感高潮，这一年发生了美、英阿拉巴马号仲裁案。美国成功地利用法律途径，以和平手段阻止了英国政府提出的赔偿英国制造的邦联军舰在内战期间遭受损失的诉求，使很多美国人相信国际法很快就能以法庭取代战场。仲裁案围绕着一艘利物浦制造的邦联军舰——阿拉巴马号。阿拉巴马号在对联邦船只进行了两年的劫掠后，被联邦军舰奇沙治号（Kearsarge）于 1864 年 6 月 19 日击沉，引起很多法国瑟堡的民众前去围观。不久之后，法国印象派作家马奈（Edouard Manet，1832—1883）参观了停靠波洛格内（Boulogne-sur-Mer）的奇沙治号。马奈的画作现保存在费城美术馆，《美国国际法传统》的封面和本书的封底都选取了这幅画。从中可以看到火光中的阿拉巴马号以及凯旋的奇沙治号背影。

本书的封面选自美国印象派画家蔡尔德·哈萨姆（Childe Hassam，1859—1935）的旗帜作品，是第一次世界大战期间纽约市悬挂的联军国旗。蔡尔德的作品反映出也进一步加强了美国与英国、法国一并加入血腥的欧洲国家混战后，高涨的爱国主义情绪。这本是包括威尔逊总统在内的绝大部分美国人都希望避免的结果。素来质疑国际法的威尔逊，却以国际法作为美国参战的合法性理由与目标。但战争结束后并没有出现威尔逊试图争取的乌托邦图景，美国人对国际法和国际组织的热情都大幅减退，公众舆论中也再未出现以往高涨的理想主义。

第一章　布莱克斯通与边沁：
万国法与国际法

　　我们对法律的思考方式在很大程度上受到前人的影响。这本文集将关注美国如何研究"万国法"(Law of nations)或"国际法"这一名称互用的学科。但首先我们要来回顾英国法学家威廉·布莱克斯通与英国哲学家杰里米·边沁流传下来的截然不同的精神遗产。在 1765—1769 年间出版的《**英国法释义**》中，布莱克斯通将普通法中关于"**万国法**"的传统观点传播给了美国法学家；此时，这些法学家们正忙于宣布国家独立、建立新政府和领导新成立的共和制政府。边沁对布莱克斯通的"**万国法**"概念并不满意，他于 1789 年——同年也是美利坚合众国宪制政府元年、华盛顿就任美国总统、法国爆发大革命——创制出一个新的词汇——"**国际法**"，并为后世一直沿用。美国人往往混淆这两个术语，虽然布莱克斯通与边沁创设的概念中对本学科性质的定位存在矛盾，但我们却总是试图将此二者兼顾。

　　本章首先介绍布莱克斯通对传统"**万国法**"概念的使用与认知，继而考察边沁创制新术语即"**国际法**"的过程，阐述边沁如何将"**国际法**"比照于一般意义上的法律，并将边沁的观点与其众多追随者之一约翰·奥斯丁的观点进行对比，进而讨论边沁如何看待国际法在维持普遍永久的和平中可能发挥的作用。最后，本章还将对边沁提出的并被广泛接受的"**万国法**"对等概念——"**国际法**"进行剖析。了解布莱克斯通的经典概念"**万国法**"与边沁影响深远的"**国际法**"之间的重要区别，能够帮助我们更好地理解和评价美国后世学界就该学科研究方法的论争。

　　本章的主要目的在于阐明美国今日之国际法学是如何形成的。分析现状必然要从溯源开始。如果说我们可以从第一篇文章获得一个最重要的启示，那就是我们称之为"**万国法**"与"**国际法**"的两个概念从未完全相同过。认识到这种多元性具有重要意义，其中，最显著的一方面是，它使我们更好地理解到，美国围绕国际法性质与优势的激烈讨论，源于论争各方均未能意识到他们实际上在讨论不同的事物。

2

第一节　布莱克斯通的"万国法"

我们先从牛津大学课堂中的一个师徒故事开始讲起。"国际法"出现在"**万国法**"之后，人们顺理成章地推定杰里米·边沁对"**万国法**"一词的熟稔来源于威廉·布莱克斯通（1723—1780）的著作与授课。布莱克斯通的《**英国法释义**》[1] 适时地在一片混乱中挽救了英国的普通法传统，使之免受欧洲大陆法律编纂的影响。1763 至 1766 年间，律师之子边沁（1748—1832）就读于牛津大学王后学院，参加了著名的《**英国法释义**》作者布莱克斯通的讲座授课。《**英国法释义**》第一卷于 1765 年出版，正值边沁的学生时代。布莱克斯通是牛津大学首位瓦伊纳（Vinerian）英国法教授。彼时，边沁已经结束了本科学习，但继续留在学校准备律师资格考试。[2] 布莱克斯通对边沁的影响非常深远。从边沁最早期的著作到最后一部作品，时常可见对布莱克斯通观点的援引，尽管援引的目的多为批判。[3] 布莱克斯通理解的"**万国法**"是什么呢？大部分属于一种实践法，为真实英国法庭上的法律人所应用。

让我们先来回顾一下曼斯菲尔德勋爵（威廉·默里，1705—1793）在 1764 年"特鲁凯特诉巴斯（*Triquet v. Bath*）"案中做出的判决。布莱克斯通是特鲁凯特等原告方的代理律师。[4] 被告巴斯试图免于其债权人提起的法律诉讼，他提出他是"巴伐利亚公使、哈斯朗伯爵（Count Haslang）真实且善意的家仆"；作为外国使节一员，应该受到保护，原告则认为巴斯的工作"有名无实"，不过是其为了逃脱债权人正当要求的卑鄙借口。[5] 布莱克斯通作为原告债权人的代理律师出庭，他认为"安娜七年第十二部法案（7 Ann. c. 12）没有对以往法律进行任何修改，根据一般万国法（the general law of nations），大使及其随员享有同等特权"。[6] 原告诉称巴斯仅仅是一名来自都柏林、在英格兰与爱尔兰之间从事贸易的纺织品商人，他只会讲英语,起居饮食皆不在伯爵的住所。[7] 为了使自己的论据更加充分,布莱克斯通还"提及格劳秀斯的《战争与和平法》(de Jure Belli et Pacis);宾刻舒克(Binkershoek)的《论对大使的司法管辖权》(de Foro Legatorum)、《法庭代表》第十五章(c. 15,de Comitibus Legatorum),援引两位先贤的观点得出推论:排除商人的特权是国际法所允许的。"[8]

曼斯菲尔德勋爵同意布莱克斯通及原告方关于"外交大臣及其家臣的特权取决于万国法"的主张,并在议会法案的基础上增加了"对违反该法者之处罚适用简易管辖权(summary jurisdiction)"的规定。[9] 事实上,"法案丝毫没有质疑'万国法,尤其是与公使相关的部分是否为英国法的一部分,没有质疑违反该法是否会受到刑法制裁,也没有试图对国际法进行任何修改'"。[10] 曼斯菲尔德勋爵在适用国际法时,回顾了"巴布案(Buvet v. Barbut)",塔尔博特(Talbot)[1]勋爵"援引了格劳秀斯、巴贝拉克(Barbeyrac)[2]、宾刻舒克、维格尔福特(Wiquefort)[3]等权威著述后,作出判决;此外,并没有杰出的英国籍作者论述过相关问题。"[11] 然而,曼斯菲尔德伯爵主张"布莱克斯通先生的理论虽正确,但就目前该案事实而言,被告一方的证词优于原告方;已经可以证明巴斯确实受雇于这位巴伐利亚大使。"[12] 在特鲁凯特案中,尽管布莱克斯通赢得了理论之役,却输掉了事实之战。最终,巴斯逃脱了其债权人的追偿,受到了格劳秀斯等人阐明的万国法原则的保护。

特鲁凯特案并非曼斯菲尔德勋爵承认国际法重要性并将其融入普通法的唯一案例。戈斯诉威瑟斯案(Goss v. Withers)[13]与卢克诉莱德案(Luke v. Lyde)[14]都与保险、海上捕获相关。希思菲尔德诉奇尔顿案(Heath field v. Chilton)也涉及外交豁免问题,曼斯菲尔德勋爵对此重申,"公使及其随从的特权由万国法决定;这也是英国普通法的一部分"。[15] 迪金森(Edwin Dickinson)曾经评论道,17、18世纪英国普通法对国际法的吸纳是"一种非常自然的推论","英国法庭按照正当理性和自然正义,发展了英国本国法"。[16]

---

〔1〕查尔斯·塔尔博特(1685—1737):英国律师、政治家,曾任法律政策专员、大法官。——译者注
〔2〕巴贝拉克(1674—1744):法国法理学家。——译者注
〔3〕维格尔福特(1606—1682):荷兰著名外交家,著有《大使及其职能》。——译者注

在布莱克斯通的《英国法释义》中,万国法扮演着至关重要的角色。它首先出现在第一卷的导论中,作者在导论第二部分讨论了"法律的普遍性质"[17],认为"法律的普遍意义"在于"由某个更高级别的主体制定行为规则"。[18]万国法在所有四项行为规则中排在第三位,这些行为规则,如自然法、神启法、万国法与国内法,"不是笼统意义上的行为规则,而是人类行动或行为的规则"。[19]自然法列于首位。布莱克斯通写道,"人作为上帝的一种创造物,必须服从于造物主所设定的规则,因为他完全依赖于造物主;造物主的意志被称为自然法"。[20]自然法规定了"永恒不变的善恶之法。"[21]这些自然法则包括"查士丁尼归纳的三项基本信条,即我们应该诚实生活、不伤害他人、不侵犯他人之物的原则。"[22]自然法规则通过"正当理性的合理运用"形成。[23]自然法具有巨大的强制力,因其"相对于其他规则,当然地含有更高等级的强制性","在世界各地都具有约束力,无论何时:与之相违背的人法无效;人法所以有效,是由于直接或间接地,从这个源头取得效力和权威。"[24]如果人的理性是完美的,将会很容易发现自然法,从而加以适用,"但是每个人在其自身的体验中却发现情况完全相反;人类的理性并不完善,其认知中充满无知与错误。"[25]于是,布莱克斯通所指的第二种法"神启法或神法",即上帝对自然法的明确阐释就显得尤其必要。[26]神法对于人类而言似乎就是一种自然法或等同于自然法。因此,"神启法(对人类而言)具有更高权威",因为"它是上帝所创;人法则需借助人类理性,我们将其想象为自然法。"[27]基于这两个原则,布莱克斯通认为,"自然法和神启法决定了人类的所有法则;换言之,任何人法不得与之相违背。"[28]其余两种法,即万国法与国内法之所以存在,是因为"社会由人组成",否则自然法和神法就足够了。[29]布莱克斯通正是在这一点上(位于自然法、神启法之下,国内法之上)开始讨论万国法:

　　然而,所有人类聚集起来形成一个大的社会是不可能的,人们必然被划分为众多群体,形成若干独立的团体、共同体(commonwealth)和国家,虽然彼此完全独立,但是还是存在不可避免的交往。

　　基于此,用于规范这种交流的第三种法律产生了,我们将其称为"万国法"。由于没有国家会承认某一国地位高于另一国,因此这种法律不能由任何一个国家来制定。它完全依赖于自然法的规则,或基于若干共同体之间的协议、条约、盟约和合意:在订立这些契约时,除了社会共同遵守的自然法外,没有其他的规则可以遵守,所以《查士丁尼法典》非常恰当地将万国法解释为自然理性用以支配所有平等主体的规则。[30]

布莱克斯通解释到他将会"更加详细地解释该部分主要内容——国内法或市民法(事实上,他在《英国法释义》四卷本中的确更加详尽地着墨于此);它是治理不同地区、社会或国家所依据的规则。"[31]他将这种法称为"**国内法**以符合通常表达习惯,因为严格意义上,该表达指某一个**地方市镇**或自由城镇的特殊习惯,但它完全也可用于在相同法律和习惯统治下的任何国家。"[32]

此外,导论第二部分没有再对万国法进行更为明确地阐述。如果在一些地方加以详细说明,将能够帮助读者更好地理解万国法。例如,布莱克斯通将包含民事行为规则的市民法与包括道德行为规则的自然法、神启法相区分。[33]如果能够知晓布莱克斯通理解的万国法究竟指代道德行为规则还是民事行为规则,从而判断万国法更加接近自然法和神法,还是更加偏向于市民法,将会更加有趣。

此外,如果能够明确布莱克斯通所理解的主权与万国法的关系将会锦上添花,他在英国国内法中对此问题有所讨论。[34]布莱克斯通将国内法定义为"一国最高权威制定的民事行为规则。"[35]他赞同英国宪法未将国家主权单独置于民主议会、贵族委员会或君主而是由三者共享的做法,"每一部分都具有一定的制衡力量,足以抵制它认为不合理或危险的变革,从而使社会受益。"[36]然而,他并没有解释被分配于社会中的国家主权与万国法是何关系。

他也没有试图将"诸如生命和自由权在内的自然权利"[37]与万国法联系起来。布莱克斯通提出"人类立法机构没有权力剥夺或损毁这些权利,除非权利所有人实施了一定行为,使其自身权利丧失。"[38]如果万国法类似于近现代国际人权法,是一种与自然法相关联的法,那将处于非常有力的地位。布莱克斯通感到"总体上,国内法的宣示性部分(declaratory part)对本质上是非已经明辨的行为毫无效力与权威。"[39]并且,布莱克斯通没有说明如何将万国法与制裁行为相联系。他注意到"法律的主要力量在于附加其后的惩罚措施;人法的主要任务尽在于此。"[40]布莱克斯通似乎将万国法归于人法，但是我们并不确定他是否意在表明，制裁对于万国法的效力如同其于国内法的重要性——即为万国法强制力的根本体现。

最后，如果能发现布莱克斯通在讨论法律解释的相关问题时，是否意识到自己正在该部分最后几页讨论万国法问题，将会非常有趣。[41]此处他两次援引普芬道夫的著述，首先，旨在证明"语词通常在其最普遍和最为人所知的意义中被理解"[42]；其次，意在说明如果出现了荒谬的规则，"我们必须稍稍偏离于语词的通常含义。"[43]布莱克斯通在讨论衡平概念时，广泛借鉴了格劳秀斯的观点甚至引用了格劳秀斯的定义：衡平是对"法律（由于法律范围过于广泛）不足之处的纠偏。"[44]布莱克斯通认为，"因为并非所有案件都可被法律预见或涵盖，所以在将普遍性规则适用于具体个案时，应当有一个权力机关被授权来排除法律对某些特殊情况的适用，如若这些例外情况能够被立法者预见，他也会将之排除出法律的适用范围。"[45]他借鉴了格劳秀斯关于此类情况的表述："**法律不规定正确详尽的定义，而委任善良的人自由裁量。**"[46]

导论第三部分"论英国法"[47]并未提及万国法，但是至少有三处论述与之相关。首先，布莱克斯通将普通法与其他形式的国内法——"成文法、民法、商人法等"相区分，但没有提及万国法。[48]其次，万国法未被等同于诸如**商人习惯法**（*lex mercatoria*）等"特殊"习惯形式。[49]第三，万国法未被归于民法、罗马法或教会法之中。[50]

导论第四章也是最后一章"论适用英国法之国家与地区"[51]也没有明确论述万国法。有趣的是，布莱克斯通在讨论美洲殖民地时提到了万国法：

> 我们在遥远的美洲等地的殖民地，在某些方面也必须遵守英国法。有些遥远国家内的殖民地，仅仅只是由于首先由英国公民占领而使我国得以主张对其拥有所有权。这种占领是通过发现这片土地未经开垦且无人居住后，由英国公民从祖国迁移到当地定居实现的；而有些已经开化的殖民地，要么通过武力征服，要么通过缔结条约取得。两种权利都以自然法为基础，至少以万国法为基础。但是这两种殖民地因受不同的法律约束而有所区分。如果一个没有人烟的国家被发现并被英国殖民者开垦，则所有英国法在该地立即生效。

因为适用英国法是每个国民与生俱来的权利，无论他们走到哪里，都适用英国法。在通过武力征服或条约割让而取得的地区，国王可以改变殖民地的原有法律，但是在改变真正发生之前，原有的古老性地方法律依然有效，除非（原有之法）违反了上帝之法，无宗教信仰的国家即属于此种情况。

我们的美洲殖民地实际上也是第二种情况，系我们于上个世纪通过征服、驱逐土著居民（在此暂且不讨论自然正义问题）或缔结条约取得。因此，英格兰普通法在此没有容身之地，没有权威；他们不是宗主国的一部分，只不过是遥远（但独立）的领土。他们虽然遵守议会的统治，但（像爱尔兰、马恩岛等地）不受议会立法的约束，有特别规定者除外。[52]

7

导论之后，"万国法"在《英国法释义》四卷本中还出现了若干次。这四卷是：人的权利（第一卷）；对物的权利（第二卷）；侵害私人的行为（第三卷）；侵害国家的行为（第四卷）。[53]第一卷颂扬了英国人"享有人身安全、自由和私有财产"的绝对权利。[54]这些权利并非以万国法为基础，而是英格兰特有之物，在布莱克斯通看来，相较于其他地区，它们备受普通法的珍视与保护。[55]

作为在"特鲁凯特"案中表现突出的代理律师，布莱克斯通在讨论外交豁免问题时广泛论述了万国法。在第七章"国王的特权"[56]部分，他认为在"涉及对外事务时，国王是民众的代理人或代表，唯有他有权派遣使节到外国，在本国接见他国使节。"[57]随后，布莱克斯通开始"探究英格兰国内法在何种程度上可以干涉，或者说保护这些我们称为大使的信使权利免于其他君主侵犯。"[58]他主张"大使的权利、权力、义务和特权由自然法和万国法决定，而不受任何国内宪法约束。"[59]布莱克斯通讨论了大使犯罪的"豁免问题"，以及"万国法学者就大使是否豁免于一切犯罪而进行的激烈争论"，得出结论，"欧洲普遍采取了博学的格劳秀斯的观点——无论大使的犯罪行为如何残暴，在极端情况下才能对其进行惩罚。"[60]布莱克斯通阐述了如何根据万国法保护大使及其家人免于债务诉讼或合同诉讼以及安妮女王时期如何通过英国法来执行万国法。[61]同样地，"唯有国王有宣战和媾和的特权"，该权力也由"自然法与万国法"授予。[62]万国法还给予国王颁发安全通行证的特权。[63]但是"英格兰作为一个商业国家"，"尤为重视"与外国商人的有关事宜，这也是自从《大宪

8

章》颁布以来英国法的一大特征。[64]尽管布莱克斯通并未在此明确商人法是万国法的一部分，但也很难得到其他的答案：

> 另一方面，英国法将国王视为商事仲裁人，负责处理国内事务。此处我说的"商事"仅指国内商事。如果我试图论述对外贸易的性质、特权、规范和禁止性规定，那将会步入一片过于庞大的领域，这也与本释义旨在论述英国法的目的无关。没有一国的国内法足以规范和决断那些覆盖面非常广泛、内容庞杂的交通运输与商业事宜，这些法律对此也不具有正当的权威性。由于这些是不同国家臣民之间的交往行为，所以一国的国内法无法得到他国认可。基于上述理由，商业事宜由商人们自己的法律调整，被称为商人法，各国都必须认可遵守。英国法尤其如此，在很多情况下，它规定商人之间的事务由自己特殊的习惯调整，甚至涉及到内陆贸易时也遵从商事惯例。比如汇票的签发、承兑和移转都要按照商事惯例进行。[65]

在《**英国法释义**》第二卷"对物权利"和第三卷"侵害私人的行为"中，有关万国法的内容相对较少。也许最有趣的原因在第三卷中。尽管它的标题是"侵害私人的行为"，但大部分内容与民事程序有关。在第五章"教会法院、军事法院和海洋法院"中，布兰克斯通还区分了一般性英国海事法院与捕获法院：

> 来自美洲地区、其他殖民地及领地的附属海事法庭的上诉，可在英格兰海事法院提起，也可以直接诉至"国王会同枢密院"（King-in-Council）[4]（具有部分海事案件管辖权）。但若涉及战时在世界任何区域的捕获船只，且该船只被任何海事法院或附属海事法庭定为合法捕获物时，则由以枢密院成员为主要成员的上诉委员会受理上诉事宜，法官无权受理。它催生了大量条约的缔结；欧洲主要海洋国家纷纷建立特别法庭以决定捕获品合法与否：当不同于本国

---

〔4〕当君主遵照枢密院的建议行事时，一般会称之为"国王会同枢密院"（King-in-Council）或"女王会同枢密院"（Queen-in-Council）。君主会同枢密院（Crown-in-Council）也会负起一定的司法职能。——译者注

的其他国家的民众出现分歧理解时,将完全交由万国法而非任由一国的国内法来决定。[66]

布莱克斯通对"**万国法**"最全面且经常被援引的定义出现在《英国法释义》第四卷第五章"违反万国法的行为"中:

> 万国法是从自然理性推导出,基于文明地区民众的普遍同意而建立起来的一套规则。由于两个或两个以上独立国家及其民众交往频繁,故万国法被用以解决所有纠纷,规范所有礼仪,以确保正义和善意为人们所遵守。它的基本原则是,不同国家应该在和平时期尽可能地帮助他国,交战时期在不损害己方真实利益的前提下,尽可能地减少对他国的伤害。由于任何国家不允许其他国家具有优先地位,故没有一国可以对其他国家发号施令、制定法律;因此此类规则就必须来自于自然正义法则,这也是所有国家一致同意的;这些规则也可来自于不同社会间的协定或条约;构建规则的过程中没有法官可以求助,唯有自然法和理性是协约各方均熟悉且平等遵守的。[67]

布莱克斯通将涉及"诸如汇票等商事问题","所有海事案件","与捕获、海难、人质、赎回单据相关的纠纷",特别是"英国法谴责的主要违法行为:1. 违反安全通行证;2. 侵犯大使权利;3. 海盗行为"的规则都纳入万国法——"这种普遍法"的范围。[68]

我们可以看出,布莱克斯通的"**万国法**"是一种实践法。它不仅涉及个人与国家的权利和义务,还可以调整普遍性事项,而且其规则能够在英国国内法庭中适用。布莱克斯通写道,万国法"被普通法全面吸收,是英国法的一部分"[69],该理论很快得到美国法学家的认可。[70]我们必须注意到(边沁并没有注意到)布莱克斯通的"万国法"定义是以渊源为基础的,换言之,布莱克斯通将万国法与国内法区分的原因在于万国法的渊源具有普遍性,而国内法的渊源则仅限于一国之内。[71]

第二节　边沁的"国际法"

边沁的第一本法学著作《政府片论》(*A Fragment on Government*)[72]出版于

1776 年,阐述了这位年轻学者从其牛津授业教师处得到的精神收获。边沁将副标题定为"评威廉·布莱克斯通爵士《**英国法释义**》导论中关于政府问题的一般理论(*An Examination of What is Delivered*,*on the Subject of Government in General in the Introduction to Sir William Blackstone's Commentaries*)。"[73]尽管**《政府片论》**只批评了《英国法释义》导论中与国内法有关的内容[74],但我们还是能够找到对"所谓万国法"一笔带过、持有怀疑的论述。[75]

为了充实边沁关于"所谓万国法"的早期思考,让我们翻开他随后撰写的**《关于〈释义〉的评论》**(以下简称**《评论》**)。边沁于 1774 年至 1776 年间完成该书手稿,却在去世(1832 年)96 年后,即 1928 年才被出版。[76]**《评论》**是边沁继 1776 年**《政府片论》**出版后对布莱克斯通《英国法释义》更为详细的批评。[77]尽管出于诸多原因考量,边沁不愿将其**《评论》**公诸于众,但不可否认的是,**《评论》**更好地体现了年轻的边沁对传统万国法的看法,至少在形式上他吸收了布莱克斯通的下列观点:

> 无论称之为国家(states)还是民族(nations),都有关于万国法的讨论。有万国法这样一种事物么? 如果答案是肯定的,那么万国法是何物? 它包含哪些元素? 这就是我们想要知道的。这也是我们的作者(布莱克斯通)从未想过告诉我们的。他认为它(万国法)存在之必要前提的范围十分狭窄。他只向我们阐述了万国法的基础:事实上我想布莱克斯通本意是想阐述万国法的内容。其他人都会认为"包括某物"与"以某物为基础"是有所区别的,而布莱克斯通却将其等同起来。

> 如果可以的话,我们可以说布莱克斯通理解的万国法包含两种元素。其一是我们熟知的自然法规则。其二是一些被称为国家、社会等共同体之间的契约、协约、盟约和合意(从布莱克斯通指称它们的方式看,差别诸多,但对其他人而言,它们都是一样的)。[78]

边沁不屑于该定义:

它(万国法)首先包括部分自然法规则,以区分于其他内容,随后布莱克斯通不遗余力地证明万国法还包括一些在其他人看来**并非法律**的内容。因此我们现在可以简短地回答:万国法只有一部分是另一种法,其余部分则完全不是法律。[79]

这并非一个肯定性的评价。在边沁看来,自然法并不足以与万国法相区分,而且自然法本身也值得怀疑。他在《评论》一书中将自然法定义为"人类在自然状态下的法则",换言之,"没有法律时才适用的法则。"[80]《评论》认为布莱克斯通所言的协定与合意根本不是法律规则,它们被定义为"**来自我们的允诺**,而法律则是指引我们的命令。"[81]《政府片论》中简洁的怀疑论调似乎正是源于《评论》中较为详尽的批评。由此可见,至少边沁在早期认为万国法仅仅包括自然法与合意,再无其他,在他看来,这两者的法律性质均令人质疑。

若单纯阅读《政府片论》和《评论》,很难知晓边沁意在批评布莱克斯通对万国法的理解还是不满于万国法本身。也许他将两者合二为一、混为一谈了。此外,必须客观地说,边沁在《政府片论》和《评论》中对万国法的分析并没有给予布莱克斯通应有的公允评价。布莱克斯通对万国法的贡献远远超出边沁愿意承认的范围。事实上,布莱克斯通对万国法的阐述是美国国际法学者从英国继承而来的伟大智识成就。正如我们在后面几章中将会看到的,布莱克斯通与荷兰人格劳秀斯、瑞士人瓦特尔的著述都是早期美国法学家研究万国法的主要参考。

从针对《英国法释义》的《评论》中,可以看到边沁对布莱克斯通万国法的分析认识过于简单。然而,边沁本人并没有出版《评论》一书,1776 年《政府片论》中简短地质疑万国法也未能立即产生影响。相较之下,边沁的早期观点更为重要,它们为 13 年后边沁将"万国法"转化为"国际法"奠定了基础。

"国际法"一词首先出现在边沁于 1789 年出版的《道德与立法原理导论》(*Introduction to the Principles of Morals and Legislation*,以下简称为《原理》)中。[82]该书前言简要提及"国际法",且仅仅将"国际法"作为宏大出版计划中的分类之一:"国家之间事务的立法原理,用一个新颖而非平淡无奇的名称来说,即有关**"国际法"**事务的立法原理。"[83]边沁对国际法的阐述体现在《原理》最后一章,作者致力于在该部分界定法理学的范围。[84]边沁将"确定法律是怎样的"（阐述性法学）著作与"确定法律应当怎样"（审查性法学）的著作相区分。他又将阐述性法学著作分为立法者本人的著作（因此是"权威的"）与出自其他任何人之手的著作（因此是"非权威的"）。他将法律本身分别基于范围、政治性质、时间、表达方式和惩罚种类归入五个"集群"，即五种"产生主要法学部门的情势。"[85]边沁就是在这些门类中使用了"国际法"这一术语。新术语出现在书中关于法律的"政治性质"部分，用以平衡"国内"法：

> ……作为法律对象的人的政治性质。这些人在任何既定场合，或者被视为同一国家的成员，或者被视为不同国家的成员：在第一种情况，法律可被称为"国内"法，在后一种情况，则被归入"国际"法。[86]

边沁在脚注中对"国际的"一词解释如下：

> 必须承认，"国际的"一词是个新词；尽管它应该足够具有比照性，清楚易懂。它被用来以一种更具实义的方式，表达通常归入"万国法"名下的那类法律，由于万国法的名称缺乏特征，若非由于习惯的效力，听上去将更像是国内法。我发现阿居瑟首相已经说过类似的话。他说，通常所谓"万国法（droit des gens）"应该被叫做"国际法（droit entre les gens）"。[87]

边沁至少在两处提及了德·阿居瑟（1668—1751）[5]对"国际法"一词的偏好。有趣的是，正如我们在下文所见，德·阿居瑟与边沁一样将其讨论限于国家间关系：

> 这一概念应当在**国际法**（inter gentes juice）的视野下认识，"国际法"一词较**万国法**"（jus gentium）更为适当和准确。因为正如下文会进一步解释的，

---

〔5〕德·阿居瑟（D'Aguesseau 1668—1751）：另有著作将其译为达盖索，于路易十四时期任首相，把拉丁文 jus inter gentes 译成了法文 driot entrs les nations。——译者注

我们已经了解到"万国法"这个词有其他含义。[88]

"国际法"就其本身的字面含义来说是调整国家之间关系的法律,所以应当称之为**"国际法"**(inter gentes juice),而非**"万国法"**(jus gentium)。[89]

也许正是阅读了阿居瑟的文章,边沁获得了"国际法"一词的灵感。总之,边沁的这一术语进入了法语和英语中。现代法语中,"国际法"一词为 *droit international* 以及 *droit des gens*。

边沁创造"国际法"一词,看似只是为了替换**"万国法"**,因为他认为前者能够更好地说明相关法律门类的特征。也许有人不同意哈特在《**法律的概念**》(*Concept of Law*)中的观点:"国际法一词的创造者边沁,阐述使用该词的原因仅仅在于它'足以比照'国内法。"[90]我不敢苟同哈特的观点,原因有两方面。第一,边沁创造或使用该术语的过程中未有任何阐释。第二,边沁意在比照国内法的做法值得怀疑。其实,一个更为清晰的推论是:边沁使用"国际法"是为了以一个明白易懂的词汇替代"万国法"。这似乎是边沁书中阐释性注脚的旨意。

尽管边沁强调他只是重新命名"万国法",但事实上,由此产生的影响却非常深远。我们看看边沁著作中的下个段落:

> 隶属于不同国家的个人之间可能进行的任何交往,受其中一国的国内法管辖,并由其国内法庭裁决。如果一国的君主同另一国的某个平民有任何直接往来,情况也是如此。君主每将自己的诉案提交其中任一国的法庭,无论要求得益,抑或拒绝承担责任,他都是暂时把自己降到平民地位。而君主间进行的相互往来,则须遵循那类可恰当、专门地被称为"国际法"的法律。[91]

我们注意到边沁对国际法进行了两个重要的推断。首先,他推断国际法仅仅关乎国家之间的权利和义务,而不包括个人间的权利义务。其次,他推断国内法庭处理的涉外交往纠纷由国内法而非国际法规则决定。这两个关于国际法的推断都推翻了边沁只是用**"国际法"**替换**"万国法"**的观点。如前文所示,布莱克斯通明确认为万国法涉及"两个或两个以上独立国家,以及**这些国家间的民众经常发生的交往**",强调万国法"被普通法全面吸纳"。[92]边沁对"**国际法**"的定义则否定了上述两种根本性观点。

布莱克斯通观照了法律实践的现实,但边沁并没有。毕竟,边沁试图改革法律,而布莱克斯通主要是重述法律。边沁不是也不会成为一名律师;布莱克斯通则是一名律师,继而成为一名法官。事实上,正如我们所见,布莱克斯通曾在"特鲁凯特"案中担任辩护律师,在该案中,曼斯菲尔德勋爵赞同地援引泰尔波特在巴布案中的观点:"万国法是英国法的一部分",由不同国家的实践和著述作者的权威组成。[94]

18 世纪的万国法内容远多于后来被称为国际公法之物所包含的实践与协定。在格劳秀斯的《战争与和平法》以及其追随者的著作中,万国法被阐述为对全人类具有约束效力的普遍法。至少在普通法国家,对公私权利义务的划分还有待发展。但普遍法对于个人和国家同样具有效力。它本身被几近平等地适用于个人之间、个人与国家间以及国家之间的事务。[95]

边沁似乎并没有提及自己与他认为应被称作"**国际法**"而非"**万国法**"之领域的边界有何关联。边沁在《原理》或其他著作中均没有明确认可布莱克斯通所思考的传统万国法异于新术语"**国际法**"。最重要的是,边沁将布莱克斯通提及的有关个人权利义务的规则排除在"**国际法**"的范围之外。这并非批评边沁的"**国际法**"概念有误,而仅仅意味着我们应该承认,它不同于布莱克斯通的"**万国法**"。可以说,不知不觉间,边沁改变了他试图界定的学科领域的范围。

第三节　边沁、奥斯丁与国际法的类法性

边沁的新术语及其定义对该学科声誉造成的损害很快凸显出来。边沁的学界同仁约翰·奥斯丁(1790—1859)在 1832 年出版的《**法理学的范围**》(*Province of Jurisprudence Determined*)中否认国际法是"真正的"法律:

国家间存在的法律不是实体法：每个实体法都由一个特定的主权者为出于隶属状态中的某个人或某个群体所制定……国家之间获得认可的法律(这个称谓并不妥当)由一般舆论确定。它所设定的义务通过道德制裁来施行：一旦国家或主权者违反了普遍接受和遵守的准则，他们恐惧将会引起普遍敌意或招致可能发生的厄运。[96]

　　奥斯丁轻蔑地将国际法列入荣誉性法则(law of honour)和礼仪之法等仅由一般舆论确立起来的规则。[97]我们将在第三章中分析惠顿对奥斯丁这种过于简单化的谴责是如何回应的。现在我们还是先来关注边沁。

　　雅各布尼(Jacobini)注意到边沁在《原理》中已经先于奥斯丁提出了对国际法类法性的质疑："该类描述下的人(君主)的行为规则在多大程度上能够恰当地归入'**法律**'名下，是个必须等到该'**法律**'的性质较为清晰时才能回答的问题。"[98]除此之外，《原理》中再无他处涉及该问题。可能不为大众所知的是，边沁在其未公开的著作中，更加详细地讨论了国际法面临的现实问题。尽管边沁同样对国际法类法性存有疑问，但令人惊讶的是，他绝非奥斯丁一般的怀疑论者。

　　为了获得更加全面的观点，我们必须翻开边沁的手稿《**论一般法律**》(Of Laws in General)，该书大部分于 1782 年完成，但并未出现在宝宁的《边沁作品集》中；直到 1939 年才被发现，并于 1945 年首次出版，取名为《法理学界限之限定》。[99]边沁在该书中继续分析已在《**原理**》一书中得出结论的法律概念。

　　《**论一般法律**》将其研究对象界定如下：

　　法律可以被定义为一个国家内的"**主权者**"创制或者采纳的、用以宣示其意志的符号集合，关乎特定个人或群体在特定"**情形**"中应遵守的行为，而处于该情形中的上述人群受制于或被推定受制于主权者的权力：此类意志得以实现，要仰赖于对主权者所意图发生事件的预期，如此做出的意志宣示有时是意志得以实现的手段，所宣示的意志对那些行为被规范之人来说，应该作为其行为的动机而发挥作用。[100]

因此乍一看,边沁似乎得出了与奥斯丁相同的结论:国际法不等同于法[6]。边沁甚至写到"主权者的让步不是法律","主权者之间缔结的条约本身不是法律;它与我们对'法律'一词的定义显然不同"。[101]此外,边沁相信"这些条约所依赖的效力是……道德与宗教制裁。"[102]至此,边沁与奥斯丁之间的相似之处颇为紧密。但就在一点上,他们朝着不同的方向继续发展各自的观点。奥斯丁拒绝承认国际法是法,因为不存在一个国际的主权者,而且违反国际法规则后也仅仅面临着道德制裁。边沁却有着截然不同的想法。首先,正如我们将在下部分阅读到的,边沁认为一国主权者可以并且已经制定了国际法。其次,与奥斯丁不同,边沁认为仅仅通过宗教或道德制裁就足以执行"真正的"法律:

16   一项**关于君主的**法律以怎样的方式能够被执行并产生效力:何种力量能够在本质上适用于该目的? ……宗教制裁的力量不仅可适用于其他目的,也可适用于该目的:这是宗教制裁宏大而有益的目的之一,如果它只是偶然性地具有一定影响,则不能适用。同样的道理也可用于道德强制的效力。[103]

边沁列出下面这个有关国家间盟约的段落,说明道德制裁具有实际约束力:

     当某外国通过明确的盟约表明参与执行某法律,该国就被认为处于保障该法执行的情况中。国际法史中有很多这种类型的盟约。[104]

边沁承认这种宗教和道德制裁的约束力"鲜少等同于政治约束力";[105]"但是否认它们的效力则将走向另一个极端。可以毫不夸张地说,那将会"没有特权得到

17 过尊敬,没有条约得到过遵守。"[106]

我们不应该从《法律》的上述段落中进行过多解读。虽然《法律》和《原理》均未以奥斯丁的直白方式论述国际法是否为真正的法。但我们能够强烈地感知到边沁

---

〔6〕奥斯丁对此强调的是国际法虽然很接近法,但不是法,而边沁对此强调的是国际法虽然不是法,但很接近法。

本人至少有些时候认为,国际法的这种类法性足以让人称之为法。在此他预示了哈特在《法律的概念》中的著名论断,"没有其他社会规则能像国际法一样接近于国内法。"[107]

边沁承认国际法的现实存在,不仅表现在他提出真正的法律也可通过道德强制得以实行,他还在《原理》中将国际法作为旨在分类研究的学科之一。[108]尽管我们没有发现边沁进行了更为详细的国际法研究,但他的确写了几篇关于国际法的短文,表现了对其所命名学科的乐观态度。

第四节　边沁与国际法的理想目标

1786—1789 年间,边沁撰写了四篇有关国际法的短文,于 1843 年在宝宁编辑的《边沁作品集》第二卷中首次问世。[109]这些文章译自边沁最初的法文文章,被编辑归纳在一起,以"国际法的原则"为标题。四篇文章虽均与国际事务相关,但第一篇《国际法的目标》(*Objects of International Law*)与第四篇文章《普遍与永久和平计划》(*A Plan for an Universal and Perpetual Peace*)最能体现边沁的国际法理想。[110]

尽管本章在最后提及这四篇论文,但应该记住它们与《原理》、《法律》的写作年代大体相同。这使得一切更加有趣,因为这几篇国际法论文体现出了国际法最终可以实现的蓝图,充满了乐观主义态度。边沁在这几篇论文中的基本技巧是将功利主义方法用于国际法,正如他此前将功利主义用于分析国内法。例如,《国际法的目标》开篇即发问:"如果这世界上的一位公民要准备一部普遍适用的国际法典,他会选择以什么作为他的目标? 答案必将是对各个国家共同和平等的功利;这将是他的意愿,也是他的责任。"[111]

边沁不知道是否应该委任某个特定的立法者为全世界起草法律,因为他同时只是其中一个国家的公民。他对自己国家负有的义务与对所有国家负有的义务是否会有利益冲突呢?[112]边沁试图以牺牲国家自我利益的观点解决该冲突:"一国主权者应当为了外国人的利益牺牲自己国民的利益么? 为什么不呢?——如果真有这样一位主权者,他的臣民自我牺牲的行为应该得到颂扬。"[113]因此,国际法的功利主义目标不过是国内法功利主义目标的扩大化,"一位公正的立法者应该提醒自己国际法的目标是各国共同的最大幸福。"[114]

为国际法立法者设定了一个也许并不现实的目标后,边沁提出了一些切实的步骤来实现它。他的指导原则正是旨在使最大多数人获得最大幸福的功利主义原则:

> 他(立法者)应该遵循与国内法同样的路径。他要使自己能够阻止明确的国际违法行为——鼓励采取积极有效的措施。
>
> 他将某个国家针对其他所有国家实施敌对行为的所有情形视为积极犯罪,其他所有国家的利益都可能因此受损,而该国则会增益……
>
> 同样道理,他将某个国家拒绝为他国提供积极帮助的决定视为消极违法行为,在这种情况下积极帮助会比敌对行为对他国产生更多好处,而使本国蒙受损失。[115]

18

边沁认为战争是"一国试图牺牲另一国来实现自身权利的一种程序。"[116]他将和平法视为"国际法典的实体法",战争法则为"国际法典的附属法。"[117]边沁在文章结尾提出,进行法律编纂、缔结新的公约和完善法律是防止战争的有效方式。[118]正如我们即将看到的,这些话题很快获得了美国学者的青睐。

值得注意的是,《国际法的目标》一文和其他文章同样,只是粗略论述了国际法的问题。我们可从边沁的笔记中进行解读。即使边沁有关国际法发展的观点尚不完整,我们依然能够抓住这位哲学家的主旨。他乐观地认为,更加完善的国际法和更好的制度能够减少战争发生的几率。此外,他希望改善后的国际法成文化——换言之,以法典和公约的形式出现——而非不成文习惯法。也许在边沁的思想中,他能够更好地将对传统万国法的质疑与对新国际法的乐观相协调,因为万国法过多地建立在模糊的习惯法和不成文规则之上。

19

也许边沁最理想的愿望是各国可以牺牲国家利益以建立世界的和平。这种乌托邦思想更加充分地体现在《普遍永久和平计划》一文中,他在文中论述了给予所有国家的建议,特别是给英国和法国。[119]边沁所建议的内容包括放弃殖民地、解散所有联盟、实现自由贸易、将海军数量削减到只需防范海盗、相互削减军队规模等。毫无疑问,这些都非常不切实际。[120]

边沁意识到即使自己的改革得以采纳,国家之间依旧会就国际法上的权利发生冲突。他叹道"两国谈判者之间一旦有意见分歧,战争都将是不可避免的。"[121] 对此,边沁的解决方案是建立能够解决此类意见分歧的"国家间共同法院(common court of judicature)"。[122] 他设想该法院以"大会"的形式存在,由每个国家选派一名代表构成。[123] 为了执行法院判决,边沁还设计了一系列相应的措施:首先,仅仅报告法庭的意见;第二,"在各个国家领域内"阐述意见,以获取公众意见;第三,"将拒不听从的国家交由欧洲处理";第四,"作为最后一个步骤",派遣由参与国提供的军队来"执行法院判决"。[124]

19

这些都是世界和平的宏大计划:放弃殖民地,减少海军和陆军,并通过国际法庭解决国际纠纷。边沁认识到各国必须采取重要转变以实现上述构想,于是他向英国人呼吁道:"噢,我的同胞们! 快把你们的视线从不公正的场景中移开,——清除掉你们心中过度嫉妒、错误抱负和自私傲慢的'黑斑'。这些举动也许令人痛苦;但回报也将非常丰硕! 困难与荣耀同在。"[125]

这就是边沁勾画的国际法蓝图! 与步其后尘的 19 世纪实证主义学者奥斯丁等人迥然不同。当然,边沁书中有相当部分的理想主义。他的首要任务并非建立法哲学,而是进行法律改革。[126] 我们不应该为边沁将改革热情投入到国际法与国内法中而感到惊讶。他就是这样一个兼具现实主义与理想主义的人——同时展现出怀疑主义与乌托邦主义,这些概念在之后的两个世纪中被灌输给美国人,也让美国人困惑迷茫。

20

第五节 万国法、国际法与跨国法:不固定的对等

边沁在有生之年里见证了他创造的新词汇获得了巨大成功。[127] 边沁的这一概念不仅在英语中,在其他语言中也被固定下来。**"万国法"**这一传统词汇,虽然仍被使用,但通常被认为可与**"国际法"**相互替换。[128]

正如我们所见,尽管这种对等是边沁的个人观点,但这两个词汇的对等却埋下了令人困扰的伏笔。为了以一种简洁易懂的方式进行阐述,我们来比较国际法的三种定义。按照目的对其加以区分。首先,我们来看边沁的国际法定义。它以法

律的主体为分类特征，有效地将所有适用于主权国家间关系的规则划分出来。当然，它最接近于边沁创造"**国际法**"一词的初衷。

20　　　第二种定义更加贴合于传统概念——万国法。布莱克斯通笔下的这类法律，以其渊源为分类特征。它有效地将所有取自跨国协议、实践或其他非国内法律渊源的规则划分出来。它比边沁的定义更具有包容性，更好地涵盖了以往被认为属于万国法领域的内容。

　　　第三种定义以法律规范下的交往为框架，是美国人对定义的一大贡献。美国哥伦比亚大学国际法教授、国际法院大法官杰赛普（Philip Jessup，1897－1986）将视线投向跨国事务的法律规则，于1956年创造出"**跨国法**"一词，提出它包括"所有调整跨越国界的行为和事件的法律。"[129] 该定义不分主体和渊源，将所有涉及跨国交往的规则归纳在一起。

　　　注意，我们称为"**国际法**"的这个学科根据所采纳定义的不同会发生不同的变化。有些法律规则在上述三种定义下都可以归入该学科。例如与领海界限有关的规则（1）与国家相关，（2）来源于习惯国际法和国际惯例，（3）涉及跨国事务。但有21　些规则在不同的定义中，则未必均属于"**国际法**"。例如，以渊源为基础的"**国际法**"定义也许承认政府虐待本国公民的规则为国际法，但基于主体或跨国交往的定义不会承认此类规范是国际法。[130]

　　　对这三个定义中的任何一个做出对错评判也许都不恰当。如果我们直接承认每个定义都有其局限性和适用范围，也许将收获更多。[131] 尽管将仅涉及国家间关系的规则归纳出来非常有用，但边沁有些极端地坚持"**国际法**"一词与传统的"**万国法**"对等。在我看来，也许更加有效的做法是允许从多个角度对该学科进行定义。

　　　不论如何，边沁的对等意识还是具有很强的效果。例如，反思这种对等是否在理论上和实践中对另一被美国人称为冲突法的学科有所影响，也很有趣。该论点以这种方式被提出：迪金森注意到18世纪万国法有三个部分："商人法、海事法和我们称为国家法的内容"。[132] 其中，"**国家法**"最为接近边沁所称的"**国际法**"。边沁在为"**万国法**"变身时，或多或少地忽略了商人法和海事法。

22　　　布莱克斯通之所以将这类法律归入万国法，部分原因是为了解决今天美国人称为冲突法的问题：

没有一国的国内法足以规范和决定范围广阔、内容庞杂的交通与商业事务，它们也不具备正当的权威性来实现此目的。由于这些是不同国家臣民之间的交往行为，所以一国的国内法无法得到他国认可。[133]

据此表述，万国法为 18 世纪英美普通法学者或法庭在处理涉及一个以上法律体系的纠纷时，提供了找到恰当规则的途径。法庭不必决定适用英国或美国（或其他外国）规则来解决此类跨国纠纷，而只需直接援引万国法这一原则上不仅在英美法庭也可在外国法庭中适用的法律规则。

22
当边沁将私人事务排除在国际法之外时，他也排除了用国际法解决这类冲突法问题的可能性。以精力充沛而著称的美国最高法院大法官、法学家、哈佛法学院教授约瑟夫·斯托里（Joseph Story, 1779 - 1845）在 1834 年出版的《冲突法评论》中，曾哀叹"没有以英语写就的此类著作。"[134] 在此之前，在布莱克斯通模式的影响下，万国法包含了斯托里在冲突法标题下提出的一些或全部问题，这是否是没有出现冲突法著作的原因之一呢？当然，斯托里认为其论述主题围绕着"在国内法庭将一国国内法适用于当事人的权利和救济，特别是取决于或有关对外事务时。"[135] 这一概念非常接近边沁的理念，即国内法而非国际法才适宜调整"隶属于不同国家的个人之间可能发生的事务。"[136]

很有可能，边沁的"**国际法**"定义或一些与之类似的概念是冲突法在美国作为一个独立法律学科出现的前提条件。边沁将"**国际法**"与"**万国法**"等同起来，祛除了其中的私人性元素，给予了"**冲突法**"发展的空间。此外，如果美国法学家和法官延续布莱克斯通的研究观点，认为上文提及的冲突法规则是万国法而非国内法的一部分，那么 19、20 世纪美国有关私人国际事务的实体性规则的研究方法将呈现出与现在不同的发展路径。[137]

23
无论如何，布莱克斯通的"**万国法**"和边沁的"**国际法**"都是一笔宝贵的遗产。布莱克斯通关于万国法是一种实践性法律、在普通法法庭中非常有用的观点，三个世纪以来已经成为了美国国际法传统的一部分。边沁对国际法作为"法"的疑问及其对于国际法作为实现世界和平工具的希望也传给了我们。布莱克斯通和边沁的概念迄今已经有 200 多年的历史，但依然没有过时，它们对于塑造美国对万国法和

国际法学科的概念理解有着非常重要的影响。虽然布莱克斯通和边沁的观点使"国际法"的定义一直充满不确定性,但也不无益处。也许,正是它在概念上与实践中的混乱促进了一个理论与实践领域向另一个理论实践领域的交叉发展,推动了该学科在不同层面上的进步。

23

1　William Blackstone, *Commentaries on the Laws of England* (*A Facsimile of the First Edition of 1765 - 1769*) (1979 edn, University of Chicago Press, four vols).

2　Burns and Hart, 'Introduction' to Jeremy Bentham, *A Comment on the Commentaries and a Fragment on Government* at xix-xx (Burns and Hart, eds, 1977, University of London, Athlone Press)[以下称为 Burns and Hart]。

3　同上 at xx-xxiv.

4　*Triquet and Others v. Bath*, Court of King's Bench, 3 Burrow 1478 (1764), 97 *English Reports* 936.

5　同上 at 936.

6　同上.

7　同上.

8　同上 at 937.

9　同上.

10　同上.

11　同上 at 938.

12　同上.

13　2 Burrow 683 (1758), 97 *English Reports* 511.

14　2 Burrow 882 (1759), 97 *English Reports* 614.

15　4 Burrow 2015 (1767), 98 *English Reports* 50.

16　Edwin Dickinson, 'Changing Concepts and the Doctrine of Incorporation', 26 *American Journal of International Law* 239, 253 (1932).

17　1 Blackstone, *supra* note 1, at 38 - 62. 导论第一部分"论法律的学习",是布莱克斯通作为牛津大学首位瓦伊纳教授时发表的演讲,发表于 1758 年 10 月 25 日,同上 at 3—37。

18　同上 at 39.

19　同上.

20　同上.

21　同上 at 40.

22　同上.

23　同上.

24　同上 at 41.

25　同上.

26　同上 at 41 - 2.

27　同上 at 42.

28　同上.

29　同上 at 43.

30　同上.

31　同上 at 43 - 4.

32　同上 at 44. 努斯鲍姆认为英国人尤其偏好在该语境中使用"市镇"(municipal)一词,在很大程度上源于布莱克斯通。Arthur Nussbaum, *A Concise History of the Law of Nations*, 136 (rev. edn 1954, New York, Macmillan).

33　1 Blackstone, *supra n* 1, at 45.

34　同上 at 46 - 58.

35　同上 at 46.

36　同上 at 50 - 1.

37　同上 at 54.

38　同上.

39　同上.

40　同上 at 57.

41　同上 at 58 - 62.

42　同上 at 59.

43　同上 at 60.

44　同上 at 61.

45　同上.

46　同上.

47　同上 at 63 - 92.

48　同上 at 67.

49　同上 at 74 - 9.

50　同上 at 79 - 84.

51　同上 at 93 - 115.

52　同上 at 104 - 5.

53　1 Blackstone 117 - 473;2 Blackstone 1 - 520;3 Blackstone 1 - 455;4 Blackstone 1 - 436, supra n 1.

54　1 Blackstone, *supra n* 1, at 140.

55　同上 at 117 - 41.

56　同上 at 230 - 70.

57　同上 at 245.

58　同上 at 245 - 6.

59　同上 at 246.

60　同上 at 246 - 7.

61　同上 at 247 - 8.

62　同上 at 249.

63　同上 at 251.

64　同上 at 252.

65　同上 at 263 - 4.

66　3 Blackstone, *supra* n1, at 69.

67　4 Blackstone, *supra* n1, at 66.

68　同上 at 67 - 8.

69　同上 at 67.

70　我们将在第二章中看到。

71 4 Blackstone, *supra* n1, at 66 - 7.

72 Jeremy Bentham, *A Fragment on Government*, in Burns and Hart, *supra* n 2, at 391 - 551.

73 同上 at 391.

74 同上 at 422 - 4.

75 同上 at 394.

76 Jeremy Bentham, *A Comment on the Commentaries*, in Burns and Hart, *supra* n 2,（以下简称为 **comment**）研究边沁的一部广泛流传的文献是 Jeremy Bentham, *the Works of Jeremy Bentham*（Bowring ed. , 1843, Edinburgh, W Tait）（以下简称 Bowring）。本章尽可能依赖于 H L A Hart 审阅下、近期出版的编纂文献和对边沁手稿的解读。作者非常感谢伦敦大学图书馆使他可以阅读到边沁手稿。

77 Burns and Hart, *supra* n 2, at xxiv-xxxiii.

78 *Comment*, *supra* n 96, at 36.

79 同上 at 36 - 7.

80 同上 at 37.

81 1 Blackstone, *supra* n1, at 45.

82 Jeremy Bentham, An Introduction to the principles of Morals and legislation Burns and Hart eds, 1970, London, Methuen（以下简称 **principles**）.

83 同上 at 6.

84 同上 at 293 - 300.

85 同上.

86 同上 at 296.

87 同上.

88 14 H F D' Aguesseau, *Oeuvres completes*, 602（Pardessus ed. , 1819, Paris, Fantin）.

89 15 同上 at 268.

90 H L A Hart, *The Concept of Law* 231（1961, Oxford University Press）[以下简称为 Hart]。

91 43 *Principles*, *supra* n 82, at 296.

92 4 Blackstone, *supra* n1, at 66 - 7.

93 97 English Reports 936（1764）.

94 同上 at 938.

95 Edwin Dickinson, The Law of Nations as Part of the Natural Law of the United States, 101 *University of Pennsylvania Law Review* 26, 26 - 7（1952）（以下简称为 Dickinson）。

96 John Austin,The Province of Jurisprudence Determined,201（1st edn, 1832, London, John Murray）.

97 同上 at 140 - 2.

98 *Principles*, *supra* n 82, at 297. H B Jacobini, "Current Note: Some Observations Concerning Jeremy Bentham's Concepts of the International Law", 42 *American Journal of International Law* 415,416 - 7. 雅各布尼对比奥斯丁与詹姆斯·密尔就国际法是否为法的观点后,总结道"很明显奥斯丁更加清晰地体现出边沁在该问题上持有的专业立场。"同上 at 417. 雅各布尼应该没有阅读下文提及的材料,而仅以宝宁编纂的《边沁作品集》为基础,*supra* n 76。

99 Jeremy Bentham, *Of Laws in General* at xxxi（Hart ed, 1970）

100　同上 at 1.
101　同上.
102　同上.
103　同上 at 68 - 70.
104　同上 at 70.
105　同上.
106　同上.
107　Hart，*supra* n 90，at 231.
108　Principles，*supra* n 82，at 6.
109　2 Bowring，*supra* n 76，at 535 - 60.
110　同上 at 537 - 40 and 540 - 60. 其他两篇文章是"Of Subjects, or of the Personal Extent of the Dominion of the Laws"，同上 at 540 - 4，讨论了哪种主权者可以规范哪种臣民，"Of War, Considered in Respect of Its Causes and Consequences"，同上 at 544 - 6，勾勒了边沁关于战争缘由的观点，这个主题在《普遍与永久和平计划》中，得到了更为充分的叙述。
111　同上 at 537.
112　同上.
113　同上.
114　同上 at 538.
115　同上.
116　同上.
117　同上.
118　同上 at 540.
119　同上 at 546.
120　同上 at 546 - 52.
121　同上 at 552.
122　同上.
123　同上 at 554.
124　同上.
125　同上 at 553.
126　参见 H. L. Hart，*Essays on Bentham*，1 - 20(Oxford University Press, 1982).
127　在 1823 年增加的一个注释中，《原理》(即 principles)出版 34 年后，边沁写道，"'国际的'一词，从本书开始，或者说从迪蒙先生用法院编的第一本书开始，已成为确定不移的通用语。翻阅报刊杂志即 可证明。"(principles)，*supra* n 82，at. 297.
128　成千上百的例证可以说明法官和评论家替换使用万国法与国际法。在此举一个例子就已足够，"万国法或称国际法，可以被定义为对文明国家相互关系具有约束力的规则与原则。" J. L. Brierly，*The Law of Nations* 1(6th edn, Waldock 1963, Oxford University Press).
129　Philip Jessup，*Transnational Law* 2(1956, New Haven, Yale University Press). 杰赛普创造出这一新词是因为他感到"'国际的'具有误导性，因为它意味着仅仅与一国与另一国的关系相关。"同上 at 1.
130　这种完全冲突的观点在 *Dreyfus v. Von Finck*，534 F. 2d 24,30 - 31 (2d Cir)，*cert. denied*，429 U. S. 835(1976)；*Filartiga v. Pena-Irala*，630 F. 2d 876,884 - 5(2d Cir 1980)中。

131 关于国际法的定义有一种悲观观点，参见 Glanville Williams，"International Law and the Controversy Concerning the Word 'Law'"，22 *British Yearbook of International Law* 146（1945）。威廉总结，"解决类似定义'法律'问题的唯一选择是放弃思考，不再为之争论。"同上 at 163。这似乎太过极端。如果不能解决一个词语的定义问题，为何不承认每个定义都有其适用的时空？这种承认需要一个更加缜密的分析，而非放弃思考，不再争论。

132 Dickinson，supra n 95，at 27.

133 1 Blackstone，*supra* n 1，at 263 - 4.

134 Joseph Story，*Commentaries on the Con? ict of Laws，Foreign and Domestic* at v（1st edn，1834，Boston，Hillaird，Gray & Co.）.

135 同上 at 2.

136 *Principles，supra* n 82，at 296.

137 这类国际法之外规则的发展是否为一个福音，仍旧有待讨论。我们对于国际商事或国际商法的概念仍旧感到困惑。参见 Y Loussouarn & J Bredin，*Droit du commerce international* 1 - 13（1969，Paris，Sirey）。

第二章 杰弗逊、麦迪逊和马歇尔：
万国法与新共和国

万国法（此时国际法仍被称为万国法）在一开始便发挥了十分重要的作用。在美国历史上，没有哪些领导人比建国元勋们更加重视这个学科。本章将讲述一些他们的故事。首先，我们从独立战争和邦联时期（1776—1789）美国人对万国法的认识讲起，重点论述托马斯·杰弗逊和《独立宣言》。其次，我们将会讨论万国法在美国制宪过程中（1787—1789）的重要性，并重点关注詹姆斯·麦迪逊。再次，我们将会探讨国父们是怎样利用万国法来处理美国早期的外交事务。最后，我们还会关注万国法融入美国早期司法实践的问题，尤其是约翰·马歇尔的贡献。

第一节 杰弗逊、万国法与独立战争

由于布莱克斯通和英国普通法的传播，独立战争时期美国法律人的智识结构中就已经有了万国法的一席之地。这种"万国法的融入……如此的明显……以至于没有任何理由来怀疑它的正当性。"[1] 在国父们的著作中，"关于格劳秀斯、普芬多夫以及瓦特尔的引用比比皆是。"[2] 万国法也很自然地进入到了大学的课堂当中。[3] 1773 年，哥伦比亚大学设立了自然法讲席。1774 年，约翰·亚当斯[1]为此开

---

〔1〕约翰·亚当斯（John Adams，1735—1826）：美国第二任总统，《独立宣言》签署者之一，被美国人视为最重要的开国元勋之一，同华盛顿、杰弗逊和富兰克林齐名。——译者注

列了一个万国法的参考书目,涵盖了格劳秀斯、普芬多夫、巴贝拉克、洛克以及哈灵顿等经典学者的著作。一年之后,亚历山大·汉密尔顿(1757—1804)推荐了格劳修斯、普芬多夫、洛克之外,还推荐了孟德斯鸠和布拉玛奇的作品。[4] 1775 年 12 月,参加第二次大陆会议的本杰明·富兰克林收到了三本瓦特尔的著作,并写到:

> (瓦特尔的著作)恰逢其时,在国家崛起之时,有必要经常参考万国法……瓦特尔的著作现在已经成为参会成员的案头必备。[5]

因此,战争爆发一年之后的 1776 年 7 月 4 日即美国人宣布独立之时,他们已经大量地援引万国法的理论来论证他们从大英帝国独立出来的合法性,这一点毫不令人奇怪。《独立宣言》的主要起草人之一是托马斯·杰弗逊(1743—1826),这位杰出的国父历任弗吉尼亚州总督(1779—1781)、美国驻法大使(1785—1789)、乔治·华盛顿政府国务卿(1789—1793)、约翰·亚当斯政府副总统(1797—1801)以及美国第三任总统。1743 年,杰弗逊出生于弗吉尼亚州,1760 年入读威廉玛丽学院开始学习法律,在他的**《摘录本》**(*Commonplace Book*)上密密麻麻地写满了他随手记下的法律学习的要点和内容,其中也包括大量对外国法和万国法的引用。[6] 杰弗逊在一份关于瑞士联邦的讨论中曾这样写到:"赫尔维蒂共和国〔2〕宪法中的一些条款对于构建美国国会同样具有借鉴意义"[7]。希纳尔〔3〕认为这段表述很可能写于《独立宣言》起草之前。[8] 几乎可以确定,写于《独立宣言》之后的那几页都是从万国法的角度来讨论战争期间的中立问题。[9]

让我们以万国法的视角,来审视《独立宣言》中著名的前两段:

> 在人类事务发展的过程中,当一个民族必须解除同另一个民族的联系,并按照自然法则和上帝的旨意,以独立平等的身份立于世界列国之林时,出于对

---

〔2〕赫尔维蒂共和国(1798—1803):通过法国大革命在瑞士联邦的领域上建立的一个子共和国。1798 年 4 月 12 日赫尔维蒂共和国成立,1803 年 3 月 10 日解散。——译者注

〔3〕希纳尔(Gilbert Chinard, 1881—1972):现代美国作家,著有《托马斯·杰弗逊:美国主义的使徒》(Thomas Jefferson: The Apostle of Americanism)。——译者注

人类舆论的庄严尊重，必须把驱使他们独立的原因予以宣布。

  我们认为下述真理是不言而喻的：人人生而平等，造物主赋予他们若干不可剥夺的权利，其中包括生存权、自由权和追求幸福的权利。为了保障这些权利，人们才在他们中间建立政府，而政府的正当权利，则是经被统治者同意授予的。任何形式的政府一旦对这些目标的实现起破坏作用时，人民便有权予以更换或废除，以建立一个新的政府。新政府所依据的原则和组织其权利的方式，务必使人民认为唯有这样才最有可能使他们获得安全和幸福。[10]

26

  杰弗逊对万国法的仰赖不言而喻。第一段中有一句反复被引用的话，"出于对人类舆论的庄严尊重"，听起来像是呼吁美国要去关注国际舆论，而且要站在万国法的层面上依据万国法和道德来为自己进行辩护。多年后，杰弗逊曾解释，

  《独立宣言》意在"寻求世界性法庭的支持……在全人类的面前使用朴实而坚定的话语来阐述有关这一主题（即有权独立）的常识，获取他们的认同。"[11]在普遍性万国法框架内形成的《独立宣言》主张，至少会被以下三类人阅读和应用：法国人、荷兰人、西班牙人等可能会帮助美国独立战争的外国人；一些可能会支持美国的英国人；那些犹豫不决、不知忠于大英帝国还是所在州的美国民众。

  第二段中有更多关于万国法的表述。关于"某些真理不言而喻"的论断是对自然法的大胆引用，自然法的概念存在良久，我们在布莱克斯通的著作中就已经见过，边沁也曾给予批评，但却是万国法的主要基础之一。杰弗逊等殖民地时期的美国人，认为"自然法是大英帝国宪法中的一项基本组成"，限制了英国国王和英国国会的权力。[12]"人人生而平等，造物主赋予他们若干不可剥夺的权利"作为自然法学说的主要观点，不仅适用于美国独立，最近还成为了国际人权的理论支撑。"生存权、自由权和追求幸福的权利"作为最早列举的几项具体人权，在之后 1789 年法国《人权宣言》、1789 年美国《权利法案》以及 1948 年联合国通过的《世界人权宣言》中都得到了进一步的阐释和完善。

  《独立宣言》的前两段也以其他方式引用了万国法。第二段似乎是基于自然法

的一种传统表述。而第一段则是全新的内容。按照彼得·奥鲁夫[4]的观点,第一段"改变了世界",因为"在大英帝国内寻求变革的努力受到了挫折,所以美国的爱国者们转而支持建立一个独立的联盟和创建一套更加自由的世界秩序。"[13]尽管在多种知识背景下审视《独立宣言》,都可以发现它的价值,但不容否认的是,它的最初语境就是万国法。[14]早在1774年,杰弗逊就表示十三个英国殖民地本身就已经是拥有独立主权的国家,它们均有自己的议会,且和英国国会处于同等地位,它们被纳入大英帝国唯一的原因在于对英王的效忠。[15]

27

让我们接着来看《独立宣言》后面的一段表述,杰弗逊是怎样使用万国法的理论为这个崭新的美利坚合众国的主权地位提供了一个大胆的、具有挑战性的界定[16]:

> 因此我们这些在大陆会议上集会的美利坚合众国代表,以各殖民地善良人民的名义,并经他们授权,求助于世界最高裁判者,说明我们的严正意向,同时郑重宣布:
> 这些联合起来的殖民地现在是,而且有权成为,独立自由的国家;它们对英国王室效忠的全部义务,与大不列颠王国之间的一切政治联系从此全部断绝,而且必须断绝。作为一个独立自由的国家,它们完全有权宣战、媾和、结盟、通商和采取独立国家有权采取的一切行动。[17]

那么外国对于《独立宣言》的看法呢?很显然,《独立宣言》在海外并没有立刻获得成功。它从未"扬名于法国或是在法国产生了任何特殊的影响。"[18]相比于《独立宣言》,《邦联条例》和各州宪法在当时的法国以及稍后的法国大革命中更具影响。[19]半个世纪之后,在托克维尔的不朽著作《论美国的民主》中也丝毫看不到《独立宣言》的身影。[20]

尽管德国对于美国独立战争更感兴趣,但是他们也并未对杰弗逊的《独立宣

---

[4] 彼得·奥鲁夫(Peter Onuf):美国现代作家,弗吉尼亚大学托马斯·杰弗逊纪念基金会历史学教授。著有《杰弗逊的帝国:美国国家的语言》。——译者注

言》给予更多的关注。"像《独立宣言》、《邦联条例》这样重要的奠基性文献也仅仅只是偶尔见于报端,而且也都是摘录。"[21]学术期刊的情况也好不到哪里去,"很少刊登一些能够对美国产生基本了解的文献资料。"[22]可能只有一位"记者出版了《独立宣言》完整的德文译本,但是他所发表的随刊评论却并不公允"。[23]在欧洲大陆的其他地区,《独立宣言》的影响也极其有限。尽管荷兰、丹麦、意大利这些国家都曾出版过《独立宣言》,但是似乎在波兰、瑞士或者西班牙鲜见人们对它的评论。[24]

英国对于《独立宣言》的态度则要有趣得多。有些人,比如理查德·普莱斯(Richard Price)为独立战争鼓掌叫好,甚至有些幼稚地认为美国的独立将导致战争的终结并实现"世界和平"。[25]由于不愿正式承认美国的独立,乔治三世政府雇佣了一个年轻的发言人——约翰·林德[5],由他来发表一个非官方的回复。作为边沁在牛津以及此后伦敦生活期间的朋友,在两人交往的那段时期里,林德极大地受到了边沁的影响。我们可以注意到,与边沁相比,林德的观念甚至还要溢于言表。但后来他抄袭了边沁的观点,引起了边沁的不快,由此终结了这段友谊。[26]

在林德的《关于美国国会独立宣言的回复》(*Answer to the Declaration of the American Congress*)中,绝大部分的内容都是在逐条驳斥美国国会对英王的二十八项控诉。[27]然而,重复并驳斥这些控诉似乎使公众更容易关注到《独立宣言》:"他拒绝批准对公众利益最有益、最必需的法律","他一再解散各州的众议院,因为后者坚决反对他侵犯人民的权利","他迫使法官为了保住任期、薪金的数额和支付而置于他个人意志的支配之下","他滥设新官署,委派大批官员到这里骚扰我们的人民,吞噬他们的财物","他施加影响,使军队独立于文官政权之外,并凌驾于文官政权之上","以便任其在我们中间驻扎大批武装部队","他可以切断我们同世界各地的贸易","未经我们同意便向我们强行征税","在许多案件中剥夺我们享有陪审制的权益","取消我们的许多特许状,废除我们最珍贵的法律并从根本上改变我们各州政府的形式"。[28]对于《独立宣言》中至今仍闻名于世的前言段落,林德却不屑一顾:"当代美国人关于政府的观点,如同他们的先祖关于巫术的看法一样,太过可

---

〔5〕约翰·林德(John Lind, 1737—1781):英国乔治三世时期的法律顾问,政治活动家,美国独立战争宣传小册子的执笔人。——译者注

笑,不值一提,如果他们也像祖先一样可笑与荒诞,他们也不至于犯下如此严重的罪过。"[29]

毋庸置疑,当时住在林德家中的边沁,是这份《关于美国国会独立宣言的回复》的隐名合著者。[30]哈特曾指出,除了一些具体段落之外,边沁的思想布满了整篇文章,这篇文章也许可以被视为边沁主要论断的最初脚本。[31]鉴于杰弗逊引用了大量的万国法和自然法的传统观点,也难怪不满布莱克斯通《英国法释义》的边沁会批评杰弗逊的《独立宣言》。

29从1776年9月边沁写给林德的书信手稿中同样可以看出边沁对于**《关于美国国会独立宣言的回复》**的贡献。[32]边沁如此批评杰弗逊关于自然法的论断:

> 他们"坚持这是一个在众多真理中"不言而喻的真理"。与此同时,为了保障这些权利,他们认为应当组建政府。但他们没有看到,或者似乎无法看到的是,没有或没有任何被称为政府之物得以在不牺牲一种或其他几种权利的情况下而存在。[33]

基于这些信条,他们已然要站出来成为最为放肆的始作俑者/狂热信徒(或之一)。(**空白处写着**:这些原则前所未有的放肆;这些狂徒前所未有的嚣张)相较之下,德国"再洗礼教派(Anabaptist)"[14]的确比较超前:纵然法官可以结束一个人的生命(他们认为法官判处死刑的行为非法),享受生命却仍然是一项不容剥夺的人权。但他们就此止步。而这些美利坚的起义者们,却进一步增加(发明)了(自由的权利以及追求若干幸福的权利)(**空白处写着**:若干享受自由、追求幸福的不可剥夺的权利),也就是说,只要是人们眼中看到的东西,都可以成为追求的目标,并冠之以追求幸福的名义。这的确是一大发明,这意味着法官们的判决如果剥夺了自由,或是对于追求幸福造成了阻碍,那么法官的行为就是非法的。

当他们说所有人生而平等的时候,他们是在意味着什么?他们见过人类出生的其他方式吗?除了被母亲诞下,他们还知道其他出生方式吗?他们是否在说所有人诞生的时候都是平等的?一个婴儿生来同他的父母平等么?同他本国的法官平等吗?在怎样的层面上意味着平等?如果可能,他们能够从这种平等性上推论出什么？

"成立多时的政府"，他们屈尊的承认，"不应当由于无关紧要的和一时的原因而予以更换"——那又是什么无关紧要的原因来维持既有的政府，使其持续存在且必须继续存在呢？他们最初仅有的不满是什么呢？是他们被征收的赋税超过了他们所能承受的幅度吗？不是的，是一种趋向，即赋税将要超出其承受能力。然而我们很难想象有什么地方存在着这样一个政府——施加着人们难以承受的赋税而不会受到人们的否定和批评。[34]

边沁与杰弗逊的交锋，龙战玄黄，令人神往，但是随着时间的推移，边沁还是逐渐改变了他的论调。按照哈特的说法，1817 年，边沁已然是一名"不加区分地支持独立后的美国及其日益凸显的民主制度"的人。[35]在主张英国进行宪法改革时，边沁的口号是"向美国学习"。[36]即便如此，他仍然坚定地反对使用自然法的概念，因为在边沁看来，在法律分析中使用自然法，等于在"高跷上的胡言乱语"。[37]自然法实在是太含混不清了。所以，法国人于 1789 年颁布他们的《人权宣言》时，边沁的批评如同当年对美国《独立宣言》的批评一样尖锐。[38]

正如我们在前面所看到的，是布莱克斯通而非边沁探讨了法律实践问题。杰弗逊支持布莱克斯通的观点，即万国法同自然法可以相互融洽地结合到一起。杰弗逊写到，"万国法由三大分支组成：第一，反映我们本质属性的道德性法律；第二，国家间的惯例实践；第三，各国特殊的习俗。"[39]在他看来，万国法的强制力与道德法则对于个体的约束没有区别："国家之间订立条约对于彼此的约束如同个体之间遵照自然法的约定履行各自的义务。"[40]这就得到了一个实用兼具哲学意义的结果："自然法的原则为合众国的国父们提供了一个理想主义的概念框架——合众国享有作为国家的权利，并对其他国家尽有义务。"[41]

万国法对于众国父而言，如同当时之于布莱克斯通，兼具国内、国际两个层面上的意义。《独立宣言》颁布之后不久，国会又于 1777 年 11 月 15 日颁布了《邦联条例》——美国第一部宪法。1781 年获得批准之后，《邦联条例》不再仅仅是一部国内宪法，而且还成为了在十三个州之间分配主权权利的条约。《邦联条例》第二条规定："各州均保留其主权、自由与独立，凡未经本条款明示授权给合众国

30

之各项权力,司法权及权利,均由各州保留之。"[42]第三条规定:"基于共同安全,确保自由与增进各州彼此间及全民福利,各州一致同意成立坚固之友谊联盟,相互约束,协助抵御所有武力侵略,或以宗教、主权、贸易或任何其他借口而发起之攻击。"[43]

31 果不其然,州与中央政府之间关于主权分配的矛盾很快导致了一系列适用与实施万国法之权利的争议。[44]1779 年,宾夕法尼亚州和联邦国会因谁有权在海事法庭中对船舶进行宣判针锋相对。结果,联邦国会以十比二(宾夕法尼亚与新泽西占少数)的多数投票获得了此项管辖权,从而确定了国会拥有"处理所有涉及万国法事宜和问题的终决权。"[45]

而早些时候,美国州法院也从布莱克斯通风格的万国法中尝到了甜头。在1784 年的"共和国诉德·隆尚(De Longchamps)"[46]一案中,法国人德·隆尚为了驳斥媒体对他的不实报道,来到当时的美国首都费城,找到了法国驻美总领事弗朗西斯·巴贝·马霸(Francis Barbe Marbois),希望马霸能够给予其履历认证,特别是认证他在法国军队中所获得的那些头衔。当马霸拒绝提供任何证明时,德·隆尚立即加以辱骂和威胁,然后对这位法国总领事拳打脚踢。更严重的是,两天以后,德·隆尚在市场街的咖啡馆外面突袭马霸,击打马霸的手杖,两人互持手杖扭打起来。

法国政府要求将德·隆尚被遣返回国接受审判。如果接受法国政府的要求,可能让人认为美国是一个主权并不完整的国家,无力审判这个欧洲人,也就意味着美国是欧洲国家在设定治外法权中所定义的那些"未开化"的国家。[47]宾夕法尼亚州最高法院明确拒绝了这种治外法权的要求,而拒绝的理由则轻描淡写地表述为"根据法国外长的声明,被告不能被移交。"[48]这些以享有主权而自豪的宾夕法尼亚法官们也不会因为法国国王做出了判决,就把德·隆尚关进监狱,由此,它变成了一个美国法院的司法裁量权问题。[49]此外,宾夕法尼亚州法院还认为,是否构成对外交官的侵犯,"必须根据万国法的原则进行裁断,而这些原则本身也是宾夕31 法尼亚州法的组成部分。"[50]鉴于德·隆尚的罪行"违反了万国法——宾夕法尼亚州法之组成部分",宾夕法尼亚法院有权对其进行审判并加以惩处。"无论何人对一位外交官施以暴行,不仅冒犯了该外交官所代表国家之主权,而且还伤害了各国之公共安全与福祉;施暴者即是整个世界的公敌。"[51] 最终,德·隆尚向宾夕法尼亚州支付了 100 法国王冠金币的罚款,在监狱关押至 1786 年 7 月 4 日;而且令其签署了一份高达 1000 英镑的保证书,提供了两份价值 500 英镑的担保,以规训其行为。[52]

该案件与布莱克斯通关于"特鲁凯特"案的主张一脉相承,因此人们经常援引该案以证明习惯万国法是普通法的组成部分,或为了说明个人违反万国法后应当承担相应的责任。然而在当时,判决本身还意味着对宾夕法尼亚主权的肯定。[53] 宾夕法尼亚州法院坚定地认为有权审理在其领土之上的犯罪行为,而且也没有因此受到这个强大的欧洲同盟国的干涉。

很快,"德·隆尚"案中所认可的布莱克斯通的原则,即万国法应当"被普通法全面吸收,而且也应该被认为是普通法的组成部分"[54],被美利坚合众国所接受。1793 年,杰弗逊在写给法国政府的信中颇为自信地谈到发生在美国法庭的这个标志性案件:

> 在这类特殊的案件中,有时候判决的结果并非遵照美利坚合众国的国内法,而是依据在所有文明国家都承认并实行的万国法与海商法;我们在此做出这样的判决,今后法兰西共和国以及其他任何欧洲国家内发生的类似案件中也会有类似判决。[55]

1795 年,亚历山大·汉密尔顿对此表示赞同:这一点"毋庸置疑,欧洲国家的习惯法就是普通法的一部分,通过继受,也是美利坚合众国的一部分。"[56] 美国司法部长查尔斯·李(Charles Lee, 1758 - 1815)也于 1797 年就逮捕、起诉西属佛罗里达阿米莉亚岛(Amelia Island)西班牙指挥官时给美国国务卿致信:"普通法已经全面吸收了万国法,并将其纳入本国法之中"。[57]

第二节　麦迪逊、万国法与宪法

有万国法的权利,也就有万国法的义务,可是在《邦联条例》体制之下的美利坚合众国,却无法履行一个主权国家遵照万国法时应尽的义务,这一点也成为了美国政府早期雏形垮台的重要原因之一。在 1783 年签订的《巴黎和约》中,英国正式承认美利坚合众国是一个"自由独立的主权国家"[58],从而肯定了这一新兴共和制国家在万国法上的地位等同于欧洲的主权国家。[59]作为交换,除了其他事项之外,美利坚合众国与英国一致同意,"英美两国任何一方债权人,在追缴先前的善意债务时,有权索要相当于英国银币的全部价值均不受法律的阻碍。"[60]然而,美国大量的债务人都生活在弗吉尼亚州和马里兰州,这两个州的法令却允许他们使用业已贬值的州元或者美元用于清偿债务,彼时,马里兰州的货币已经贬值了 40％,而弗吉尼亚州也贬值了 35％左右。[61]

更棘手的问题是,大部分州都不愿意遵守《巴黎和约》的规定——返还曾经支持国王的美国托利党人的财产。[62]纽约州、宾夕法尼亚州、弗吉尼亚州以及南卡罗来纳州的法律规定均对在独立战争期间支持英王的美国人非常不利。[63]作为报复,英国拒绝从前线阵地撤兵,也拒绝商谈互惠贸易条约。就连当时的美国外交部长约翰·杰伊(John Jay,1745–1829)也斩钉截铁地表示,应当为破坏《巴黎和约》负主要责任的是美国而非英国。由于各州难咎其责,杰伊于 1787 年 4 月敦促联邦国会确认美国所订立的国际条约乃"本国法之组成部分",而且"不以(州)议会的意志和权力为转移"。尽管联邦国会通过了这项决议,但各州仍然我行我素,不为所动。[64]

鉴于当时在理论上和实践中都相当丰富的万国法先例,看到《邦联条例》体制下的新合众国在处理万国法问题时屡屡失败,国父们于 1787 年开始着手制订新的法律框架——美国宪法。正如我们已经看到的那样,商定制宪的费城会议上非但不缺乏对万国法的认真考量,而且一位来自弗吉尼亚州的年轻代表在关于宪法的讨论中给大家带来了诸多关于万国法的思考,这个年轻人就是普林斯顿大学的毕业生——詹姆斯·麦迪逊(1751—1836)。为了更好地帮助十三个州设计一个崭新的政府框架,麦迪逊埋头苦读研究古往今来的那些著名的邦联政体,特别是古代社会的邦联。[65]麦迪逊在《论战笔记》(*Notes on the Debates in the Federal Convention*)中将邦联政体区分为六种类型:利西亚模式(Lycian)、雅典近邻模式(Amphictyonic)、亚加亚模式(Achaean)、赫尔维蒂模式(瑞士)、贝尔吉卡模式

(Belgic,荷兰)以及德意志模式。[66]在对比研究的基础上,麦迪逊认为美国在万国法问题上的失败说明,"独立战争以来所不断遭遇的这些问题,其实是数个独立的权力个体并存所导致的必然结果,这在所有类似的邦联模式中都会出现,也被认为是此种政体不可消除的固有顽疾,将对我们的发展图景极其不利。"[67]

麦迪逊深知应当给各州留下一些自主活动的空间,又不会将新政府塑造成一个国际联盟。

34

> 总而言之;摆在十三个州面前的是两个极端,要么是彻底的分裂,要么是彻底的联合。就前者而言,各州将会成为独立的国家,相互之间的关系只适用于万国法。如果是后者,那么各州就是一个完整共和国的组成部分,共同适用于普通法。[68]

新宪法如何才能拥有至高无上的权威地位? 麦迪逊认识到,其中的关键并不在于各州议会的批准,而在于人民对于这部宪法的认可。正如他本人所写,在某种程度上他以万国法理论作为自己的武器:

> 在他看来,对于以州议会为基础而构建的邦联与以人民为基础而建立的国家,二者之间的区别典型地体现了一份**盟约/协议**与一部**宪法**的差异。就**道义责任**来讲,二者都是不可侵犯的。但就政治运转而言,二者有着两点显著的区别。第一,如果一部法律违反了基于前法而批准通过的条约,那么该法律仍会被法官认可为法律,尽管这是轻率且背信弃义之举。但如果一部法律违反了由人民缔结的宪法,那么该法律会直接被法官判定为无效或者宣布作废。第二,根据万国法的基本原则,缔约一方违反某一条款,将导致他方不再遵守该条约。但是对于由人民组成的联邦所缔结的宪法,显然无法适用这种解释。[69]

35

这种观点使得代表们认识到这部新宪法需要增加一些条款。正如 1787 年 6 月 15 日,同样在普林斯顿大学学习过法律,来自新泽西的代表威廉·帕特森——

所言：

> 合众国国会通过的所有法案，凭借并依照《邦联条例》得以生效，这些法案连同国会订立并批准的条约对于各州而言具有最高法律效力，对于各州及其人民具有法律约束力，各州法院做出的裁决必须以此为基础，州法如与其相抵触则视为无效。[70]

最终通过的宪法将中央政府的主权重新整合，便于其处理国际事务。宪法第一条第八款授予了国会众多权力，其中之一就是国会可以"提供合众国共同防御和公共福利"，可以"管理合众国同外国的、各州之间的和同印第安部落的商业贸易"，"界定和惩罚在公海上所犯的海盗罪和重罪以及违反万国法的犯罪行为"，可以"宣战，颁发捕获敌船许可状，制定关于陆上和水上的拘捕条例"，"招募陆军和供给军需"，以及"建立海军并供应给养"。[71] 第一条第十款尤其规定了，"任何一州都不得缔结任何条约或参加任何同盟或邦联"，不得"颁发捕获敌船许可状"，不得"未经国会同意，征收任何船舶吨位税，在和平时期保持军队或战舰，与他州或外国缔结协定或盟约，除非实际遭到入侵或刻不容缓的紧迫危险，不得进行战争。"[72] 第二条第二款授权总统为"合众国陆军、海军的总司令"，还规定，"总统经咨询参议院和取得其同意有权缔结条约，但须经出席参议员三分之二的批准，"以及"总统提名，并经咨询参议院和取得其同意，任命大使。"[73]

第三条第一款将合众国的司法权授予联邦最高法院和国会设立的下级法院。[74] 第三条第二款规定了司法权的适用范围包括，"基于本宪法、合众国法律和根据合众国权力已缔结或将缔结的条约而产生的普通法和衡平法的案件，"除此之外还包括"涉及大使、公使和领事的一切案件"以及一州或其公民同"外国、外国公民或臣民之间的诉讼"。[75] 最后也是最关键的是第六条第二款的最高条款，"本宪法和依本宪法所制定的合众国法律，以及根据合众国权力已缔结或将缔结的一切条约，均为全国的最高法律；各州的法官都应受其约束，任何一州的宪法或法律中任何内容与之相抵触时，均不得违反本宪法。"[76]

为了帮助宪法尽早获得批准，詹姆斯·麦迪逊、约翰·杰伊以及亚历山大·汉密尔顿在他们著名的《**联邦党人文集**》中,特别强调了一个强大的国家主权以及统一万国法适用规则有助于美国在国际舞台上取得优势,这部文集在此后 200 多年来的宪法解释中也是被反复引用。[77] 在第三篇文章中,杰伊写道,"在中央政府的框架内,对条约、条约条款以及万国法的解释往往从一个层面出发,且采用同样的执行方式——然而,在十三个州或在三、四个邦联内,对于同样条款和问题的判断往往不会一致。"[78] 因而,"在一个中央政府领导下,比在几个地位较低的政府领导下",更不容易发生"对条约以及万国法或蓄谋或偶发的违反。"[79] 在第四十二篇文章中,麦迪逊同样主张,"判决和惩罚公海上所犯的海盗罪、重罪以及违反万国法的罪行之权力,同样属于中央政府,并且这是对《邦联条例》一个很大的改进。"[80] 在第五十三篇文章中,麦迪逊认为新当选的国会议员们应当"知晓美国同其他国家所订立的条约",而且不能"对万国法一无所知"。[81] 汉密尔顿在第八十篇讨论外交事务时回应了上述观点,他认为"整体的和平不能交由局部决定"。[82] 关于司法权的争论,汉密尔顿警告说,州法院很有可能对外国人做出愚蠢判决,"如审判不公,便会构成对该国主权的侵犯,等于违反了条约规定,或者是一般万国法。"[83]

最终,联邦党人如愿以偿。经由十三个州的批准后,宪法于 1789 年正式生效,是年,华盛顿当选为美国第一任总统。美国宪法不仅根植于万国法,赋予万国法处理外交事务的最高权力,它本身也有着深刻的国际影响。对于很多美国人和欧洲人而言,这部宪法展示了一个崭新的国家模式,一个比以往都更加和平的建国方式。[84] 我们在后面的几篇文章中将会看到,美国的宪政模式促使我们在 19 世纪倾向于建立乌托邦式的国际法院和国际组织,这种态势在威尔逊总统组建国联时到达顶峰。然而彼时,这一全新的宪法模式已无法避免美国卷入 1789 年法国大革命引发的欧洲动荡。

第三节　万国法与美国外交

1793 年 4 月 22 日,乔治·华盛顿总统(1732—1799)宣布中立,旨在使美国置身于法国大革命引发的欧洲动乱之外:

目前发生的这场战争,一方是奥地利、普鲁士、萨丁尼亚、英国与荷兰,另一方是法国。美国基于自身的责任与利益,真诚与善意地对于交战的各方秉持友好与中立的态度。

基于对当前形势的考量,我宣布,美国的国事安排对于交战的各方秉持前述态度,并在此告诫美利坚合众国的公民谨慎行事,避免任何活动与行为以任何形式违反上述安排。

37

此外,在这里我仍需明确,美利坚合众国的任何公民如从事、资助、煽动针对上述各交战国的敌对行为,或者携带、运输上述国家的物品即从事当前国际上所定义的走私行为,将会基于国际惯例受到相应的处罚,且不会受到美国的庇护;另外,我要指令检察官们,如发现有人因牵涉交战国及其相关事宜而违反万国法,那么应对其提起公诉,并由我国法院进行审理。[85]

作为**《联邦党人文集》**的作者之一,汉密尔顿急于捍卫总统的权力,因而迅速地发布了这份中立宣言。他的声明处处可见对万国法的援引。汉密尔顿自信地认为,"政府机关的职责与义务在于确保国家的和平",这句引自瓦特尔的名言旨在强调中立宣言的"主要目的"在于,"如公民在非纵容或默许的前提下违反了中立原则,国家可以免责。"[86]总统办公室是"美国同外国交往的**机构**",对"政府间的国际*38*条约拥有司法部门不得干涉的**最终解释权**",而且"负责包含条约在内的法律执行"。[87]此外,这份中立宣言遵照"业已建立的国际惯例,根据前已述及的方式,旨在本国公民秘密违反任一参战国之权利时,得以免除国家责任。"[88]

美国的中立政策在拿破仑战争期间被形容为"早期美国对万国法发展的又一贡献"。[89]国父们,无论是亲英的联邦党人——如汉密尔顿和亚当斯,还是亲法的民主共和党人——如杰弗逊和麦迪逊,均因谙熟万国法而能够在浩如烟海的国际法争论中坚守自己的政治立场。

还有一个让人印象深刻的例子可以说明国父们对万国法的熟稔,那就是杰弗逊写于 1793 年的一封信。是年,杰弗逊给华盛顿写了数封信函,讨论法国由君主制变为共和制之后,美国是否需要调整 1778 年协议所建立的美法同盟关系。[90]杰弗逊在他的分析中游刃有余地引述了格劳秀斯、普芬多夫、沃尔夫以及瓦特尔的论述。[91]应当说，除了麦迪逊之外，美国的其他总统很难能如此娴熟而专业地引述万国法。杰弗逊的法律结论是，"不论法国政府如何改变，该条约不受影响"[92]，华盛顿采纳了这一观点，拒绝了汉密尔顿提出的内容相反但同样也令人信服的建议。[93]

另一棘手的问题有关美英1783年《巴黎和约》的解释和适用。英美之间的主要争议包括，英军在北美的驻军、美国的债务清偿、美国与英属西印度的商贸以及英法战争期间美国商人的地位等问题。[94]这些问题延续到了1794年的美英条约，即著名的《杰伊条约》。[95]众所周知，《杰伊条约》设立了三个混合仲裁委员会，分别仲裁边界纠纷、处理英国债权人求偿、美国商人要求英方归还劫掠物等三方面的争端。[96]以"正义、衡平以及万国法"[97]为判断依据，由《杰伊条约》所确立的仲裁庭产生了近百项裁决。[98]杰伊仲裁也因此被视为美国对于国际法的重要首肯，而且我们将会看到，它激励了整个19世纪的美国人。

圣克罗伊河（St Croix river）争议是杰伊仲裁委审理的众多案件中最为棘手的案件之一。按照《1783年巴黎和约》的规定，这条河是美国缅因州与加拿大诺瓦斯高沙省（Nova Scotia）边界线上的一处关键路标。尽管订立条约时双方在地图上标识了圣克罗伊河，但在现实中它并不存在，美英的争议就在于这条所谓的河流到底是马格古代维克河（Magaguadavic River）还是斯库迪阿克河（Schoodiac）。两条河的河口仅相距9英里，但由此所引发的争议领土却多达7000平方英里。[99]第一仲裁委关于此案的处理不仅标志着众多古老仲裁形式的复兴，还被认为是首例现代意义的国际裁决。[100]另外两个仲裁委员会同样取得了成功。第二仲裁委裁定向英国债权人支付六十万英镑。第三仲裁委裁定向美国商人和英国商人分别支付大约二百三十三万英镑和十四万五千四百二十八美元。[101]杰伊仲裁拉开了一系列引人瞩目的国际仲裁的帷幕，不仅在19世纪美国国际法的发展中扮演了重要角色，而且，我们将会看到，它使美国更加重视国际法与国际诉讼程序的价值。

第四节　美国法中的国际法

美国在使用国际法处理外交事务的同时，也借机会将国际法融入全新的美国法律体系中。尽管《美国宪法》第三条没有详细解释国际法,但在美国法律体系形成伊始,对于法学家和法官们而言,国际法是一个客观的、可辨识的法律体系。他们援引经典论著以及当时的权威观点来阐释这一学说。[102]

鉴于在《邦联条例》体制下各州藐视国际法律义务,新的联邦司法制度的首要问题自然是各州能否继续阻挠联邦政府缔结并执行国际条约。早在 1795 年的威尔诉海尔顿案(*Ware v Hylton*)中,最高法院就表明了态度:不可以!最高法院认为,就算在宪法生效之前,独立战争时期的国会"所拥有的对外主权"中也包括缔结条约的权力,且不受州法的干预。[103]在任何案件中:

40

> 如果在现今的中央政府建立之前存在这种怀疑,那么《美国宪法》第六条已经将其全部排除,"根据合众国的权力已缔结或将缔结的一切条约,都是全国的最高法律;每个州的法官都应受其约束,州的宪法和法律中不得有与之相抵触的内容。"……如果各州都是各行其道,那么这个条约也就无法成为全国即美利坚合众国的最高法律。[104]

在美国历史上,没有哪一位法官比约翰·马歇尔(1755—1835)对维护美国国际法传统做出了更多的贡献。马歇尔出生于弗吉尼亚州,在独立战争期间是华盛顿最为信任的军官,曾短暂就读于威廉玛丽学院,后当选为弗吉尼亚州议员并得以进入联邦国会。他是华盛顿总统的联邦党中一位杰出的代表,战争期间的准国务卿,第二任总统约翰·亚当斯的正式国务卿。经亚当斯的提名就任联邦最高法院第四任首席大法官,毫无争议地在这一职位任职长达 34 年,直到 1835 年去世。[105]马歇尔因其有关宪法的判决而声名远扬,尤其是确立司法审查权,[106]在判决中确立联邦体制内各州必须服从最高法院的判决,[107]以及联邦政府拥有州际贸易的主管权。[108]

41

然而,马歇尔对于国际法的贡献丝毫不亚于其对于美国宪法的贡献。实际上,邓博尔德(Dumbauld)曾指出,在马歇尔担任首席大法官的期间,"最高法院做出的有关宪法的判决有 62 项,其中有 36 项由马歇尔撰写判词;同一时期最高法院涉及国际法的判决却高达 195 项,马歇尔撰写的判词也有 80 项之多。"[109]齐格勒认为马歇尔将国际法当作美国法的组成部分,他把马歇尔的任务视为"通过对国际法有效地使用、解释以及扩展,从而以其为重要工具来解决那些业已存在的特定案件"。[110]结果,马歇尔成功了。正如纽迈耶(Newmyer)所指出的,"法院为国际法以连贯而恰当的方式融入早期的美国法律体系奠定了基础"。[111]在本节中,我所介绍的仅仅只是马歇尔做出的有关国际法的判决中最具影响的几个案例,特别是涉及外国主权以及国际法与美国法之间的宪法关系等那些棘手的难题。

在"交易号纵帆船诉麦克法登"案(*The Schooner Exchange v MFadden*)中,马歇尔面临着一个两难选择,既要保护美国的国家主权,又不能得罪拿破仑皇帝。一艘名叫"巴拉乌号(Balaou)"的法国战舰因躲避海上风浪被迫停靠在费城的港口,随后被几位美国公民提起诉讼。美国人诉称,"巴拉乌号"其实是一艘名叫"交易号"的美国纵帆船,被法国人当做战利品缴获,法国人的这种行为明显违反了国际法。[112]对此,马歇尔的判决既机智又坚定地确认了美国的国家主权,而且对法国的国家主权也给予了充分尊敬:

> 一国在其领土内的管辖权是排他的和绝对的。除了它自己以外,不容许别国加以任何限制。若该等限制来源于外部,则意味着在此限制范围内其主权不完整,还意味着在同样的范围内该国将主权让予给了可对其强加此种限制的外部势力。
>
> 因此,任何对一国领土内全部与完全权力的例外都必须得到该国同意。除此之外,别无他源。
>
> 此种同意可以为明示也可默示。在后者情况下,未免不甚坚决,更易出现不确定性;但这种默示一旦被另一方领会,则具有与明示同样的拘束力。
>
> 这个世界由若干独立的主权国家构成,这些国家具有平等的权利和平等的独立。他们相互间的利益通过互相往来而得到促进,并通过人道所要求的调停来实现,在某些特殊情况下,所有主权者已经同意,在其主权所覆盖的领土内,对绝对而又完整的管辖权在实践中给予松动。[113]

回顾案件背景以及主权国家保留武装力量控制权的要求后,马歇尔总结到,

"作为一项公法原则,外国军舰进入对它们开放的港口,应被视为经友好国家的同意而免受其管辖。"[114]

马歇尔对"安特勒普"案(*The Antelope*)[115]的判决中也可见对国家主权的关注。该案最有名之处是马歇尔的"没有一个国家的法院会执行其他国家的刑法"的表述,[116]但当时他的主要考量其实在于不能侵犯西班牙和葡萄牙的利益。案件的起因是美国军舰扣押了西葡两国的贩奴船只,两国均出庭质疑美国在本案中的管辖权。[117]在该案中,马歇尔判决到,尽管奴隶制和奴隶贸易可能违反了自然法,但它们却并没有违反实证万国法。[118]美国一方的律师辩称,西班牙和葡萄牙作为主权国家均颁布过反对奴隶贸易的声明。[119]那么美国能否对这些国家的国民执行此种禁令呢? 马歇尔的回答是否定的:"任何一国均不能为他国设定规则,也不能创设万国法。"[120]

既然如此,那么能否认为美国并非在制定或执行国际法的规则,而仅仅是在确认并执行西班牙和葡萄牙的法律呢? 答案依然是否定的:"和平时期不存在请求裁决权(right of bring in for adjudication),即使这艘船属于禁止贩奴的国家,也不得对其主张权利。"[121]随后就是这句名言了:"没有一个国家的法院会执行其他国家的刑法"。[122]尽管马歇尔在这个案件的判决中并没有提及,但是双方的律师都援引了[123]同一个英国的案件——"路易斯"案(*The Louis*)[124]。在路易斯案中,威廉·斯科特爵士(Sir William Scott)推翻了下级法院对法国一艘贩奴商船做出的有罪判决。第一个原因在于它侵犯了法国的管辖权,第二是因为,按照法国法律判处的罚金将被缴入英国国库,所以这是"对法国财产权和管辖权的双重侵犯"。[125]

因而,马歇尔在"安特勒普"案中,以新创造的"刑法排除"原则对其他国家的主权表达了尊重。这种尊重也是对"交易号纵帆船案"的回应。马歇尔既没有引用国际法,也没有遵照外国法作为没收西葡贩奴船只的依据。否则只会令西葡两国感到冒犯。他参照了"路易斯"案的判决,尊重外国主权,让相关国家自己感到没收船只的行为是基于公共利益的决定。[126]更为重要的是,通过这种做法,马歇尔使法院得以摆脱国际政治的背景,将法官就美国对外关系所能造成的损害降到最低。[127]我们要知道,美国对上述案件的处理有可能会得罪其他国家,甚至会被指控诽谤。[128]

早期美国司法的关键任务之一是在国际法与本国法的关系中，设置宪制语境。与布莱克斯通和国父们一脉相承，美国法官们也乐意将国际法建立在自然法、人类普遍共识和司法意见之上。早期美国司法对于国际法的界定，可见于 1795 年的"韦尔诉希尔顿"案（*Ware v Hylton*），该案认为：

> 万国法大致可以被分为三类，普遍的、惯例的（conventional）和习惯的（customary）。第一类是全人类普遍认可的，或由人类之共同契约所确立。第二类则不具有普适性，它基于明示合意，且只对表达合意的国家才有效力。第三类基于默示合意，只有那些采纳国才对其负有义务。[129]

还有一项相当重要的原则，通常被称为"**迷人的贝特西原则**（The Charming Betsy）"。根据该原则，若有可能，美国法的解释应当遵照国际法。"穆雷诉迷人的贝特西号"案[130]的案情与那段时间的很多案件情况相似，同样缘起法国大革命这场漫长战争中的冒险故事。"**迷人的贝特西号**"的船主叫杰瑞德·沙特克（Jared Shattuck），出生于康涅狄格，幼时搬到丹麦领地——位于加勒比海的圣托马斯岛，在那里他学有所长，成家立业成为了一名商人，有着荷兰国籍，在岛上也有着自己的土地。[131] 在"迷人的贝特西号"从丹属圣托马斯航行至法属瓜德罗普岛（Guadeloupe）的途中，被拿捕了两次，第一次是在 1800 年 7 月 1 日碰到了法国的私掠船，第二次则是 1800 年 7 月 3 日遭遇到了穆雷上尉及其美国部队。[132] 俘获之后，该船被押至费城，在那里等待着美国地区法院的审判。[133]

案件的焦点是沙特克作为一个美国人，其驾船行为是否违反了美国所秉持的中立政策。[134] 首席大法官马歇尔陈述了这条著名的原则："如果存在其他可能的法律解释，对国会立法的解释不应该违反国际法。"[135] 据此，既然国际法允许沙特克放弃受美国保护而加入丹麦国籍，那么"迷人的贝特西号"就不能被扣押。[136] 马歇尔用这个案例"强化了对于国际法的肯定与适用，这也是战争期间对于其他中立国家的尊重。"[137]

1815 年，马歇尔在"三十桶糖诉博伊尔"案（*Thirty Hogshead of Sugar v Boyle*）中的判决表明，尽管当时国际法并未获得各州的普遍认可，但至少有部分万国法规则是基于自然法观念以及司法判决的。[138]一个丹麦人位于丹属圣克鲁斯岛（Santa Cruz）的一块土地被英国所占领。他安排了一艘货船将糖出口到伦敦，但却遭到了美国私掠船彗星号的拦截。案件的焦点便是这些货物究竟是英国的财产（那么理应被彗星号所扣押）还是丹麦人的财产（不能被扣押）。马歇尔判决，这些糖是英国人的合法财产，他还认为英国的先例同样也可以作为国际法的证据适用于美国法庭：

> 当我们要寻找涉及交战权和中立权的相关规则时，万国法是一个重要的法律渊源，因为这些权利得到了欧美所有文明国家及通商国家的认可。这种法律有一部分是不成文法，还有一部分是惯例。为了查明这些不成文的国际法，我们需要诉诸那些关于理性与正义的基本原则；但是这些原则因国家背景的不同、情况的不同，产生了不同的理解，因而我们需要通过一系列的司法判决将其在某种程度上固定并表达出来。任何一个国家的法院判决，只要是以各国所共有的法律为基础而做出的，那么其他国家必将承认与接受。任何国家法庭的判决，只要能显示出万国法在某个案件中是如何被该国所理解的，那么该判决也将在本案中被视为值得采用的规则。[139]

这种承认自然法地位的开明态度，也预示着一部国际私法领域的划时代作品的出现，它的作者就是马歇尔同时代的美国最高法院大法官约瑟夫·斯托里。在其名著《冲突法评论》（*Commentaries on the Conflict of Laws, Foreign and Domestic*）中，斯托里重点强调了礼让，即一国及其法院对于他国法律和判决的自

愿接受。[140]同时期一篇对斯托里著作的书评称之为该领域有史以来的第一本英语文献。[141]更为重要的是，斯托里在书中的某些部分以自然法为基础，认为"国际法施行的真正基础在于，这些管辖规则应当来自于对共同利益和实用的考量；来自于反其道行之所产生的缺陷与不便；还来自于一种获取正义的道德需要，如此，正义才会降临到我们面前。"[142]

对于法院而言，万国法是否过于晦涩或模糊而难以适用？在"**美国诉史密斯**"案（*United States v Smith*）中，关于海盗的有罪判决受到了被告辩护律师丹尼尔·

韦伯斯特(Daniel Webster，1782－1852)的质疑，在众多理由中，他特别强调，万国法中关于海盗的定义是非常含糊的。[143]在这项著名的判词中，斯托里大法官对其进行了反驳：

> 万国法关于此问题的确认，可以参照法学家们关于公法的专业论著，也可以借鉴各国的普遍习惯和实践方式，还可以参考确认并执行万国法的司法判决。几乎所有人在讨论万国法的问题时都认为海盗行为是一种确定无疑的犯罪行为；不管在这个问题上有多少种定义，所有人都会同意，在海上基于"**劫掠意图**"而实施抢劫或抢夺，就是海盗。[144]

斯托里大法官在判决的结语部分添加了一个具有重大意义的脚注，它是这样开头的："以下的援引足以表达出万国法对海盗的界定。"[145]而后整整20多页都是对格劳秀斯、宾刻舒克、培根、马滕斯以及布拉玛奇的引用，与之形成鲜明对比的是大法官列文斯顿(Livingston)先生简短的反对意见——他认为这个概念太过模糊——每页上只有寥寥几行。[146]

英国普通法传统上有一套关于条约吸收并入的法律规则，与之相去甚远的是，在没有条约的情况下，万国法也会约束各方。一般而言，国王可以缔结并批准国际条约，但是只有国会法案才有权将条约中的规则并入国内法。[147]比如，在著名的"比利时国会号"案(*The Parlement Belge*)中，英国法院拒绝接受一艘比利时的国有邮船所提出的管辖豁免权，尽管"英比条约"有着此种约定，但因为英国国会并未肯定该条约的效力，不能作为国内法的一部分。作为19世纪英国最为杰出的国际法学家，罗伯特·菲利莫尔爵士(Sir Robert Phillimore)[148]认为，依据一条已获批准但尚未生效的条约给予船只豁免权"并无先例，实际上有违宪法规定"。如果比利时感到不公，那么该案件需要"英国与比利时政府沟通协商，通过适当的赔偿安排予以解决。"[149]

然而在美国，条约纳入国内法早已有着截然不同的路径。正如我们所看到的，《联邦宪法》多次提到了条约的问题，这已经非同寻常。宪法第二条第二款，美利坚合众国的总统"经咨询参议院并取得其同意，有权缔结条约，但须经出席的参议员三分之二的批准。"第三条第二款将美利坚合众国的司法权适用范围拓展到"由于本宪法、合众国法律和根据合众国权力已缔结或将缔结的条约而产生的一切普通法和衡平法的案件。"第六条第二款——最高效力条款——规定了"本宪法和依本宪法所制定的合众国法律,以及根据合众国的权力已缔结或将缔结的一切条约,都是全国的最高法律;各州的法官都应受其约束,即使州的宪法和法律中有与之相抵触的内容。"最后,宪法的第一条第十款对各州做出了明确的限制:"任何一州都不得缔结任何条约、参加任何同盟或邦联"。

在解释这些宪法明文规定的过程中,美国法官们塑造了一项默示规则,所谓的"条约自动执行原则"。这项原则出现在 1829 年马歇尔对"福斯特和埃兰诉尼尔森"案(*Foster & Elam v. Neilson*)的判决中。[150]"福斯特和埃兰"案旨在确定某地区内一块土地的所有权人。这个地区就是西弗罗里达,后来成为了新奥尔良以东路易斯安那州的一部分。从 1800 年至 1821 年,这片争议土地在西班牙和法国之间反复流转,最终转让给了美国人,但涉及三方的相关条约规定得模糊不清,对于哪一方究竟在哪个时刻拥有西弗罗里达的主权存在疑问。各方均没有异议的是,1819 年西班牙与美国签署了互利友好条约,于 1821 年得到美国国会的正式批准

后,这块地方即属于美国的领土。1819 年西美条约规定了,"1818 年 1 月 24 日之前西班牙国王在该领域内已经授予他人的土地转让给美利坚合众国,相应的授权应当经过该土地占有人的批准和确认,如同该领土仍旧处于西班牙国王的统治之下。"[151]此案的原告主张一块在 1804 年获得西班牙国王授与的土地所有权。被告却认为,此项授权无效,因为 1804 年这块土地已由西班牙让于法国。最高法院并没有决定谁在 1804 年是此块土地的合法占有权人,转而讨论了这样一个问题:原告能够援引 1819 年的西美条约来确认西班牙的土地授权吗?

马歇尔大法官写道:

> 条约在本质上是两个国家间的契约,而非一项国会立法。它通常不能自动实现待完成的目标,特别是执行条约涉及不同管辖领域时,条约的履行由缔约各方的主权者实施。
>
> 在美国,确立了一项不同的原则。美国的宪法宣称条约可以成为美国法的一部分(根据《美国宪法》第六条最高效力条款)。因此,如果该条约可以自

动实施而无需借助任何立法规定,法院即将其放力等同于立法机关通过的立
法。但如果双方达成的约定如同契约,要求缔约一方履行某种特定行为,那么
该条约指向政治部门,而非司法部门,必须先由立法机构予以颁布和执行,法
院才能适用该条约。[152]

因而,"福斯特和埃兰"案确立了如下规则:美国法院可以援引适用条约,而无
需立法机关的法案,前提是条约的条款被解释为直接指向司法部门而不是国会,否
则需得到立法机关的授权。就"福斯特和埃兰"案而言,最高法院认为1819年条约
中的具体条款意在指向国会而非法院:

> 经过仔细分析,此条款并未确认1818年1月24日之前由西班牙国王做
出的所有授权将在同等程度上有效,如同该被让与地区仍处于其统治之下。
它也并未表示这些授权特此得到了确认。如果有这样的语言表述,就可直接
发生效力,就会直接否定国会中那些可能与之相矛盾的法案;但实际上,根据
其语言表述,这些土地授权需要得到占有人的确认和同意等。那该得到谁的
确认和同意?这看上去是契约语言;如果是的话,就必须由立法机关的法案对
做出的承诺予以确认和同意。[153]

有趣的是,在几年之后的"佩尔奇曼"案(*Percheman*)中,马歇尔认为根据西美
条约的西班牙文本,这条相同的条款"本身就能适用",因此无需实现国内立法,已
经可以自动执行,[154]此案也成为了体现法院自由裁量权的解释弹性的绝佳案例。
通过马歇尔在"福斯特和埃兰"案和"佩尔奇曼"案的判决,美国的法官们可以大体
知晓条约自动执行与非自动执行的区别。[155]

与其他国父一样,马歇尔也极为重视万国法。纽迈耶总结到,马歇尔引导大家
"在错综复杂、争议不断的案件中,必须要确信,只有在一个适用公正不阿、不偏不
倚的法律规则的世界中,才能最好地保护美国的国家利益。"[156]我们本章最后一位
介绍的国父——马歇尔在寄给我们下一章将要提到的亨利·惠顿的信中写道:国
际法"对人类幸福之贡献要远远超过那些巧夺天工的雕塑和铺于帆布之上的所有旷世名画。"[157]

1　Bourguignon, 'Incorporation of the Law of Nations during the American Revolution—The Case of the San Antonio', 71 *American Journal of International Law* 270, 294 (1977).

2　Jesse S Reeves, 'The Influence of the Law of Nations Upon International Law in the United States', 3 *American Journal of International Law* 547, 549 (1909)

3　D M Douglas, 'The Jeffersonian Vision of Legal Education', 51 *Journal of Legal Education* 185, 197, 205 (2001).

4　Reeves, *supra* n 2, at 551.

5　同上 at 552. 实际上，富兰克林多少有些国际法的远见卓识。1784 年，在一封写给普鲁士的外交信函中，他认为在战时，农民、渔夫、商人、艺人以及技工都应该受到保护，并提交了《为什么这样的国际法不能有所改进?》,《1784 年 11 月 10 日商业条约中支持新条款的原因》。参见 Treaties of Commerce, Nov. 10, 1784,' 1 *Diplomatic Correspondence of the United States of America from the Signing of the Definitive Treaty of Peace*, 10*th September*, 1783, *to the Adoption of the Constitution*, *March* 4, *1789* 532 - 3 (1887, Washington, Blair & Rives)。

6　Gilbert Chinard, *Thomas Jefferson: The Apostle of Americanism* 28 (2nd edn, rev. 1957, University of Michigan Press).

7　Thomas Jefferson, *The Commonplace Book of Thomas Jefferson: A Repertory of His Ideas on Government* 205 (Gilbert Chinard ed, 1926, Johns Hopkins Press).

8　同上 at 9.

9　同上 at 368 - 76.

10　'The Declaration of Independence', *American Legal History: Cases and Materials* 66 (Hall, Wiecek and Finkelman eds, 1991, Oxford University Press).

11　'Thomas Jefferson, Letter to Henry Lee, May 8, 1825', quoted in Wilbur Samuel Howell, 'The Declaration of Independence and Eighteenth-Century Logic,' 18 *William and Mary Quarterly*, *Third Series* 463 (1961).

12　A J Beitzinger, *A History of American Political Thought* 133 (1972, New York, Dodd, Mead & Co).

13　Peter S Onuf, 'A Declaration of Independence for Diplomatic Historians', 22 *Diplomatic History* 71 - 2 (1998).

14　David Armitage, 'The Declaration of Independence and International Law', 59 *William and Mary Quarterly* 39, 42 (2002).

15　Lee Ward, *The Politics of Liberty in England and Revolutionary America* 351 - 2, 355 - 7, 366 - 74 (2004, Cambridge University Press).

16　Armitage, *supra* n 14, at 46.

17　Declaration, *supra* n 10, at 68.

18　Richard R Palmer, 'The Declaration of Independence in France,' *Studies on Voltaire and the Eighteenth Century* 1569 (1976, Genève, Institut et Musée Voltaire).

19　同上 at 1590.

20　同上 at 1569 - 70.

21　Horst Dippel, *Germany and the American Revolution* 1770－1800 23 (1977, University of North Carolina Press).

22　同上 at 29.

23　同上.

24　Armitage, *supra* n 14, at 50－1.

25　Peter S Onuf and Nicholas G Onuf, 'American Constitutionalism and the Emergence of a Liberal World Order,' *American Constitutionalism Abroad* 65,69 (Billias ed 1990, New York, Greenwood Press).

26　Margaret E Avery, 'Toryism in the Age of the American Revolution: John Lind and John Shebbeare,' 18 *Historical Studies* 24,28 (1928).

27　John Lind, *An Answer to the Declaration of the American Congress* (1776, London, Cadell, Walter & Sewell).

28　同上 at 11－117.

29　同上 at 119.

30　Douglas G Long, *Bentham on Liberty: Jeremy Bentham's Idea of Liberty in Relation to His Utilitarianism* 51 (1977, University of Toronto Press).

31　H L A Hart, 'The United States of America', *Essays on Bentham: Studies in Jurisprudence and Political Theory* 53,54－6 (1982, Oxford University Press).

32　Jeremy Bentham, 'To John Lind, 2(?) September 1776,' *The Correspondence of Jeremy Bentham, Vol I: 1752－76* 341－4 (Sprigge ed, 1968, London, The Athlone Press).

33　同上 at 341－2.

34　同上 at 343－4.

35　Hart, *supra* n 31, at 54.

36　同上.

37　Jeremy Waldron, *Nonsense Upon Stilts: Bentham, Burke and Marx on the Rights of Man* 29,34 (1987, London, Methuen).

38　同上 at 31－4.

39　转引自 Charles M Wiltse, 'Thomas Jefferson on the Law of Nations', 29 *American Journal of International Law* 66,67 (1935)。

40　同上.

41　Reeves, *supra* n 2, at 561.

42　'The Articles of Confederation', *American Legal History: Cases and Materials* 80,81 (Hall, Wiecek and Finkelman eds, 1991, Oxford University Press).

43　同上.

44　R B Morris, *The Forging of the Union: 1781－1789* 62 (1987, New York, Harper & Row)在第十章中我们还会关注州与联邦之间的权力制衡问题。

45　同上 at 68－9.

46　1 (1 Dallas)114(1784).

47　G W Gong, *The Standard of 'Civilization' in International Society* 130－63 (1984, Oxford University Press).

48　1 US(1 Dallas)114,116(1784)

49　同上.

50　同上 at 114.

51　同上.

52 同上 at 118.

53 William W Bishop, *International Law*: *Cases and Materials* 75,266 (2nd edn, 1962, Boston, Little, Brown &. Co.).

54 William Blackstone, 4 *Commentaries on the Laws of England* (*A Facsimile of the First Edition of* 1765 – 1769 67 (1979 edn, University of Chicago Press).

55 'Jefferson to E C Genet, June 17, 1793', as quoted in Edward Dumbauld, 'John Marshall and the Law of Nations', 104 *University of Pennsylvania Law Review* 38,39 (1955 – 6).

56 转引自 B M Ziegler, *The International Law of John Marshall* 6 (1939, University of North Carolina Press)。

57 Charles Lee 'Opinion of January 26, 1797', 1 *Opinions of the Attorney General 1791 – 1825* 68,69.

58 12 Bevans 8,48 *Consolidated Treaty Series* 487 (concluded at Paris September 3,1783; ratified by Congress January 14,1784; proclaimed January 14,1784), art I. "这份《巴黎和约》有力地回击了所谓'美国从未输过战争或赢过和会'的讽刺言论。考虑到英国人仍然控制着纽约、查尔斯顿(Charleston)、萨凡纳(Savannah)、底特律以及西北部的诸多据点,华盛顿的军队则几乎停止不前,而英国海军又重新控制了海上战场,这此情况之下,美国能够在《巴黎和约》中获得如此广袤的领土以及对己十分有利的条款,这着实让我们感到吃惊。" Samuel Eliot Morrison, Henry Steele Commager &. William E Leuchtenberg, 1 *The Growth of the American Republic* 204 (7th edn, 1980, Oxford University Press)。

59 Peter Onuf and Nicholas Onuf, *Federal Union*, *Modern World*: *The Law of Nations in an Age of Revolution 1776 – 1814* 113 (1993, Madison, Madison House). 两位作者均认为 1783 年的和约是美国早期"和约倾向"的组成部分:"这些美国人,因为在过去的大英帝国内有着令人沮丧的经历,自然会断言他们的这些关于显而易见之公共权利的辩护都是恰当的。正如乐观的瓦特尔主义者所认为的,一个合法的世界秩序,其构建的基础便是若干主权平等国家的自愿行为。"同上。

60 Peace of Paris, *supra* n 58, art IV.

61 Morris, *supra* n 44, at 196 – 7.

62 Peace of Paris, *supra* n 58, art V.

63 Morris, *supra* n 44, at 196 – 201.

64 同上 at 201 – 2.

65 转引自 James Brown Scott, *James Madison's Notes of Debates in the Federal Convention of 1787 and their Relation to a More Perfect Society of Nations* 5 – 6 (1918, Oxford University Press)。

66 James Madison, 'Notes of Ancient and Modern Confederacies, preparatory to the federal Convention of 1784', 1 *Letters and Other Writings of James Madison* 293 – 315 (1867, Philadelphia, J B Lippincott &. Co).

67 同上 at 320.

68 'Remarks in the debate of June 20,1787', quoted in Scott, *supra* n 65, at 36.

69 'Remarks in the debate of July 23,1787', quoted in ibid at 55 – 6. 后来麦迪逊在《**联邦党人文集**》中重申了这一观点,认为宪法效力如同人民与中央政府所订立的契约。Gary Rosen, 'James Madison and the Problem of the Founding,' 58 *Review of Politics* 561,567 (1996).

70 'Remarks in the debate of July 23,1787.' in Scott, *supra* n 65, at 38.

71 The Constitution of the United States, *American Legal History*: *Cases and Materials* 567 - 8 (Hall, Wiecek & Finkelman eds, 1991, Oxford University Press).

72 同上 at 569.

73 同上 at 570 - 1.

74 同上 at 571.

75 同上.

76 同上 at 573.

77 *The Federalist Papers* (Clinton Rossiter ed, 1961, New York, New American Library). Jay and Hamilton had studied law at Columbia. 杰伊和汉密尔顿曾在哥伦比亚学习法律。

78 同上 at 43.

79 同上 at 44.

80 同上 at 265.

81 同上 at 334.

82 同上 at 476.

83 同上 at 477.

84 Onuf and Onuf, *supra* n 25, at 65 - 89.

85 *Letters of Pacificus and Helvidius on the Proclamation of Neutrality of 1793, by Alexander Hamilton, (Pacificus,) and James Madison, (Helvidius,) to which is prefixed the Proclamation* 3 (1845, Washington, D C, J & G S Gideon).

86 同上 at 14,8.

87 同上 at 9.

88 同上 at 12.

89 Arthur Nussbaum. *A Concise History of the Law of Nations* 134 (rev. edn 1954, New York, Macmillan).

90 'Jefferson's Opinion on the Treaties with France', 25 *The Papers of Thomas Jefferson* 597 - 603 (Catanzariti ed, 1992, Princeton University Press).

91 'Opinion of April 28,1783', 同上 at 608,613 - 7.

92 同上 at 617.

93 同上 at 602.

94 Hans Jürgen Schlochauer, 'Jay Treaty', 1 *Encyclopedia of Public International Law* 108 (1981, Amsterdam, North Holland).

95 'Treaty of Amity, Commerce and Navigation between Great Britain and the United States signed at London, 19 November 1794', 52 *Consolidated Treaty Series*, 1793 - 1795 243 (Perry ed, 1969); A D McNair, *Lord McNair*: *Selected Papers and Bibliography* 198 (1974).

96 Schlochauer, *supra* n 94, at 109.

97 同上 at 109.

98 Nussbaum, *supra* n 89, at 128 - 9.

99 'St Croix River Arbitration' in Moore, 'St Croix River Arbitration', *International Adjudications*: *Ancient and Modern* 1 - 9 (Moore ed, 1929, Oxford University Press).

100 John Bassett Moore, 'Preface to Saint Croix River Dispute', *International Arbitrations: Ancient and Modern: Modern Series I* xcv (Moore ed, 1929, Oxford University Press).

101 Schlochauer, *supra* n 94, at 110.

102 Jay, 'The Status of the Law of Nations in Early American Law', 42 *Vanderbilt Law Review* 819,832 (1989).

103 *Ware v Hylton*, 3 US (3 Dallas) 199,232,236 (1795).

104 同上 at 236.

105 关于马歇尔的生平与年表参见 R Kent Newmyer, *John Marshall and the Heroic Age of the Supreme Court* (2001, Louisiana State University Press)。还可参见 Herbert Brownell, Jr, 'John Marshall, "The Chief Justice"', 41 *Cornell Law Quarterly* 93 (1955 - 6); and Charles F Hobson, *The Great Chief Justice: John Marshall and the Rule of Law* (1966, University Press of Kansas)。

106 *Marbury v Madison*, 5 US (1 Cranch) 137 (1803).

107 *McCulloch v Maryland*, 17 US (4 Wheaton) 316 (1819).

108 *Gibbons v Ogden*, 22 US (9 Wheaton) 1 (1824).

109 Edward Dumbauld, 'John Marshall and the Law of Nations', 104 *University of Pennsylvania Law Review* 38,40 (1955 - 6).

110 Ziegler, *supra* n 56, at 10 - 11.

111 Newmyer, *supra* n 105, at 274.

112 11 US (7 Cranch) 116,117 - 9 (1812).

113 同上 at 136.

114 同上 at 145 - 6. 美方的原告最终通过外交协商的途径获得了一些补偿。Jesse S Reeves, 'A Note on *Exchange v M'Fadden*', 18 *American Journal of International Law* 320 (1924)。

115 23US(10Wheaton)66(1825).

116 同上 at 123.

117 同上 at 81 - 106.

118 同上 at 114 - 22.

119 同上 at 79 - 80.

120 同上 at 122.

121 同上 at 122 - 3.

122 同上 at 123.

123 2 Dodson 210 (1817), 165 *English Reports* 1464.

124 23 US (10 Wheaton) 66,79 - 80,98 - 9(1825).

125 2 Dodson 210 (1817), 165 *English Reports* 1464,1479.

126 M W Janis, 'The Recognition and Enforcement of Foreign Law: *The Antelope's* Penal Law Exception', 20 *International Lawyer* 303,305 - 8 (1986).

127 Anthony J Bellia and Bradford R Clark, 'The Federal Common Law of Nations', 109 *Columbia Law Review* 1,74 - 5(2009).

128 Francis Ludlow Holt, *The Law of Libel: First American, from the Second London Edition, with References to American Cases* 90 - 1 (Anthony Bleecker ed, 1818, New York, Stephen Gould).

129 *Ware v Hylton*, 3 US (3 Dallas) 199,227(1795).

130 *Murray v The Charming Betsy*, 6 US (2 Cranch) 64 (1804).

131 同上 at 65.

132 同上 at 66.

133 同上 at 67.

134 同上 at 116.

135 同上 at 118.

136 同上 at 118 – 26.

137 Frederick C Leiner, 'The *Charming Betsy* and the Marshall Court', 45 *American Journal of Legal History* 1 (2001).

138 *Thirty Hogshead of Sugar v Boyle*, 13 US (9 Cranch) 191 (1815).

139 同上 at 198.

140 Joseph Story, *Commentaries on the Conflict of Laws, Foreign and Domestic, in Regard to Contracts, Rights and Remedies; and especially to Marriages, Divorces, Wills, Successions, and Judgments* (1834, Boston, Hilliard, Gray and Company).

141 'Book Review: Commentaries on the Conflict of Laws by Joseph Story', 17 *American Quarterly Review* 303 (June 1,1835).

142 同上 at 305.

143 18 US(5 Wheaton)153,156 – 157(1820).

144 同上 at 160 – 1.

145 同上 at 163.

146 同上 at 164 – 83.

147 Ian Brownlie, *Principles of Public International Law* 48 – 50 (4th edn, 1990, Oxford University Press).

148 菲利莫尔(1810—1885)著有四卷本的《国际法评论》(1854—1861),1867 年成为高等海事法院的法官,1879 年当选为国际法改革与编纂学会(今国际法学会)的主席。参见 *Dictionary of National Biography, The Concise Dictionary, Part I: From the Beginnings to* 1900 1072 – 4 (1953, Oxford University Press)。他的儿子也是一位国际法学家,在 1924 年国际法学会斯德哥尔摩年会上起到了重要作用,本书第十一章还会提及这个问题。

149 [1874 – 1879]4PD129,154 – 155. 所以就按照大多数普通法体系的原则来处理这个未通过的条约。Mark Weston Janis, *International Law* 101 – 4 (5th edn, 2008, New York, Aspen)。

150 27 US(2 Peters)253(1829).

151 同上 at 310.

152 同上 at 314.

153 同上 at 314 – 5.

154 *United States v Perchman*, 32 US (7 Peters) 51 (1833).

155 Paust, 'Self-Executing Treaties', 82 *American Journal of International Law* 760, 771 – 5(1988). "自动执行"这个术语直到 1887 年才首次出现在菲尔德大法官在"巴特拉姆诉罗伯特森(Bartram v Robertson)"案的陈词中。122US116,120(1887)。这个术语在来年菲尔德的另一项判决中获得了更多的知名度。参见惠特尼诉罗伯特森案(*Whitney v Robertson*),124US190,194(1988). 参见 *Whitney v Robertson*, 124 US 190,194 (1988). ibid at 766。

156 Newmyer, *supra* n 105 at 276.

157 同上.

第三章　肯特与惠顿：基督教
世界的国际法

　　第三章将重温 19 世纪初期美国最早系统描述和分析国际法的学者——詹姆斯·肯特(James Kent)与亨利·惠顿的故事。我们将就两位作者对万国法的重要性进行评论,还将探讨肯特与惠顿对胡果·格劳秀斯推崇备至的原因,分析在他们看来被惠顿称为"基督教世界的国际法"是如何被这位荷兰法学家以新教徒的风格塑造而出。肯特与惠顿眼中的国际法适用范围有限,仅适用于因相同的文化、法律以及道德传统而聚集到一起的目标一致的国家,正如我们即将看到的,这种观点已经偏离了格劳秀斯强调的普世主义倾向。

　　我认为,肯特与惠顿之所以拒绝格劳秀斯传统的普世主义,是出于两个原因,也正是这两个原因促使他们首先强调国际法。第一,他们同制宪者们一样,也渴望藉由万国法来巩固美国刚刚获取的独立与主权地位。第二,这也是最初的原因,肯特与惠顿试图回应约翰·奥斯丁针对国际法的实证主义批评,而且他们还力图确认国际法在国际关系中的效力。最后,我认为,虽然乔治·凯南(George Kennan)以及其他"现实主义"学者指责美国国际法学者普遍落入法律-道德主义的窠臼,但肯特与惠顿非但不在此列,还恰好相反,可谓美国国际法现实主义研究者的先驱。

第一节　肯特、格劳秀斯与基督教国家共同体

> 毫无疑问,万国法中最有用也最实用的一部分,就是在惯例、合意以及协定的基础上创制的成文法。但这种法律不能完全偏离自然法的观念,也不能脱离自然法的正当理性原则、自然法对人类本质的理解(道德科学正是由此推演出来)而推导该法律的主要效力、庄重性以及约束力。[1]

19 世纪最初的几十年间,法学家们论及美国在政治和知识领域取得的伟大成就时,纽约州司法部长、哥伦比亚大学法学教授詹姆斯·肯特(1763—1847)是一位无论如何都绕不开的人物。[2]肯特对美国最为深远的贡献是基于其课堂讲义而写就的四卷本巨著——《美国法释义》(*Commentaries on American Law*)(1826—1830),这是美国第一部法学名著。与 60 多年前布莱克斯通的《英国法释义》[3]一样,肯特的《美国法释义》解决了判例法的混乱局面,为普通法法学家提供了一次专业而严格的知识训练,使其得以紧跟时代潮流。肯特的《美国法释义》历经多版修订,成为整个 19 世纪法律人求学期间的必读书目。[4]

肯特在打造美国法框架时,给予了国际法荣耀的地位,意义绝不可小觑。《美国法释义》开篇 200 多页全是万国法的内容。[5]第一卷的首段谨慎地将国际法[6]与美国独立战争结合在一起,勾画并赞扬了这一学科,并富有远见地指出了多年以后美国国际法学者在明确与执行国际法时会出现的障碍:

> 当美国从大英帝国中脱离出来,成为一个独立国家之时,那开始遵守由欧洲文明国家间的理性、道德与习惯所建立起来的规则体系即欧洲公法。在独立战争期间,国会宣称对于所有事宜的认识皆基于万国法,表示"根据欧洲的一般惯例",遵守该法。通过万国法,我们知晓了公共行为法则,它在国家交往过程中界定了各方的权利义务。信守该法有利于塑造国家特征,提升全人类福祉。根据孟德斯鸠的观点,万国法的基本原则在于,在不伤及真正利益的前提下,各国总是倾向于趋利避害,渴望和平,远离战争。但是这条箴言并非在

所有案件中都能屡试不爽,有的国家之间因审判机构并不相同,关于国际法的理解和执行也就不尽相同,因而想达到让各方都能够满意的结果往往是非常困难的。此外还有一个尚未解决的更大难题就是,过度渴望和平也就意味着任人宰割。[7]

尽管国际法在肯特的《美国法释义》中地位显著,但是与业已熟悉的英国普通法对于万国法的认识——布莱克斯通曾言,万国法"被普通法全面吸纳,也应该被认为是英国法的一部分"[8]——几乎没有关联。虽然至少在 1784 年前,美国法院就已经认可了这一吸纳理论[9],肯特也或多或少承认,"英美两国一直以来都乐于认可那些侧重公法研究的法学家著述的权威性、通行惯例与普遍实践的约束力,并且愈发尊重那些认可及执行万国法的法院判决。"[10]然而,时至今日,国内法官对习惯国际法的吸纳与适用仅占庭审案件的一小部分,这种相对而言的微不足道也体现了布莱克斯通在第四卷(也即最后一卷)中才对万国法和吸纳原则进行讨论。[11]

其实布莱克斯通并没有在书中首先讨论万国法,而是以"导论"的方式阐明了英国普通法的"两大基础——自然法和神启法"[12]。正如我们所看到的,将英国普通法奉若神明的做法受到了他的学生边沁的猛烈批评。[13]同理,肯特也激怒了哈佛历史学家佩里·米勒(Perry Miller),原因在于米勒认为,肯特"极尽所能",将自然法"翻译"成了万国法,这样一来就等于用"基督教的幔帐"遮蔽了普通法。[14]

但总的来说,肯特的"基督教化处理方式"并非不切实际。肯特在书中非常靠前的部分就提到,他试图在"对万国法基础的百家争鸣中"探寻不同之处。[15]他将实证主义者与自然主义者进行了对比,前者认为国际法的渊源来自"在合意与使用习惯的基础上形成的成文制度体系";后者则认为国际法的渊源"在本质上等同于适用于国家行为的自然法,如同一个有道德的人总会遵纪守法。"[16]肯特与布莱克斯通、杰弗逊同样采取了折衷立场,这种将实证主义与自然法相互融合的做法也被称之为"中庸"或者"格劳秀斯主义",在 18、19 世纪的法学家中屡见不鲜:

因此，我们不应该将公法学与道德体系分离开来，也不能推崇这种危险的观点：一国政府在与其他政府交往中，不受诚实、正义以及人性责任的严格约束，而只关注自己的利益。国家或政治实体可被视为有道德之人，具有公共意志，具有辨识善恶的能力与自由。因为它们是个体的集合，这些个体将约束其私人生活的道德和宗教带到集体。

　　万国法是一个由众多元素构成的复杂体系。它包括了权利与正义的一般原则，这些原则不仅适用于众人在自然平等状态下组建的政府，也适用于国家之间的关系，调整其交往行为；一系列由文明和经济发展出来的风俗与惯例；习惯法与成文法。如果没有后来出现的这些制度，那么国家在相互交往中所适用的原则便来自于国家的权利与义务，以及道德责任的特性；还有古代法学家的经典论著，以及现代公法学派中一些最早期的巨著，他们认为国家道义与个人道德的产生原因相似，而且都将个人与国家的道德归于同一种科学。[17]

在证明了万国法的成文法和自然法渊源各有价值后，肯特才转而讨论基督教的问题：

　　由于万国法基于自然法的原则发展起来，可以通行古今，适用众人。但是欧洲的基督教国家及其大西洋彼岸的后裔，因在艺术、科学、商业领域以及政策制定和政府治理方面都取得了杰出的成就；更为重要的是，基督教与古代的伦理法相互浸淫已久，其特点在于，事实更加清楚，约束更加明确，从而形成了只适用于他们的一套万国法。借由宗教、礼仪、道德、人性以及科学，商事交往中的互赢互利，结盟缔约、互派使节的传统，对同一套公法体系的研究以及相关公法学者的尊重认可，他们形成了一个国家共同体。[18]

这种基督教"国家共同体"是肯特在分析国际法时的一个关键要素，他相信此种国际法只能是"现代社会的产物"。[19]肯特批判古人，因为他们"不能认识到国家间存在正义和人道方面的道德义务"[20]，尽管罗马人曾经取得过一些成就，"他们比希腊人更加注重利用法律,而且这两个国家在对外交往中也有着明显的不同。"[21]
"罗马法注定会为未来世界的各国立法提供范本而永载史册,并且,在缺少惯例与
成文法规定时,罗马法也会为近代司法机构和法律学者所采纳,成为万国法的一项
重要的权威渊源。"[22]然而,罗马法关于国际法的规定却"非常模糊零散"。[23]它是"一
种将自然正义理论用于国家义务的支离破碎的表述。"[24]"它带有野蛮时代的深刻
印记,缺乏基督教道德体系的规制和商业文明的约束。"[25]不管怎样,在罗马帝国倒
塌之后的"蛮族时代","罗马法所带来的一切也随之倾覆"。[26]

　　直到 11 世纪时,五大制度因素开始共同构建近代万国法,它们分别是:"封建
制度、宗教崇拜与政府统治以同一种形式出现在欧洲、骑士制度的建立、谈判与条
约构建出的欧洲习惯法,以及政治等级与优先位次的确立。"[27]基督教是其中最重
要的因素:

> 　　在推进变革的重要因素中,最有分量的要数各大国联合并形成了一个基
> 督教共同体。基督教的影响使得欧洲各国政府有效地接受了关于权利与正义
> 的更加优异和进步的观念。它告诉我们,对待他者要仁慈,对待败者要人道,
> 要赤诚相待,与人为善,心胸宽广。纵观欧洲史,特别是现代历史的早期阶段,
> 那些比比皆是的有趣而强有力的证据显示了,教会的权威大于强横的君主和
> 勇猛的战士,这种权威在改造品行、抑制暴力方面发挥了重要作用,而且还带
> 来了推崇和平、节制与正义的一套道德体系。[28]

　　尽管肯特认为这门学科起源于"基于对人类的共同责任和利益而构成的"[29]中
世纪天主教"基督国家同盟"(confederacy of the Christian nations),但仍然相信,现
代意义上的国际法直到 17 世纪新教法学家格劳秀斯的出现才得以诞生:

> 　　因而万国法到格劳秀斯时代才得以形成。这个时代的万国法在很大程度
> 上已经摆脱了北方蛮族的残忍习惯和做法。在基督教的影响、对罗马法的研
> 习以及商业发展的共同作用下,国际法在某种程度上逐步恢复为一门科学,一
> 种文明。欧洲国家同根同源,秉持相同的制度、礼仪、法律以及宗教,通过他们

紧密的联系和持续的交往也使得国际法更具价值和效力。但这时的国际法仍然处于无序的状态,它的原则不为人知,也不被重视。它仅仅是一系列毫无秩序或权威的杂乱无章的先例而已。因而,格劳秀斯的出现犹如一颗璀璨夺目的太阳,为国家间交往驱散阴云、解释疑惑、播撒光芒、保驾护航,成为公认的万国法之父。[30]

一颗"璀璨夺目的太阳"? 格劳秀斯有何种品质值得这般的敬仰? 在肯特时代,格劳秀斯 1625 年的巨著——《**战争与和平法**》早已不是国际法的金科玉律。在公众看来,瓦特尔 1758 年出版的《**国际法**》[31]已然取代了格劳秀斯著述的地位。[32]从 1625 年到 1758 年,格劳秀斯的作品被重印或翻译了 55 次,而 1758 年之后的 100 年中,只被重印或翻译了 2 次。[33]

54

不过相比于格劳秀斯的声望,更让肯特感兴趣的是所谓的"格劳秀斯伦理",或者更准确一些的说法是"肯特对格劳秀斯伦理的重述"。在《美国法释义》中,肯特总结出了格劳秀斯"毅然决然地从事这项最有意义之伟大事业的原因"。[34]不同于瓦特尔,格劳秀斯把万国法的问题置于基督教的背景中进行讨论。格劳秀斯伦理在残酷的三十年战争时期得到了阐述:

> 我所提出的这些意见使我们可以完全确信,国家之间存在着一种普遍适用之法,它对于战争同样适用,身处这场战争之中,也使我有足够的理由来思考这个问题。遍寻整个基督教世界,我发现缺少对战争的约束,或许连蛮族都会引以为耻;我还发现,人们穷兵黩武都是出于睚眦之怨,或者根本就没有任何缘由,而一旦鸣锣开战,人们也就把法律抛到九霄云外了,无论是神法还是人法;这就如同打开了犯罪的潘多拉魔盒。

55

面对这种令人发指的冷酷无情,那些最善良的人们直接表示要禁止对基督徒使用武力,因为基督教的教义中首先就包含了要爱所有的人。约翰·费鲁斯(John Ferus)和我的同胞伊拉斯谟似乎也倾向于这种观点,他们无论在教会还是国家中,都最大限度地致力于和平事业;但在我看来,他们的目标在事情朝向一个极端发展时,会迫使他们走向另一个极端,正如我们所经历过的,此时,人们能做的或许只有妥协。在相反方向所施加的努力往往成事不足败事有余,因为在此种论调中试探所谓的底线并不难,但却会削弱其他同样正确的观点与方法的影响力。在两个极端中必须要发现一种补救措施,使得人们不会束手束脚,也不会肆无忌惮。[35]

肯特如此描述格劳秀斯伦理:

55

> 凡是战争皆谈不上正义,他发现这句话放诸四海而皆准,不仅市井小民会认可,就连那些博学多闻之人也会乐于接受,他还认为绝大多数人也都会说出修昔底德笔下欧菲摩斯(Euphemus)曾说过的话:任何有用的东西都不会是不正义的。许多人在个人生活中秉持正义,但是却从不为国家做这方面考虑,并认为统治者无需讲正义。他发现基督教世界的战争充满了罪恶与凶残,就连野蛮人也引以为耻。只要一开战,人们就会不顾人法或神法;这一切仿佛撒旦的怒火持着罪恶的通行证,义无反顾地烧向人间。
>
> 格劳秀斯的目标就是要呈现出古往今来那些鼓励道德自然法则的英明国家中盛行的群体观念,来纠正这些谬误的理论与言行。他还要证明正义对于任何社会都弥足珍贵,是各国需承担的永恒道义,而且一个强盛的国家不仅需要法律,更需要遵守诚信,践行正义。[36]

肯特之所以对格劳秀斯的观点感兴趣,不仅因为格劳秀斯认识到可怕的战争现实与基督教理想中的仁爱之间有着不可避免的冲突,还因为他试图化解这种冲突,将讲究解决实际问题的现实主义与言辞凿凿的自然道德主义进行巧妙的融合。格劳秀斯的化解方法是基于各国君主对具有法律约束力之规则的认可,不论这种认可是以条约明确规定,还是默示的惯例使然。[37]格劳秀斯的解释一方面承认了国家的独立性(因此需要这些国家表示认可接受),另一方面说明国家一经承诺,即受

56
法律与道义责任的约束。

尽管肯特将其称为"万国法之父",但是格劳秀斯在任何意义上都不是最早写作或思考所谓近代国际法的学者。这门学科的传统——条约、外交、仲裁、战争法、

可以追溯至几千年之前。[38]格劳秀斯本人受到了维多利亚、苏亚雷兹16世纪西班牙经院哲学家的影响,他们试图将中世纪天主教关于自然法的理论融入国际政治的新近现实中,敦促西班牙国王公正对待由西班牙发现并征服之美洲大陆上的土著人。[39]

还有人提出,鉴于西班牙经院哲学的传统[40],格劳秀斯的真正贡献在于他"世俗化"了国际法:

> 格劳秀斯虽是国际法著作的开山鼻祖,但作为一个新教徒,他深受传统自然法的影响,不同的是,格劳秀斯将自然法予以世俗化,认为即使不存在上帝,自然法也依然有效。这种世俗化深深地改变了自然法的特征。诚然,天主教自然法并非基于神启;它来自于人类的**正当理性**(recta ratio)——该术语来自于斯多葛学派;然而**自然法**是人类"对**永恒法**(Lex aeterna)的一种参与";它是上帝造人之时,铭刻在每人心中的必备的基督教美德。"正当理性"仅是借此发现自然法的工具而已;对于格劳秀斯而言,这种正当理性也就成为了自然法的基础。格劳秀斯区分了"自然的"与"自愿的"**万民法**;尽管近代国际法学家们时常对格劳秀斯强调的那些内容持截然相反的态度。[41]

或者这样说也是正确的,格劳秀斯与这些西班牙学派的学者不同,他的论述立场并没有局限于某一个单独的基督教教派。实际上,格劳秀斯试图打造一种能够同时被天主教和新教接受并对二者都具有约束力的万国法。至少对于不同的基督教信仰而言,他的万国法理念基于主权国家之允诺,或多或少地也带有某种宗教上的中立。然而值得怀疑的是,考虑到格劳秀斯身处的时代及其本人的性格,他可能并非真心希望以一种严格的世俗方式来重塑中世纪基督教的自然法传统。他关于主权国家给予允诺才能生成规则的态度与真正的世俗学者有着很大的不同,后者认为主权国家应当做到完全与宗教无涉,彻底脱离道德原则的约束。

这种世俗学者的典型代表就是马基雅维利。他认为对于大国而言,基督教显然不如古代的异教信仰更具吸引力,原因在于,基督教旨在"以谦卑谋求最高幸福,

淡泊名利,无欲无求。"马基雅维利在《君主论》中主权者诚信的表述最为有名,流传至今:

> 君主既然必须懂得善于运用野兽的方法,他就应当同时效法狐狸与狮子。狮子不能够防止自己落入陷阱,而狐狸则不能够抵御豺狼。因此,君主必须是一头狐狸以便认识陷阱,同时又必须是一头狮子,以便使豺狼惊骇。然而那些单纯效仿狮子的人们却不理解这一点。所以,当遵守信义而置自己于不利时,或者使自己当初许下诺言的理由不复存在的时候,一位英明的统治者绝不能够,也不应当遵守信义。假如人们全都是善良的话,这条箴言就不合适了。但是因为人们是恶劣的,而且对你并不是守信不渝的,因此你也同样地无需对他们守信。一位君主总是不乏正当的理由为其背信弃义涂脂抹粉。关于这一点,我能够提出近代无数的实例为证,它们表明:许多和约和许多诺言由于君主们没有信义而作废和无效;而深知怎样做狐狸的人却获得最大的成功[1]。[43]

格劳秀斯的方法却截然不同。尽管意在教派中立,但格劳秀斯对万国法的论述在本质上仍带有自由派基督徒的风格。从神学的角度讲,格劳秀斯属于抗辩派(remonstrant)[2],这是阿明尼乌的信徒在莱顿创立的一个分支。阿明尼乌不承认加尔文派的"救赎预定论",而认为耶稣被派到人间是为了拯救众生。任何人只要信仰上帝之法,就可以得到上帝的恩泽。在抗辩派受到慕黎斯(Prince Maurits)以及荷兰加尔文派残酷镇压时,正是这种自由的、多少带有普世意义的教义最终导致格劳秀斯被捕入狱。[44]

格劳秀斯相信,主权者们不仅制定规则,也必须遵守这些规则。主权者之间的誓约或协议具有法律和道德上的约束力,而并非马基雅维利式的便宜之计。既然

---

〔1〕译文参考自:《君主论》,马基雅维利著,潘汉典译,商务印书馆,1986年,第83—84页。——译者注
〔2〕抗辩派:即阿明尼乌派,荷兰新教教派,该派追随阿明尼乌,否定了加尔文宗的预定论,得名于阿明尼乌因病去世后,其信徒于1610年发表的《抗辩》(Remonstrance)。——译者注

善男信女们都能够在宗教世界中团结在一起，遵守上帝之法，那么主权国家也能够遵守构成万国法的条约和习惯。万国法中任何临时性或伪善性的承诺都有悖于格劳秀斯的观念。

格劳秀斯坚信，自然法会迫使人们一诺千金，言而有信。[45]约束力更强的是起誓：

> 誓言的主要作用就是定纷止争。极富灵感的**《希伯来书》**的作者认为，"誓言是结束一切冲突的证明"。斐洛[3]也有过类似的表述："誓言是上帝对争议事项的见证"。哈利卡纳苏斯的狄奥尼修斯[4]的表述也没有什么不同："不管是希腊人还是野蛮人，他们作出的最为善意的承诺，将永远长存，是上帝担保下的誓约。"因而对于埃及而言，誓言也是"人和人之间所能做出的最为确定和真诚的保证。"[46]

与私人间契约相比，条约是主权者订立的一个"更为精良的协议"，适用于全体人民。[47]条约也应得到善意履行和解释。[48]即便是敌对国做出的所有明示或默示承诺也应当以诚信为基础。[49]

不论格劳秀斯本人还是新教徒群体都认为应当信任法律，也都认为誓约作为减少国际关系中残酷行为的方式，应当理所当然地成为调解国家间行为的手段。对法律形式的尊重是新教徒根深蒂固的传统。正如马克斯·韦伯在谈到法律与加尔文主义之关系时所写的[5]：

> 最注重的是《旧约》中赞美律法化的内容，这种形式上的合法性被誉为博得上帝欢心的行为标志。清教徒提出了这样一种理论：由于摩西法典中含有

---

〔3〕斐洛(Philo，公元前25—公元50)：亚历山大里亚学派犹太人宗教哲学的主要代表，被视为希腊化时期犹太教哲学的代表人物和基督教神学的先驱。其哲学对犹太教和基督教的发展有极深远影响。——译者注

〔4〕哈利卡纳苏斯的狄奥尼修斯(Dionysius of Halicarnassus，公元前60—公元前7)：古希腊历史学家。——译者注

〔5〕下段译文主要参考了马克斯·韦伯著：《新教伦理与资本主义精神》，于晓、陈维纲等译，生活·读书·新知三联书店，1987年，第129页。——译者注

仅仅适合于犹太民族的礼规或纯粹历史性的诚条,所谓摩西律法在基督手中丧失了效力是仅就此而言的;另一方面,它作为自然法的一种表达,始终是有效的,因此必须予以保留。这一理论,使他们有可能从中删除那些与现代生活格格不入的内容。不过,由于《旧约》道德里与此相关的种种特点,它得以有力地促进了束身自好、严肃庄重的律法精神,而这正是这种形式的新教世俗禁欲主义的本质特征。[50]

格劳秀斯的思想形成于一个关键时刻。为了解决引发"三十年战争"中天主教与新教的冲突,1648 年《威斯特伐利亚和约》承认欧洲众君主个人和国家的主权权威。[51]教会的世俗管辖权尽管包括对战争予以规制和调解的权力,但是在理论和实践上均受到了限制。如果国际冲突得到了控制,那么就不再依靠教会作为一个主要的调解主体了。如此,这些主权国家将不得不依靠自我约束。格劳秀斯认为,这种可能性的前提是这些国家必须遵照以誓约道德观念为基础的实在万国法,当时那些处理国际事务之人逐渐接受了这种观点。[52]

这并非表示格劳秀斯及其追随者们完全丢弃了作为万国法基础的中世纪早期自然法。纵观整个 17、18 世纪,新教与天主教总是将**万国法和自然法**放在一起论述。作为一名瑞士新教徒,瓦特尔认为存在一套国家必须遵守的"必要"法律,比如法律面前各国平等的制度规则。[53]此外,正如我们所看到的,万国法应当包括自然或必要之法律的观点也非常自然地进入到了肯特的国际法学中,正如自然法做为布莱克斯通普通法的哲学基础。

那么,米勒批评肯特,认为他"不切实际地"将自然法"翻译"成了万国法,从而用"基督教的幔帐"遮蔽了普通法,又是什么意思呢?[54]诚然,肯特早期在讨论美国普通法时分析自然法和国际法,可以视为抵制国内批评者对判例法的质疑,如同边沁所看到的布莱克斯通以教会法和自然法维护普通法。但是肯特的研究要比布莱克斯通更加重视自然法、万国法以及基督教道德。

首先,肯特将基督教、道德与国际法交织在一起,这完全没有"不切实际",而是那个时代继受格劳秀斯伦理学的惯常做法。更为重要的是,道德不仅是法律的基石,也是宗教信仰的基础。比如,卢梭(1712—1778)曾经描述过这样一种法律[6]：

　　　　是一切之中最重要的；这种法律既未铭刻在大理石上，也非铭刻在铜表
　　上，而是铭刻在公民们的心里；它形成了国家的真正宪法；它每天都在获取新
　　的力量；其他法律陈旧或消亡时，它可以复活那些法律或替代那些法律，它可
　　以保持一个民族的创造精神，并且可以在无形中以习惯的力量代替权威的力
　　量。我说的就是风尚、习俗，尤其是公众舆论；这个方面是我们的政论家所不
　　认识的，但是其他方面的成就全都有系于此．这正是伟大的立法者悄然专心致
　　力之处；尽管他看似把自己局限于制定个别的法规，其实这些法规只不过是穹
　　窿顶上的拱梁，而只有逐渐诞生的风尚才是那个穹窿顶上的不可动摇的拱
　　心石。55

　　当然，卢梭强调的是道德应该呈现出一种更加社会化而非宗教的形式。他批
评基督教将"神学体系与政治体系"相互分离，这样便导致"人们永远也无从明白在
主人与神父之间到底应当服从哪一个。"56

　　其次，肯特的阐释比布莱克斯通更加全面。除了担心国内对普通法的挑战
之外，肯特还忧虑来自国外的针对美国及美国法的双重威胁。而这种忧虑也帮
助我们解释了，曾经让欧洲观察家们颇为吃惊的，那个时期的美国"从未主张有
权建立一个北美国际法（North-American international law）"。57 相反地，正如我们
在肯特对国际法的讨论中所看到的，在谈及美国被其他国家视为欧洲基督国家
共同体中具有适格主权身份的一员时，他是多么兴致勃勃。通过强调万国法的
基督教基础，肯特以这种宗教上的共同点将美国与历史悠久的欧洲政治文明勾
连起来，而且他还主张，同欧洲国家一样，美国也是一个值得尊敬的文明的基督
教国家。

　　再次，肯特广泛援引基督教，特别是格劳秀斯伦理学是为了解决国际法最为棘
手的难题之一，即国际法效力问题；这是布莱克斯通未曾遇到的难题。肯特在开篇

---

[6] 下段译文参考自：《社会契约论》，卢梭著，何兆武译，商务印书馆，2009年，第70页。——译者注

第一段中,便强调了国际法"尚未解决的更大难题":"过度渴望和平也就意味着任人宰割。"[58]肯特对基督国家共同体的分析有助于解释国际法为何实际上是有效的。一个美国法官在本国法庭如布莱克斯通讨论的那样,适用外国法是一回事,各国在国际交往中适用国际法作为行为规范却是另外一回事。就国内而言,法院可以仰赖国家的日常权力来执行它们的判决。但就国际而言,肯特知道不存在任何国际政府制裁违反国际法的行为。于是肯特所讨论的基督教只具有伦理上的强制力。与格劳秀斯一样,肯特为大量成文国际法规则奠基了一个道德的程序性基础。这样做的逻辑是,证实了基督国家共同体的伦理学有助于万国法的执行。

肯特认为,作为基督国家共同体的一员,新生的美利坚合众国应当恪守其道义责任以表达对于共同体国际法的尊重。肯特在总结关于万国法的讨论时以一个美国法学家的立场阐明了国家的基本责任:

> 不仅是在商业港口执业的律师,还是每一个崇尚自由、致力于众望所归的绅士,具有一套全面而科学的国际法知识都是非常有必要的。对于每一位想成为律师的有志之士而言,如果他被发现在国际法的原则问题上学艺不精,那么这将会是他最大的耻辱;而且我认为无论怎么强调万国法的学习都不会是错的,不仅因为它是美国律师教育的必备功课,而且因为它本身就值得学习。[59]

第二节 奥斯丁、惠顿以及格劳秀斯式的普遍性

我们可没有从担任伦敦大学新设法理学教席的学者口中,听到对国际法的任何颂扬,不论就道德、国家还是个人利益而言。因而约翰·奥斯丁(1790—1859)写于1832年的著作注定会成为19世纪美国国际法学者的**眼中钉、肉中刺**。与肯特不同,奥斯丁是一位失败而迂腐的法学家,他考察了国际法的先天不足并轻率地得出结论,认为国际法根本就算不上是"法律"。

以奥斯丁的思维方式,"准确意义上的法,具有命令的性质:如果没有命令的

性质,自然不是我们所说的准确意义上的法。"国际法显然不是奥斯丁所谓的"准确意义上的法":[7]

> 有些实际存在的社会道德规则,不是我们所说的准确意义上的法。这些规则,是由**"一般舆论设定或施加的法"**。这里的意思是说,它们是由一定阶层的一般舆论,或一定社群的一般舆论确立的。例如,由某一行业成员或专业成员的一般舆论确立的规则,由城镇居民或省内居民的一般舆论确立的规则,由一个国家或者一个独立政治社会的一般舆论确立的规则,由一个各种各样的国家民族参与其中的国际组织所具有的一般舆论来确立的规则,等等,都是这种规则。

> 在由一般舆论确立的法中,某些规则已经被赋予了相应的称谓。例如,由在绅士阶层中流行的舆论确立的若干规则。这些规则对绅士具有强制性质。这些法或者规则,通常被描述为**"荣誉规则"**、**"荣誉法则"**和**"荣誉法"**。再如,由在社交界流行的舆论确立的若干规则,也是这样的。这些规则,对社交界的人来说,也是具有强制性质的。这些法或者规则,通常被人们描述为**礼仪法**。再如,关于各个独立政治社会之间的关系,以及行为的若干规则,或者,可以这样说,关于各个主权政府之间的关系,以及行为的若干规则,也是这样的。这些法或者规则,是由流行在国家之间的舆论所确立的。它们,通常被描述为"万国法"或者"国际法"。[61]

奥斯丁对条约或者其他成文国际协议不屑一顾,甚至在后面的讨论中进一步地贬损国际法的价值:[8]

> 基于各个独立政治社会的相互交流而形成的社会,属于国际法管辖的领

---

[7] 下段译文参考自:《法律学的范围》,约翰·奥斯丁著,刘星译,中国法制出版社,2002年,第163页。——译者注
[8] 下段译文参考自:《法律学的范围》,约翰·奥斯丁著,刘星译,中国法制出版社,2002年,第225页。——译者注

域，或者属于各国相互认可的法律所管辖的领域。因为（采用流行的表述），国际法或者各国相互认可的法律，是与构成若干封闭性社会的各个独立政治体所实施的行为有关的。这里的意思是说，"一般国际法，是因为各国的相互认可而出现的"。更为准确地来讲，国际法或各国相互认可的法律，与主权行为有关，而主权行为在这里是从国家相互交往关系的角度来考虑的。

因此，我们不可避免地会得到这样一个结论：在各个国家之间获得认可的法，不是实际存在的由人制定的法。因为每一个实际存在的由人制定的法，是由一个特定的主权者，对处于隶属状态的一个人或若干人制定的。正如我已经提示过的，在各个国家之间获得认可的法（我们所说的并非准确意义上的法），是由一般舆论所确立的。其所设定的义务由道德制裁所强制实施。无论是从国家角度来说，还是从主权者角度来说，道德制裁都包含了对国际社会产生普遍性敌视的担心，包含了对国际社会将实施对己不利后果的担心。当国家或主权者即将违反得到普遍接受的国际规范时，便会出现这种敌视并产生不利后果。[62]

奥斯丁发表这番言论的四年之后，英语世界第一部专门的国际法著作作者，美国法学家亨利·惠顿（1785—1848）准备与其针锋相对。惠顿曾经担任美国联邦最高法院的案例汇编员[63]以及美国驻柏林宫廷外交官。他在 1836 年出版《国际法原理》(Elements of International Law: With a Sketch of the History of the Science)的目的是为"外交人士以及其他公务人员提供一份基础资料的汇编，而不是仅仅为了那些更为学术化的法学家，尽管他也不揣冒昧地希望对于后者而言本书也不是完全没有用处。"[64]这本书开篇便直奔主题："国家之间的行为规则在何种意义上可以称之为**法律**。"[65]惠顿首先提及了边沁，他评论道："一位从事法律科学研究的卓越学者曾经提出过类似的问题，不同社会的人们或者不同主权国家在相互交往的过程中业已认可的规则距离严格意义上的**法律**究竟有多远。"[66]然后惠顿将奥斯丁称为"（边沁的）高足"，开始大量引用奥斯丁的表述，以自己的语言重述并概括奥斯丁的上述言论。[67]

鉴于惠顿的作品广为流传，被译为多国语言[68]，所以奥斯丁对国际法的巨大影响可能并非出于自身,而是要归功于惠顿对其大量的引用。总之,对于来自奥斯丁的实证主义的批评,惠顿在《国际法原理》中首先进行了简要的回应[69],而在 9 年之后出版的《欧美万国法史》(History of the Law of Nations in Europe and America)中惠顿给出了一个更为全面的评论:

> 曾经有人提出过这样的观点:"国际法的根基仅仅是为文明国家所共同接受的舆论,其所设定的义务仅仅由道德制裁、主权者对因违反普遍接受和尊重之规范而可能招致国际社会的普遍性敌意和招致恶果的担心得以实现。"然而历史经验告诉我们,即使在最坏的时候,这些动机也都尽可能地保障各国遵守由国际道德所决定的正义法则,尽管它们的确不比立法者对违反实体法的行为人施加的那种来自于上级命令的更有力制裁。这些特殊性协议是为了适应人类社会不同的现实需要,对以理性与习惯为基础的一般性规则的改变,从而形成了一个更加实在性的体系,因此,如果把它们的发展史与国际法学的历史演进联系起来,我们就会明白,后者必定是最高利益。[70]

63

值得注意的是,惠顿在回应奥斯丁的批评时,没有回避诸如国际法的制裁就是战争或者国家对自我利益的保护等等问题,而是认为国际法的进步体现在两个方面:"国际道德的理论"以及"国家之间对正义法则的实际遵守,尽管这种进步稍稍落后于人类文明在其他领域的迅速发展。"[71]

对于奥斯丁批评国际法是一种"实证道德",如果惠顿的反应看起来是出人意料地泰然自若,那么很大程度上是因为惠顿将道德问题的重心置于基督教世界。在关于国际法的讨论中,惠顿明确地将其范围限定于"被认为是大多数文明基督教国家所认可的一般性原则"。[72]与肯特一样,惠顿也非常重视基督教的作用,因为他将基督教作为国际法的制裁方式和确保万国法效力的关键性因素。

64

国际法对于惠顿如同之于肯特,是一个相对新兴的学科。"古代世界的那些古典国家对于国际正义的观念远远谈不上完善",我们看到,对于希腊人和罗马人而言,"外国人"等同于"野蛮人"或者"敌人",而且这种"野蛮的公法理论"也注定使得他国人民成为奴隶,遭受劫掠。[73]"修昔底德曾正确地指出,不管对于一个国王还是国家而言,第一条政治格言皆是,有用之物皆非正义。"[74]惠顿批评希腊人以"冷血的残忍"对待外国人,罗马人也是"永无休止地占领、奴役他国"。[75]然而,惠顿认为它们并非一无是处,这主要表现在:

> 尽管罗马人对国际法作为一门科学的了解非常欠缺,在国际交往中也很少以其作为行为准则,但是他们的市民法对构建近代欧洲公法的殿堂起到了至关重要的作用。而且,斯多葛学派的严苛精神被吸收到了罗马法之中,塑造出绝无仅有的才华横溢、品德高尚、建树颇丰的罗马贵族阶层。[76]

罗马市民法中的贵族模式绵延欧洲,数百年之后成为了国际法大厦的一块重要基石。[77]

惠顿对"近代国际法学基石"的探索回溯至 16 世纪,他将其描述为:

> ……是人类历史中一个难忘的时代——文艺复兴、发现新大陆以及宗教改革。罗马法的精神也融入到天主教会的教会法中;而且这个时代的道德权力与知识均掌握在神职人员手中,为了维护他们的利益,神职人员对关于永恒的正义规则也相当尊重,所以这也被认为给欧洲文明的复兴创造了一个有利的环境。[78]

其中一项重要的教会成果来自于 16 世纪西班牙神职教授——弗朗西斯·德·维多利亚和多米尼克·索托,他们"以无畏的勇气和独立的精神,对于那些西班牙人在新大陆打着传播基督教的旗号实行残忍侵略的行为给予了强烈的谴责。"[79]然而,尽管基督教会以及"商业精神"[80]贡献诸多,但在惠顿看来,国际法学领域真正的"格劳秀斯之前的先行者"应该是阿尔贝利克·贞提利斯。"他的父亲是为数不多支持宗教改革的意大利人,后来举家迁到德国,在那里阿尔贝利克又被送到了英格兰,这不仅使得他获得了信仰的自由,而且得到了英国的庇护,并最终当选为牛津大学的法学教授。"[81]阿尔贝利克关于战争法的研究在下一个世纪"为格劳秀斯此后的辉煌指明了道路"。[82]

肯特对格劳秀斯赞誉有加,但这位荷兰法学家的卓越影响在惠顿那里得到了更为明晰的阐述。惠顿先是感叹马基雅维利主义影响下的"16世纪初期,欧洲社会充斥着尔虞我诈、作奸犯科、贪污腐败,因而人民疾呼伟大的引路者和改革者出现以救民于水火,但谁能够以明白无误的言语向君主和人民讲述真理和正义,抚慰道德沦丧之后大家受伤的心灵?"[83]而后惠顿介绍道:

> 胡果·格劳秀斯出生于这个世纪的后半叶,在17世纪初期大放光彩。那个时代虽然伟人辈出,但是没有人能够像他这般的天赋异禀、博闻强识,或者能够如他这般对我们后文所要讨论的观点以及全人类的行为施加如此大的影响。他既是一名学者,也是一位商人,而且同时他也是一位有着雄辩口才的倡议者、有着科学精神的法学家、对古代颇有研究的历史学家、具有爱国精神的政治家以及满腹经纶的神学家。他是众多赞颂基督教真理的伟人之一。[84]

肯特详述了格劳秀斯在荷兰身陷囹圄后又被放逐的经历,并高度赞扬了格劳秀斯的影响以及他"公平正义"的精神品格:

> 在一个党同伐异泛滥的时代,格劳秀斯出淤泥而不染;尽管他也积极加入戈马尔派与阿明尼乌派两个宗教派系之间的争论,但却能以海纳百川的胸怀接受不同的教派而不问是天主教还是基督新教;这种自由开放的态度在当时可谓罕见。当他不再亲身参与论战后,转而通过出版自己的巨著向全人类展示对和平与正义的热爱,给当时所有开明的王公贵族留下了深刻的印象,并以此影响他们此后的所作所为。亚历山大大帝在对外征服中用一个金盒子随身携带荷马的《伊利亚特》(Iliad of Homer)来为自己打气;瑞典国王古斯塔夫二世在参加为了欧洲新教徒的自由而发起的那场英雄之战时,则是把《战争与和平法》摆在枕边。很难说哪种对比效果更加鲜明:是希腊的诗歌与荷兰的哲学,还是两个不同时空中立场截然相反的两个英雄。[85]

惠顿描述了格劳秀斯对荷兰和德国大学的影响,格劳秀斯的作品在那些地方都取得了巨大成功。[86]总而言之,这本书"在欧洲基督教民众的心目中留下了一个绝佳的印象,且以人性与正义的方式推动了国际交往实践。这是一场影响深远的改变。"[87]这也导致"欧洲及其移民国家的对外交往"与"人类社会的其他国家相比,更加地崇尚人性、正义以及自由。"[88]

对历史细节进行描述后,惠顿开始讨论"国际法的渊源和主题",认为正是格劳秀斯为这门学科打下了基础。[89]然而,惠顿至少在一个重要方面迥然区别于格劳秀斯。格劳秀斯总是热心于论证国际法的普适性,而惠顿则非常希望证明,任何形式的国际法只对那些具有相似文化背景或者宗教信仰的国家才能适用,在这一点上,他的程度比肯特更加强烈。

惠顿对国际法普适性的质疑最先出现在对格劳秀斯实证万国法理论的反对理由中。根据格劳秀斯的理论,实证万国法"需要所有或者绝大多数国家的明确同意,这些国家团结在为此目标而形成的社会契约中"。[90]惠顿的基本反对立场在于"国家之间不能形成这种社会联合体"。[91]相反,惠顿使我们相信国际法的义务似乎仅仅来自于"即刻而直接的同意,而且并不超出做出这种同意的相关国家,也就是说,国家之间只有通过即刻而直接的认可才可能产生对于彼此的约束力"。[92]在惠顿对国际法渊源以及国际法义务的契约基础的讨论中,一个重要部分是万国法**并不具有普适性**:

> 如果这些国家都是能够通过直接而积极的同意达成协约的道德个体,并且,如果他们同意将彼此作为因同属人类社会而彼此认可的道德个体,那么他们均可以通过战略性和约来约束彼此的行为,这种默示来自于对国家间认同的习惯与实践,以及对那些规制相互交往关系的某些成文规则。但是有观点主张这种得到认可的习惯和基本模式只能产生于那些因同根同源、同种礼教而联合到一起的那些国家。[93]

惠顿引述格劳秀斯、宾刻舒克以及孟德斯鸠来论证非普适性的原则,但是在这三人的作品中几乎都没有支持这种笼统的言辞。因为他们似乎都更倾向于论证国际法的普适性而不是特殊性。格劳秀斯的态度前已论及。宾刻舒克,根据惠顿的说法,仅仅只是宣称国际法存在于那些"至少是确定无疑的绝大多数的文明国家"。[94]从孟德斯鸠的引述中也丝毫找不到他支持惠顿所主张的特殊性的例证。[95]

然而,惠顿却执意讨论他关于国际法非普适性的大胆论断:

> 根据这几位学者的说法,不存在约束整个人类社会的普遍适用、永恒不变的万国法——即为古往今来所有或野蛮或文明、或基督或异教的人类社会在理论上接受或在实践中遵行的一套法则,无论遵行的方式是明确宣布还是事实上遵守;也不存在与西塞罗所谓正当理性之法相似的万国法,这里的正当理性是指"合乎自然的、通行于全人类之间的、统一的、永恒的,告诫我们要恪尽职守、不得胡作非为的一套法则"——这部永恒的不朽之法,既不能被取代也不能被修改,而是要通行于古往今来的所有国家,其权威来自于世界的共同主权,追求一种其他立法者和解释者都无法做到的效果,使每个违法之人在接受不可避免的惩处时,都能心服口服。[96]

对惠顿而言,"普通的**万民法**"是一种因时代、宗教以及政府的不同而不同的法律:

> 普通的万民法只是一种特别法,适用于一个明确的国家群体或者国际大家庭,它随着这些国家的宗教、礼仪、政府以及其他制度的改变而不断变化。因而,有欧美文明的基督教国家的国际法;也有调整穆斯林国家之间相互关系以及同基督教国家交往原则的国际法,这两种国际法之间有着很大的不同。基督教世界的国际法定型于格劳秀斯时代,那时宗教力量、骑士制度、封建制度以及商业精神与文化交往等各种因素共同发酵,将欧洲各国混合成为一个统一的大家庭。这种法律并非仅仅包括适用于调整作为道德个体的国家之行为的自然正义原则。实际上,它的形成基础可能远不止于此;欧洲公法以及脱胎于欧洲的美洲国家公法建立在一个直接而清晰可见的基础之上,即上述区

域中的人类在相互交往过程中所遵行的那些习惯、传统与风俗。[97]

惠顿对国际法的定义也蒙上了他所主张的非普适性：

> 万国法或者国际法，在文明的基督教国家间，可以定义为理性推演出的符合正义之行为规则，源自独立国家所组成之社会的特性；在这样的界定和修订之后，国际法也可以由普遍同意所建立。[98]

尽管惠顿引用格劳秀斯是为了论证国际法只能产生于"那些因同根同源、同种礼仪、宗教而联合到一起的国家群体"，[99]但格劳秀斯可没有将国际法理解为非普适性。虽然格劳秀斯大量使用希腊人、罗马人、犹太人以及基督教的资料来论证万国法的原理和规则，[100]但通常是把国家的权利与义务扩展到西方的传统之外。比如，格劳秀斯指出，"承诺、协议以及契约中誓言的神圣性，在古往今来的任何社会都具有至高无上的地位。"[101]总体而言，万国法将基督教国家与非基督教国家联系起来：

> 与非基督教国家缔结条约是否合法？这个问题经常被提到。根据自然法，这是个不容置疑的问题，因为人都享有权利而不因宗教有所区分。
>
> 圣经非但没有修改条约内容，反而更加支持条约的效力，据此，甚至可以在正义事业中向那些无宗教信仰者提供援助。因为抓住机会为全人类谋福利不仅是值得称赞的，也是上帝的诚语。上帝让太阳升起在正直之人的头顶，也让太阳升起在邪恶之人的头顶，并会用他宽厚仁慈的雨露去滋润他们。为了跟随上帝，我们不应该拒绝任何种族，所有的人都应该享有我们的服务。[102]

格劳秀斯表示，"在同等条件下"，"和我们有着共同宗教信仰的人可以优先要求得到我们的支持和帮助"，但这只是一种特殊的例外情形，即当我们遭受"无神论国家的侵略之时"，"需要依靠信奉基督的国王和政府的坚强联盟"。[103]甚至对于同海盗这些万国法的"法外之徒"达成的协议也应该被遵守："作为人类其中一员,他们依旧享有这些自然法赋予的特权——遵守条约就是自然法的内容之一。"[104]

格劳秀斯使用的语言表达通常带有普遍性。他没有区分这种或那种国际法,而是使用了一种概括性表述。比如,他在总结国家坚守诚信的必要性时提到:

> 按西塞罗的话说,诚信不仅是联结所有政府的主要力量,也是统一构建更大的国际社会的基石。亚里士多德认为,如果摧毁了这一点,人类的交往将不复存在。
>
> 法学其他分支中,多少存在某种模糊性,但诚信的约束却是自明的,并且被用来消解所有问题的模糊性。对于所有具有合法性之国王和君主,是否诚信事关其良心,也是其赖以在各国间维持王位荣誉及尊严的基础。[105]

为何惠顿要放弃格劳秀斯的普适性传统?又是什么促使了他比格劳秀斯甚至比肯特都更进一步地强调国际法的基督教特征?答案或许在奥斯丁处。惠顿坚信近代国际法是一门特有的"文明的基督教"学科,奉格劳秀斯为国际法真正的"创始人",这一迷局似乎表明惠顿的所作所为就是为了回应奥斯丁的质疑。

如果对国际法类法性的主要质疑源于其缺乏有效的制裁,使用奥斯丁的结论便可平息这种质疑,即依靠道德规劝实施国际法。对于坚持强调界线分明、注重主权观念的奥斯丁而言,道德效力显然是不够的,但是在惠顿那里却没有问题。惠顿所主张之"真实"有效的国际法依靠道德推行的唯一前提在于属于该法范畴之内的规则适用同一种道德秩序。惠顿在奥斯丁观点基础上,甚至比肯特更加强调国际法的基督教背景以此来确证它的效力。

第三节　凯南对于美国法律道德主义的批评

乔治·凯南(George Kennan,1904—2005)是一名外交官,普林斯顿高等研究院的研究员,素以对国际法进行所谓的"现实主义"批评而闻名。在1951年芝加哥大学发表的那篇著名演说中,凯南指出了"以法律道德主义的路径研究国际法的问题",认为这将导致美国外交的"最大败笔"。[106]最近,凯南宣称,"如果美国政府打算打着道德标准的旗号从事外交活动,就会发现,根本就没有什么国际化的道德标准"。[107]美国曾经痴迷于运用法律和道德共塑外交政策,[108]本文并非要重述与之相关的全部学说、回顾围绕该观点的所有论据。本章要讨论的是,通过肯特、惠顿以及格劳秀斯的研究传统,阐明凯南的现实主义批评中存在着一种历史缺陷。

凯南坚信,美国的法律道德主义是一种政治范畴内的"对我们自身政治制度起源的回忆"。[109]法律规则并不会自动地"在国际领域中拨乱反正,扭转乾坤"。[110]道德只会让事情变得更糟,因为"它把对错观念带入到了国际事务之中",这会导致有些人无缘由地愤愤不平,也会把战争变得更加的丑陋不堪。[111]最后,外交中的手腕显然比法律制度更加实用,因为"法律太过抽象和死板,很难让人从容应对意外事件。"[112]

从表面上看,肯特和惠顿都是凯南旨在反对的那种典型的法律-道德主义者。他们都是美国国际法领域的先驱。他们在描述和定位国际法时都特别重视广义的道德以及基督教的品德。再者,肯特与惠顿都参与了美国法律传统的奠基性工程。肯特的《美国法释义》和惠顿的《国际法原理》是数以万计的美国法律人的必读书目,对他们也产生了深刻的影响,而这些人中有很多日后都成为了美国政坛的要员。然而,他们只是从表面上看起来符合凯南所谓的法律-道德主义批评,而实际上不论肯特还是惠顿都不应承受这种错误的批评。

首先,无论肯特还是惠顿,对于国际法的热情中都没有夹杂不切现实的期待——认为国际法之于世界相当于美国法之于美国。实际上,肯特与惠顿对于现实都有充分的认识——对于已有数百年历史的国际法体系而言,美国只是一个新人。肯特之所以强调国际法,在很大程度上并不是因为他觉得国际法可能会紧跟美国法律发展的步伐,而是因为他试图告诉大家美国也可以接受由欧洲人所制定的业已存在的游戏规则。此外,肯特也鼓励同胞们努力使美国在这个现存的体系中表现的像模像样,值得信赖。就惠顿而言,他一直在强调国际法的历史延续性并不会因美国的独立而有何改变。

其次,无论肯特还是惠顿,他们仰仗道德或者基督教并非因为对国际法的效力有着一种乌托邦式的幻想或者因为他们愤然不平地想要指正国际上的对错是非。

他们对于国际法都有着一种复杂的或者格劳秀斯式的观点，同时关注实证法和自然法。肯特与惠顿对于国际法的缺陷心知肚明，这显然与不切实际的乌托邦式的幻想相去甚远。他们也都知晓无法轻易地改正这种缺陷。实际上，他们并未提出解决办法。不论肯特还是惠顿都未淡化外交的重要性，也没有过高估量法律在解决国际争端中的效力。惠顿作为一位外交官，最早为外交官群体著书立说。

如果我们一定要批评诸如肯特和惠顿这样的法律-道德主义者，倒不如批评他们太过死板，太过"现实主义"，太过沉浸于各自国际法的概念当中。通过上文对于肯特与惠顿的解读，我们可以发现他们深信基督教和西方文明与道德相伴，至少是使国际法"发挥作用"的那种道德。格劳秀斯抓住了国际法的普适性问题，关于这一点他可能比19世纪任何一位美国法学家都要厉害。[113] 作为基督教的忠实信徒，格劳秀斯似乎自信地认为万国法可以而且也必将适用于所有国家，不管是基督教国家还是非基督教国家。而肯特与惠顿所声称的"基督教世界的国际法"，在他们所处的时代，甚至更准确地说在那之后都太狭隘了。

那么说到底，凯南有关外交事务中法律和道德角色的"现实主义"批判有何意义呢？如果将此视为对乌托邦式的美国理想主义的一种回应，应该有些道理，特别是对一战的惨淡收场而言。这也是本书后文将要讨论的内容。然而，凯南的批评在另外一场灾难发生之后就显得空洞无力了：2001—2009年小布什主政时期，美国政府轻率而又简单粗暴地将国际法与道德分离开来。先发制人的战争理论、阿布格莱布监狱[9]以及关塔那摩监狱的虐囚事件的错误不仅没有产生任何帮助反而削弱了美国的国际利益。就此而言，肯特比凯南更能理解："对于任何愿意在国会中占得一席的有志之士而言，如果被发现他在国际法的原则问题上知之甚少，那么将会是他最大的耻辱。"[114]

1 James Kent，1 *Commentaries on American Law* 2（2nd edn，1832，New York，Halsted）.
2 Perry Miller，*The Life of the Mind in America from the Revolution to the Civil War*

---

〔9〕阿布格莱布监狱：始建于上个世纪70年代，在萨达姆时期是用来关押伊拉克平民的监狱，当年萨达姆政府在这所监狱内肆意折磨和杀害无辜平民。美军入侵和占领伊拉克后，在此大量关押、审讯和囚犯，2004年其虐囚丑闻被曝光。——译者注

109,145 - 6 (1965，New York，Harcourt，Brace & World).

3　William Blackstone，*Commentaries on the Laws of England*：*A Facsimile of the First Edition of 1765 - 1769* (1979 edn，University of Chicago Press).

4　L M Friedman，*A History of American Law* 290 (1974 edn，New York，Simon & Schuster).

5　Kent，*supra* n 1, at 1 - 200. 至少在国际法的层面上，肯特的重要性绝对不仅限于美国。1866 年，一位名叫阿布迪(J. T. Abdy)的英国律师，同时也是剑桥大学的法学教授，将肯特关于国际法 200 多页的讨论单独编辑了成一个英国的版本，他如此评价肯特："同时代最伟大的法学家，其著作可谓至理名言"。参见 Kent's Commentary on International Law (1st edn，Abdy，1866，Cambridge，Deighton，Bell and Co)。这本书 12 年后又增订了一版。参见 Kent's Commentary on International Law (2nd edn，Abdy 1878，Cambridge，Deighton，Bell and Co)。甚至在非英语国家肯特的影响也不可小觑。不久之前，一位德国学者总结道，"最早使用现代方法(研究国际法)的可能就是美国法学家詹姆斯·肯特。" Hans-Ulrich Scupin，'History of the Law of Nations 1815 to World War I'，7 *Encyclopedia of Public International Law* 179,196 (1984).

6　正如在本书第一章中所指出的，"国际法"这个术语首次出现于 1789 年边沁的《道德和立法原理》一书当中，而并非是传统概念"万国法"的同义词。然而，在 19 世纪早期，其他的一些美国法学家们已经开始交替使用，肯特也不例外。参见 Kent，*supra* n 1, at，eg，4,6,20.

7　1 Kent，*supra* n 1, at 1 - 2.

8　4 Blackstone，*supra* n 3, at 67.

9　*Respublica v De Longchamps*，1 US (1 Dallas) 111 (1784).

10　1 Kent，*supra* n 1, at 19.

11　4 Blackstone，*supra* n 3, at 66 - 73.

12　同上，vol 1 at 42. 在布莱克斯通的《导论》中，国际法只被提及了一次，它是一种用来处理不同社会之间"互动交往"的法律，而且要完全依赖于"自然法的规则，或者这些社会之间所订立的协定、条约、联盟以及契约。"同上。

13　Jeremy Bentham，'A Comment on the Commentaries'，*A Comment on the Commentaries and a Fragment on Government* 37 (Burns and Hart eds，1977，London and New York，Metheun)。边沁没有提及这一点。

14　Miller，*supra* n 2, at 166.

15　1 Kent，*supra* n 1, at 2.

16　同上.

17　同上 at 2 - 3.

18　同上 at 3 - 4.

19　同上 at 4.

20　同上.

21　同上 at 5 - 6.

22　同上 at 7.

23　同上.

24　同上 at 7 - 8.

25　同上 at 8.

26　同上.

27　同上. at 9 - 10.

28　同上 at 10.

29　同上.

30　同上 at 15.

31　E de Vattel, *The Law of Nations*, *or Principles of the Law of Nature*, *Applied to the Conduct and Affairs of Nations and Sovereigns* (1797 edn, London, G G & J Robinson).

32　J G Starke, 'The Influence of Grotius Upon the Development of International Law in the Eighteenth Century', in 2 *Studies in the History of the Law of Nations* 162 - 176, Grotian Society Papers (Alexandrowicz ed, 1972, The Hague, Martinus Nijhoff).

33　F S Ruddy, 'The Acceptance of Vattel', in Alexandrowicz, *supra* n 32 at 177, 178 - 9. 在 1834 年瓦特尔作品的修订版中,约瑟夫·基蒂(Joseph Chitty)写道,瓦特尔是"极端重要的",一个学习的捷径,"任何人只要细读此书,都会承认从此书中可以学到鞭辟入里的观点、获得浩如烟海的资料,这在其他著作中是看不到的。" E de Vattel, *The Laws of Nations*; *or*, *Principles of the Law of Nature*, *Applied to the Conduct and Affairs of Nations and Sovereigns* iii (Chitty ed, 1834).

34　1 Kent, *supra* n 1, at 15 - 6.

35　H Grotius, *De Jure Belli Ac Pacis Libri Tres* 20 (Prolegomena Sections 28, 29), *The Classics of International Law* (F W Kelsey trans 1925, Oxford, Clarendon Press)

36　1 Kent, *supra* n 1, at 15.

37　Mark Weston Janis, *International Law* 169 - 75 (5th edn, 2008, New York, Aspen).

38　Arthur Nussbaum, *A Concise History of the Law of Nations* 1 - 16 (rev. edn, 1962, New York, Macmillan).

39　J L Kunz, 'Natural Law Thinking in the Modern Science of International Law', 55 *American Journal of International Law* 951 (1961).

40　詹姆斯·布朗·斯科特写道:"维多利亚的最大贡献就是提出了国际法的定义"。然而,斯科特并没有明确表示维多利亚是国际法"之父",仅提及是维多利亚扩展了"国际共同体……使之超越了惯常的基督教世界的范围,因而在这个国际共同体中,美洲的这些公国(principalities)也同其他国家享有同等的权利、履行同等的义务,而不管他们是基督教国家,还是野蛮之邦。"参见 James Brown Scott, 'Vitoria and International Law', in H Wright, ed, *Francisco Vitoria*: *Addresses in Commemoration of the Fourth Century of his Lectures 'De Indis' and 'De Jure Belli'* 1532 - 1932, at 37 - 43 (1932, Washington, D C)。

41　Kunz, *supra* n 39, at 951 - 2.

42　Machiavelli, 'The Discourses', in N Machiavelli, *The Prince and the Discourses* 99, 284 - 5 (M Lerner ed, and Detmold trans 1950, New York, Modern Library).

43　Machiavelli, *The Prince*, ibid at 64. 马基雅维利认为,"与共和国结成的联盟要远比与君主结成的联盟可靠得多。"同上, at 266.

44　H Vreeland, *Hugo Grotius* 68 - 120 (1917, New York, Oxford University Press), E Dumbauld, *The Life and Legal Writings of Hugo Grotius* 11 - 19 (1969, University of Oklahoma Press).

45　Grotius, *supra* n 35, at 219 - 361 (Bk II, Chs 11, 12).

46　同上 at 372 (Bk II, Ch 13).

47　同上 at 391, 391 - 408 (Bk II, Ch 15).

48　同上 at 409 (Bk II, Ch 16).

49　同上 at 804（Bk III, Ch 20）.

50　Max Weber, *The Protestant Ethic and the Spirit of Capitalism* 165（Parsons trans 1958, New York, Scribner）.

51　'Treaties of Peace between Sweden and the Holy Roman Empire and between France and the Holy Roman Empire', October 14, 1648, 1 *Consolidated Treaties Series* 119 - 356.

52　Janis, *supra* n 37, at 169 - 75.

54　Vattel, *supra* n 31, at lviii, lxiii.

55　Miller, *supra* n 2, at 166.

56　J J Rousseau, *The Social Contract and Discourses* 52 - 3（Cole trans 1950, New York, Dutton）（Bk II, Ch XI）.

57　同上 at 133,132（Bk IV, Ch VII）.

58　Stephan Verosta, 'History of the Law of Nations 1648 to 1815', 7 *Encyclopedia of Public International Law* 160,164（1984, Amsterdam, North Holland）. Kent, *supra* n 1, at 2.

59　同上 at 20.

60　John Austin, The Province of Jurisprudence Determined vii（1st edn, 1832, London, John Murray）［以下简称为 Austin］。

61　同上 at 146 - 7.

62　同上 at 207 - 8

63　惠顿担任汇编员的时间是 1816 年至 1827 年，由他所汇编的案例现在收录于最高法院案例合集中的第 14—25 卷。

64　Henry Wheaton, *Elements of International Law with a Sketch of the History of the Science* iii（1st edn, 1836, Philadelphia, Carey, Lea & Blanchard）。在随后一个版本当中惠顿删除了"简史"的内容。但是在 1845 年，惠顿又专门出版了一个更加全面的简史：*History of the Law of Nations in Europe and America; from the Earliest Times to the Treaty of Washington, 1842,*（1845, New York, Garland）［以下简称为 Wheaton's History］。

65　Wheaton, *supra* n 64, at 46 - 7.

66　同上. 惠顿引用了边沁的《道德与立法原理》。同上 at 47。这是第一篇研究边沁如何，与奥斯丁不同，引领我们思考国际法的法律性以及如何回答。

67　Wheaton, *supra* n 64, at 47. 本书的第 60 引注对奥斯丁的著作进行了摘录（第 146—147、207—208 页）；第 61、62 引注则是直接复制了奥斯丁的原文。

68　惠顿的《国际法原理及其简史》取得了举世瞩目的成功。从 1836 年英文第一版问世到 1848 年惠顿去世，12 年的时间里惠顿自己就修订了包括英文和法文在内的数个版本。威廉·比奇·劳伦斯（William Beach Laurence）曾于 1855、1857、1863 以及 1864 年四次修订了美国版。小理查德·亨利·德纳（Richard Henry Dana, Jr.）1866 年修订的版本后来于 1936 年被卡耐基基金会选为《国际法经典系列》中惠顿的权威版本。英国版至少有 1878、1880、1889、1904、1916 以及 1929 年 6 个版本。法文版主要有 1852、1858、1864 以及 1878 年版。1860 年还有一个意大利文版。1864 年和 1865 年相继出现了中文版和日文版。参见 G G Wilson, 'Henry Wheaton and International Law', in R H Dana's 1936 reproduction of the 1866 edition of H Wheaton, *Elements of International Law* 13a - 17a（1936, Oxford, Clarendon Press）. 1870 年，惠顿的著作被评为"在两岸（英国与美国）都享有卓越声誉"。参见 A Abbott, *European Letter*, 2 Albany Law

Journal 201 (1870)。直到 1944 年，惠顿仍被认为具有现代意义。在一个较新的英文版本中，尽管大多数内容已经修订了 108 年之久了，但是惠顿关于战争的讨论仍然被原封不动地保留了下来。参见 A B Keith, *Wheaton's International law*：*Vol 2*：*War* (1944, London, Stevens & Sons)。

69 Wheaton, *supra* n 64，at iii-iv.

70 Wheaton's History, *supra* n 64，at iii-iv. 惠顿对于奥斯丁的引用直接表明了出处"奥斯丁，《法理学的范围》，第 147—148 页"。同上 at iv.

71 同上 at iv.

72 Wheaton, *supra* n 64，at iii.

73 同上 at 17.

74 同上 at 18.

75 同上 at 18 - 9.

76 同上 at 21.

77 同上 at 21 - 2.

78 同上 at 22 - 3.

79 同上 at 23.

80 同上 at 24 - 5.

81 同上 at 26.

82 同上.

83 同上 at 27.

84 同上.

85 同上 at 28.

86 同上 at 29.

87 同上 at 30.

88 同上.

89 同上 at 35 - 78.

90 同上 at 38.

91 同上.

92 同上 at 39.

93 同上 at 43.

94 同上.

95 同上 at 43 - 4.

96 同上 at 44.

97 同上 at 44 - 5.

98 同上 at 46.

99 同上 at 43.

100 比如，参见他关于"战争合法性"的讨论，Grotius, *supra* n 35, at 31 - 54 (Bk I, Ch 2)。

101 同上 at 160 (Bk II, Ch 13, s 1).

102 同上 at 172 (Bk II, Ch 15, s 8).

103 同上 at 172 - 3 (Bk II, Ch 15, ss 8 - 9).

104 同上 at 380 (Bk III, Ch 19, s 2).

105 同上 at 417 (Bk III, Ch 25, s 1).

106 George Kennan, American Diplomacy 1900 - 1950 82 (1951，New York, Mentor) [herein-after cited as Kennan].

107 George Kennan，'Morality and Foreign Policy'，64 *Foreign Affairs* 205，207（1985/86）。

108 下一章中所提到的推动了政府与仲裁国际化的那些 19 世纪的基督教改革家才是更加标准的凯南所谓的法律-道德主义者。

109 Kennan，*supra* n 106，at 83.

110 同上.

111 同上 at 87.

112 同上 at 85.

113 实际上，罗伯特·詹宁斯爵士曾赞扬格劳秀斯，因为他关于普适性的"基本原理"对于我们当代多元文化的世界而言有着非常重要的作用："'基本的法律结构'中肯定总是需要一些基础的普适元素来适用于全人类。"参见 R Y Jennings，'Universal Law in a Multicultural World'，in *International Law and the Grotian Heritage* 187（1985，The Hague，T M C Asser Instituit）。

114 Kent，*supra* n 1，at 20.

第四章　道奇、伍斯特、拉德与伯里特：
基督教、国际法院与世界和平

> 　　我们的方案由两部分组成：国家联合大会和国际法庭。这两个部
> 分可以独立存在，但如果将两者并入一个方案，即使不能融为一体，也将更
> 有助于全人类的幸福。一个由所有基督教文明国家的大使们所组成的大会
> 是非常有必要的，他们应该选择联合的策略，通过各参会方的同意可以将国
> 际法中的各种变化固定下来，于是，国际法将变得如此简单，代表各国参与
> 大会的最杰出法学家组成的法庭能够把这些法律原则自如地适用于他们处
> 理的一切案件中。[1]

虽然有时备受责难，但国际法庭已然是现代国际法和国际政治中的基本元素。
1899 年第一次海牙和平会议创建了常设仲裁法院。1919 年凡尔赛会议召开后不
久，常设国际法院和国际联盟得以建立。1945 年，国际法院成为位于旧金山的联
合国的一部分。这三个法庭同属国际法院或世界法院之列，与 1945 年之后陆续创
立的许多地区与专门性国际法庭（如欧洲人权法院、欧洲法院、美洲国家间人权法
院、国际海洋法法庭、世界贸易组织争端解决机制和国际刑事法庭等）如今已成为
那些博学多才的律师和法官们的活动领域，因而我们会很容易地推定当初创立这
些机构均是基于法律上的考量。然而，令人惊讶的是，今天的国际法庭却是基本未
接受过法律教育的 19 世纪美国乌托邦主义者、宗教狂热者的杰作。

这些国际法庭的早期拥护者活跃于 1812 年美国第二次独立战争至美国内战期间。这半个世纪正是世界法院设想逐渐成形、美国各地对此类法院呼声日趋高涨之时。1865 年至 1945 年间,建立国际法院和组织的想法和热忱纷纷涌现。那些先后在 1899 年、1919 年和 1945 年致力于推动、建立三种不同形式的国际法院的美国人,彼时正沉浸于国际法院和国际组织的理念中。

第一节　乌托邦先行者

当然,国际性裁判的学理依据和道德基础在美利坚合众国建国前业已奠定。所有民族在根本上团结统一、通过国际组织和平解决争端的理念,早在古希腊时就已流传开来。斯多葛派哲学的奠基人芝诺(公元前 335—263)在《共和国》一书中预见到"一个世界不应再由独立的国家组成,而是一座神法治理下的伟大城市,在该城市中,所有人都是彼此国家的公民成员,他们不受人法约束,而以其自身意愿或爱为行为准则。"[2] 古罗马时期的一位皇帝玛克斯·奥勒留(121—180),遵循斯多葛主义,对普遍法和世界社会曾做出了一番设想:

> 如果我们所有人的智力都相同,那么理性也应相同,它让我们成为有理性的生物。如果是这样,理性在指导我们什么该做什么不该做这一点上也是相同的。这样一来,法律也是共同的。我们就成了公民。如果这样,整个世界宛如一个大的国家,"因为还有什么其他的政治组织能够让全人类互称为同胞呢?",并且我们从这样一个共同的国家中得到了知识、理智和法律才能,否则我们还能从哪里获得这些呢?[3]

更近期的来说,19 世纪美国人对世界各民族的和平构想源于 16、17 以及 18 世纪的欧洲政治哲学。德西德里乌斯·伊拉斯谟(1466—1536)、托马斯·莫尔(Thomas More,1477‑1535)、苏利公爵(the Duc de Sully,1560‑1641)、胡果·格劳秀斯(1583—1645)、威廉·佩恩(William Penn,1644‑1718)、让-雅克·卢梭(Jean-Jacques Rousseau,1712‑1778)、伊曼努尔·康德(Immanuel Kant,1724‑

1804)以及杰里米·边沁(1748－1832)等都提出了涉及国际法及其组织的乌托邦计划。⁴1713 年,圣·皮埃尔神父(1658—1743)对路易十四不断发动战争的行为感到恼怒,公开发表了《欧洲永久和平方案》的第一部分。经过反复修改和补充,圣·皮埃尔神父在《方案》中提出,在欧洲主权国家间建立一个永久大联盟(Grand Alliance),禁止对外和对内发动战争,减少军械,通过代表大会(General Assembly)调解国际纷争,建立仲裁法院并通过共有武装力量执行其裁决。⁵

与哲学原则同时存在的还有宗教热忱。欧洲的宗教和平主义被和平主义者从英国、德国、荷兰、俄罗斯带到美国新大陆。⁶1647 年,公谊会(the Society of Friends)〔1〕的创始人乔治·福克斯宣布拒绝参与英国内战:"我生活在没有任何战争的美好生活中。"⁷福克斯的和平主义思想植根于其深信基督精神和战争精神对立存在,他提出"无论贵格会(公谊会)在何处建立,其核心都是反战思想。"⁸

第二节　道奇、伍斯特与 1812 年美国第二次独立战争

无论之前历史如何,和平运动及其建立国际法庭的目标真正得以广泛传播并产生深远影响是在 19 世纪。⁹可能除了英国,没有任何其他地方的和平运动能比美国更有活力,它在美国的普及大部分要归功于宗教热忱。实际上,美国的和平运动可以追溯至 19 世纪,当时和平主义正开始从一些类似贵格会(公谊会)的教派传播到众多新教教派。¹⁰此外,当时出现的国际主义概念也强化了宗教和平主义的观念。¹¹

大卫·路·道奇(David Low Dodge，1774－1852)起草了 19 世纪美国和平运动的部分早期文件,这些文件对日后国际法庭的建立有着至关重要的影响。道奇原是康涅狄格州长老会教友,后成为纽约的一名商人。他通过自学,于 1808 年时开始接触和平主义。1809 年,道奇写下了一篇谴责战争的文章《调停者的王国不是此世的,而是精神的、天堂的和神圣的》(*The Mediator's Kingdom not of this*

---

〔1〕公谊会:又名教友派、贵格会。兴起于 17 世纪中期的英国及其美洲殖民地,创立者为乔治·福克斯。其特点是没有成文的信经、教义,最初也没有专职的牧师,无圣礼与节日,而是直接依靠圣灵的启示,指导信徒的宗教活动与社会生活,始终具有神秘主义的特色。——译者注

World but Spiritual，*Heavenly*，*and Divine*），非常具有先见性。除了从宗教局面提出了反对观点，道奇还罗列了经济、政治以及人道主义的逻辑依据来证明战争是错误和不人道的。道奇的支持者之一塞缪尔·惠尔普利（Samuel Whelpley，1766 - 1817）是一名纽约长老会牧师，他将道奇的和平主义进一步发展，主张如果所有国家都减裁军备、拒绝作战，就可以通过国际仲裁机构对国际法的解释和应用，来保护每个国家。[12]

道奇是新英格兰人。这不无巧合。19 世纪和平主义运动在新英格兰比在美国其他任何地方都更为激烈。[13]如果说许多新英格兰人特别是保守主义联邦党人信奉的和平主义不是因 1812 年美国第二次独立战争引起也至少因为这场战争得以强化。新英格兰的欧洲贸易被中断，海岸线又受到英国攻击，这使得新英格兰人谴责一切战争，至少是所有的侵略战争。

在那场失败的甚至可能引起各州与中央政府分离的哈特福德大会上（Hartford Convention，1814. 12 - 1815. 1），来自马萨诸塞州、康涅狄格州、罗德岛州、新罕布什尔州和佛蒙特州的代表们大胆表决："这个国家几乎没有哪个州能够发起侵略战争或是为侵略战争正名。"他们要求增加一条宪法修正案，要求"未经参众两院三分之二议员通过时，国会不得发动战争或宣战，或者批准对其他任何国家的敌对行为，除非是在确实受到侵略时为保卫美国国土而采取的自卫行为。"[14]

一些新英格兰地区神职人员的言辞则更为极端。比如，马萨诸塞州拜菲尔德教区的伊莱贾教士敦促他的教众"表明自己荣耀的中立立场；让南方的英雄们从事他们的战役或防守……那些受尽伤害的奴隶正在向昔日主人展开正义的复仇……挣脱民主统治下一直被你们抱怨的枷锁；……再度呼吸新英格兰那崇尚自由贸易的空气，你们的祖祖辈辈对此甘之如饴……抗议，我说的是抗议吗？让我们禁止这场战争进入新英格兰。"[15]

这样看来，道奇于 1814 年即美国第二次独立战争焦灼之际，出版了他最具影响力的著作就不足为奇了。《与耶稣基督宗教相抵触的战争》（*War Inconsistent with the Religion of Jesus Christ*）阐述了战争之所以不人道的七种原因，战争之所以不明智的八种理由，以及战争为何是犯罪的十一种理由。道奇在结尾呼吁那些真切向往、找寻教会千年荣耀的人们应该想到这样的荣耀只有在战争的思想和行为都被消灭后才会到来。那些虔诚爱戴我主耶稣基督的人热切地想要让战争在这个世界上永远消失，人类能如兄弟般拥抱彼此。如果是这样，难道尽自己所有能力来推动这一善行不是他们的职责吗？如果每一个基督教徒都效仿这种行为，整个世界就会变得更好，难道他们不该这么想吗？如果是这样，难道他们不应立即终止一切可能导致战争与冲突发生的行为，欢迎一切他们由衷向往并祈祷能够实现正义与和平光荣统治的事情吗？"正义应该带来和平效果正义保证。"[16]

道奇的福音派和平主义著作发表后不久，诺亚·伍斯特（Noah Worcester，1758－1837）的影响彰显出来。诺亚·伍斯特出生于新罕布什尔州，是马萨诸塞州的一位论派（Unitarian）[2]牧师。伍斯特是美国独立战争的退伍军人，但渐渐地持反战立场。1812 年美国第二次独立战争期间，伍斯特写道，此次战争是"完善我心中关于战争合法性变革的绝佳时机"。[17]1814 年，即道奇发表重要论著的同年，伍斯特出版了**《战争习惯的严正评论》**（*A Solemn Review of the Custom of War*）（以下简称**《严正评论》**），后成为经典，可能是"流传最广的和平文学著作"。[18]伍斯特之后解释道：

我完全被说服了，首先，战争是幻想的后果，它与基督教精神背道而驰，完全没有存在的任何必要，只是人性的妄想与最卑贱的激情产生了战争；其次，为了矫正错误而发起战争，往往是错上加错；再次，我们对战争做出的解释不过是以恶行迎接善果降临。[19]

---

〔2〕一位论派：否认三位一体和基督的神性的基督教派别。此派别强调上帝只有一位，并不如传统基督教相信上帝由三个位格（即圣父、圣子和圣灵）组成。——译者注

由于伍斯特的《严正评论》不断再版，前后影响了100年之久，因此值得本章详细引述。在叙述完我们如何"怀着恐惧看待古代异教徒风俗"、印度教教徒、十字军东征、伊斯兰教徒朝圣以及奴隶制之后，伍斯特问道：

> 但当我们带着好奇、愤怒、怜悯的复杂心情，回顾已逝去的时代的习惯时，我们是否会想问一问，我们认为值得尊敬的一些习惯也许并非被普遍接受？今后的人们是否会对那些习惯不屑一顾呢？最令人毛骨悚然的一种原始人的习惯在所有基督教世界的国家中都不流行，这难道不是事实么？在最野蛮的民族中，还有哪种习惯比起以兵刃相见，用刀光剑影解决争端，与虔诚、仁慈和正义的情感更相抵触呢？还有其他什么野蛮习惯会带给人类悲怆苦难呢？除了最极端的痴迷，还有什么致使这样的习惯在理智的人群中流行呢？[20]

鉴于上述问题，伍斯特提出："社会状态与文明人类的思想变化是否能够废除那些如此野蛮的风俗，避免发起不必要的战争？"[21]像许多19世纪的美国人一样，伍斯特相信人类自身的努力加上神的旨意就能缔造成功。他用废除奴隶买卖作为例子：

> 我们承认，上帝只能为国家、社会或人之观点带来最必要的变化；但上帝通过人类完成工作、依靠人类的方法发挥作用。只有上帝可以使英国改变观念，比如废除奴隶贸易；但这项运动是通过仁慈的人们长期以来的坚持与高尚努力才得以落实的……同样的，上帝可以终止战争，让世界震惊于理智的人类居然曾经想到这种解决争端的模式。[22]

有一种理念认为，上帝希望人类去战斗，并将战争作为惩罚恶人的好方法，而伍斯特反对这样的理念。[23]对于"战争没有替代品，只有战争能够确保一个国家矫正过错"的观点[24]，伍斯特引入了国际法院的概念，尽管在他之后的著作中并无关于国际法院的细节描述：

但是如果面对战争的罪恶与妄想，人们能够睁开眼睛，那么建立国家联盟，组织一个高级衡平法院来处理国家争端又有什么困难？为什么不能由每个国家最有威望的人组成这样一个法庭呢？为什么不能将遵守法庭决定作为维护国家荣誉的出发点，以此防止血流成河的惨象，保护和平的福音呢？任何经过深思熟虑的人会说在这样一个法庭获取权利的可能性比诉诸武力要少吗？[25]

伍斯特继续称赞贵格会以及震教徒（Shakers）[3]倡导和平的传统，[26]抨击战争给军队以及普罗大众带来的腐化与堕落，[27]表明战争是如何背离了基督教精神与教义。[28]他设想和平协会遍及所有基督教国家，作为教育公众战争之恐怖的工具。[29]"让律师、政治家、牧师以及社会各阶层每一个能读会写之人将他们的智慧奉献给光明、爱与和平。"[30]

1815年初，第二次独立战争行将结束，如今被视作不爱国的新英格兰联邦党人在当时眼睁睁看着自己党派的政治影响力逐渐消弭。但道奇与伍斯特的反战观点以及和平协会的理念保留了下来。战争结束不久，身在纽约州的道奇、在马萨诸塞州的伍斯特以及在俄亥俄州的两名贵格会教徒分别成立了世界上第一批和平协会。[31]随后，更多的州和平协会在新英格兰地区——缅因州、新罕布什尔州、佛蒙特州、罗德岛州以及康涅狄格州——以及更远的宾夕法尼亚州、北卡罗来纳以及乔治亚州成立。[32]

这些战后成立的和平协会成员大多是中产阶级。其中，道奇领导的纽约和平协会"非常受人敬重，成员大多为中产阶级，有华尔街经纪人、商人、牧师以及慈善家，这些彬彬有礼的绅士们活跃于'当时最具仁慈的事业中'。"[33]伍斯特领导的马萨诸塞州和平协会成员比纽约和平协会成员"更为令人敬畏"，除了一大批气度非凡的教派牧师和富足的波士顿商人，还有"州长、副州长、两位受人敬重的法官、哈佛大学校长与几位教授。"[34]

---

〔3〕震教徒：又称为震教教友会教徒（Shaking Quakers），属于基督再现信徒联合会，是贵格会在美国的分支。——译者注

在学说方面,纽约和平协会更倾向于绝对论,主张彻底的基督教不抵抗和平主义。然而,马萨诸塞州和平协会受到伍斯特的渐进主义影响,更具多元化,对使用武力持宽容态度,希望通过宣传战争的非道德性、毁灭性及其对宗教的漠视来影响公众与政府的观念。马萨诸塞州和平协会还致力于寻找战争的政治替代物。伍斯特尤其热衷于证明国际法及国际仲裁能够作为理性的现实的战争替代物,解决国际争端。[35]

19世纪20年代至30年代,随着和平协会在美国各地纷纷建立,马萨诸塞州渐进主义模式被证明更具影响力。其成员包括了激进和平主义者和保守和平爱好者。伍斯特创办了著名的刊物《和平之友》(*Friend of Peace*),并在1828年前一直担任编辑。他俨然超过了道奇,成为当时更具影响力的人物。[36]和平协会中加入了一位论派、长老派(Presbyterian)[4]、公理会(Congregationalists)[5]、浸礼会(Baptists)[6]以及卫理会(Methodists)[7]虔诚且富裕的教徒。美国新教圣公会[8]、罗马天主教以及贵格会的教徒则不是很积极。公谊会教友之所以不愿加入可能是对伍斯特一行拒绝谴责所有战争的态度感到失望。[37]

各和平协会在思想上早已产生了分歧。产生分歧最根本的缘由之一就是协会是否有责任寻找战争的替代方案。对于大多数像道奇和贵格会这样的和平主义者来说,完全弃绝战争是该运动的根本。而对伍斯特等渐进主义者来说,如果该运动想要取得成功,必须找到战争的替代物,而且其过程本身有时会需要诉诸武力。[38]伍斯特早已预见到国际仲裁的潜力。随着和平协会日渐成熟,伍斯特的建议终于

〔4〕长老派:是英国清教运动中清教徒中的一派。它反对英国国教的主教制,提出以选举产生的长老来取代国王任命的主教。即由长老组成宗教会议,管理教会,故因此得名。——译者注
〔5〕公理会:是一个信奉基督新教公理宗的传教组织。在教会组织体制上主张各个堂会独立,会众实行自治(即公理制)。公理会的信仰比较自由化,强调个人信仰自由,尊重个人理解上的差异。——译者注
〔6〕浸礼会,是17世纪从英国清教徒独立派中分离出来的一个主要宗派,因其施洗方式为全身浸入水中而得名。其特点是反对婴儿受洗,坚持成年人始能接受浸礼;实行公理制教会制度。——译者注
〔7〕卫理会:是基督教新教卫斯理宗的美以美会、坚理会和美普会合并而成的基督教教会。主张圣洁生活和改善社会,注重在群众中进行传教活动。——译者注
〔8〕美国圣公会:圣公会是基督新教的一个教派——圣公宗。与信义宗、归正宗同属基督新教三大主流教派。由英国国王亨利八世创始并作为当时英国的国教,由英国国王担任教会最高首脑。美国革命后不久,由于英国圣公会的所有神职人员都必须宣誓效忠英国君主,美国圣公会被要求与英国圣公会断绝关系。——译者注

被接受,至少在美国是如此,[39] 随后一系列更加详细的关涉国际审判的计划也被提出。

第三节　拉德、伯里特与国际裁判的理想

威廉·拉德(William Ladd, 1778 - 1841)是国际裁判模式发展中的一位核心人物。拉德出生于新罕布什尔州埃克塞特,1797 年从哈佛大学毕业,曾在海边生活,后定居在缅因州富裕的家庭农场。1819 年,拉德投身和平运动,一定程度上是受到了伍斯特著作的影响:

我有幸在令人尊敬的神学博士、鲍登学院校长杰西·阿普顿(Jesse Appleton)在世时最后几个小时见到了他。他对于世界蓬勃发展满怀期待,在列举当今世界善行协会时,他认为和平协会地位显著;这也是我第一次听说这样一个协会。这个念头划过我的脑海,宛如一个有关慈善的白日梦;每个人也都会像这样看到它,却不是每个人都仔细研究它。可能是第一印象让我对它有所关注,但要不是(诺亚·伍斯特的)《严正评论》,这种关注可能稍纵即逝。我很快买下这本书,这本书用非常独特的方式,让我的注意力长久停留在和平协会上,并将其作为我此生最重要的目标,来推进这个世界的和平事业以及对人类的善意事业。[40]

拉德对美国国际法庭运动做出了两项重要贡献。首先,他在 1828 年将各州和平协会合并成一个国家级联合组织——美国和平协会,他先后担任了执行官和会长。在 1841 年拉德去世之前,无论在英国还是美国,他始终是和平协会的灵魂人物。[41] 他对协会月刊的出版起到了至关重要的作用。1828 年该刊被称为《和平先锋报》(*Harbinger of Peace*),1831 年改名为《烟斗》(*Calumet*),1835 年更名为《美国和平倡导者》(*American Advocate of Peace*),1837 年美国和平协会从哈特福德迁址波士顿,刊名改为《和平倡导者》(Advocate of Peace)。[42]

其次,拉德在 1840 年出版了他的著作《国家联合大会论文》(*Essay on a*

79

Congress of Nations）（以下简称《论文》）。拉德的《论文》与伍斯特的《严正评论》都为人熟知。1872 年，伊莱休·伯里特（Elihu Burritt）将拉德称为"和平的使徒"，将他《论文》中提到的国际高院称作"世界上最高尚的法庭"。[43] 1916 年詹姆斯·布朗·斯科特称拉德的《论文》为他"不朽的荣誉"。[44] 1935 年，在一项不带偏见的"科学"研究中，乔治·施瓦岑贝格（Georg Schwarzenberger）总结道，在国际组织理念的发展史中，"从拉德到在日内瓦取得的成就（第七章将探讨"阿拉巴马号"仲裁案），甚至更久远的衡平法院的基础，直至建立一个真正的国际联盟，这些理念都是一脉相承的"。[45]

80

然而公平地来说，至少在某种程度上，拉德的《论文》巩固了其他人的成果。在他的指导下，美国和平协会组织了主题为"国家联合大会"（A Congress of Nations）的论文大赛。约有四十篇论文竞争"纽约两位绅士提供的奖金"。评奖委员会成员分别是美国联邦最高法院的约瑟夫·斯托里大法官、司法部长威廉·沃特（William Wirt）、南卡罗来纳州参议员约翰·C.卡尔霍恩、前总统约翰·昆西·亚当斯、纽约衡平法院大法官詹姆斯·肯特以及马萨诸塞州参议员丹尼尔·韦伯斯特。但是他们很难决定哪篇论文能够获奖。最终他们决定将前五名的论文连同拉德增加的一篇论文一起出版。拉德增加的"这第六篇论文囊括了其他未获奖项但值得保留的论文中的所有话题"，包括"在写作过程中对历史史实的反思和增添"。[46]

拉德称"原创性"只体现在"将主题分为两个部分的想法上"：

> 第一，由来自基督教以及文明国家的大使组成联合大会，通过协议与合意，制定和推进旨在维护和平、改善人类现状的计划，来确定国际法的原则和多边条约的性质。第二，由世界上最有能力的公民组成的国际法庭，经两个或两个以上国家的同意，对案件做出仲裁或判决：如此，就将外交与司法的职权完全划分开来，在它们各自行使职权时，需要扮演不同但并非对立的角色。
>
> 我认为在各国政府中，国会是立法机关，而法院则是司法机关，行政职能留给公意——"世界的女王"。我从未在任何论文或方案中见到过主权国家的国会或议会是这样划分的，无论在古代还是现代。我相信这样的划分将会消

除所有之前对这一规划的反对声音。[47]

拉德提出将这一新的国际组织分为立法、司法以及行政三个部分,这是熟悉美国宪法三权分立原则的美国人顺理成章的分类。这也反映了在 19 世纪的欧洲和美国,召开缔约会议与成立特设国际仲裁法庭的做法重新进入人们的视野。真正促使国际组织发展的是美国与英国政府缔结的《杰伊条约》,该条约解决了英国 1783 年后正式宣布美国独立后仍存在的一些争端。[48]

《杰伊条约》产生了数量惊人的仲裁裁决:1799 年至 1804 年期间约有 536 项仲裁裁决。[49]这意味着中世纪以来记录在案的数千件国际仲裁案件又增加了几百件。[50]正如约翰·巴塞特·摩尔一个世纪后所言,19 世纪早期标志着"国际仲裁实践在现代的复兴,长久以来由于宗教分歧、殖民斗争以及商贸争端,仲裁制度遭到搁浅。"[51]

即使时间推移至今,拉德也仍旧无愧于"富有远见之人"的褒奖。他关于国际法庭的设想取得了国际仲裁在此之前从未有过的成果。拉德的《论文》值得细细品读。与布莱克斯通、杰弗逊以及肯特这些先人一样,拉德的理念有一部分是基于自然法。虽然人类最基本的天性是自爱与时刻准备"诉诸暴力来满足自己的欲望与激情",但人类也是"社会生物",倾向于寻找同伴、组成家庭、加入宗族或部落,而且人类还是"理性动物",通过"信仰"与力量,保护自身"享有的东西":[52]

> 因此,人类很快发现自己不得不与他人订立一些盟约或协约,有低人一等的,也有相互平等的,有以个人身份订立的,也有代表部族订立的。这些协定由宗教、公意及一些以此为基础的模糊的荣誉法则来保证效力,但大部分协定由对真相的普遍感知来保证效力,即通过少部分人的利益屈从大部分人的利益来最大限度保证整体的幸福。[53]

拉德意识到没有一种适用于所有国家的政府类型——"所有这些政体各不相同的特征,根据统治者的智慧,有无限种组合的可能",[54]但他特别颂扬了一种能促进司法机构独立的政体并主张为国际社会建立此类法庭。不同于肯特与惠顿的主

张,拉德的主张多了几分美国特色:

在许多政府中,立法机关完全独立于司法机关,行政机关也与这两个机关相分立。其中,公正的司法权已经与人们的知识和美德同等重要了。在这些政府中,制定法律不仅为了保证自然人个体的权利,也为了个体形成组织的权利,甚至是为了国家中基于多种原因主张独立的各组成部分的权利。尽管在联邦国家内部已经成立了法院来裁定两个或两个以上成员间产生的纠纷,但是在国家与国家之间,这样的立法还尚未出现。我们的目标是采取进一步措施,指定一个法院,当争议发生时,不用诉诸武力,而通过在法庭上达成一致意见来加以解决。[55]

拉德与肯特一致认为"治理个人的道德法也应该适用于治理国家"[56]。当国家受到不公对待时,有三种方法避免战争:(1)"通过培养和平精神,它是基督教的教义精神",忽略所受伤害或者呼吁施害国的"道德情感";(2)通过协商与妥协;(3)通过调停或仲裁并接受判决。[57]更好的方法则是诉诸法院:

政府是上帝的旨令,对人类的安全、幸福和发展必不可少,当然对于社会和平亦是绝对重要,若个人之间的情感起了冲突,绝不能由相关个人做出裁断,而只能交由公正的法庭。因而,为了全人类的幸福和和平,若国家之间的情感陷入冲突,案件的管辖权绝不能交由某个相关国家,而应该交由某一公正的法庭。它能够像民事法庭对个人纠纷做出判决那样,对国家间事务做出公正的判决。[58]

拉德意识到有两大难题:"首先,需要由个人组织的机构为各国政府制定法律;其次,需要有强制力来执行国际法院做出的判决。"[59]拉德提出用立法问题来解决国家联合大会的问题。[60]拉德认为第二个问题更难解决,但"如果我们研究文明国家的人类状态就会发现,如果有一个人因敬畏君主的刀剑而遵守法律,就会有一百人因惧怕公意而遵守法律"。[61]这样一来,这一问题就没有想象的那么麻烦了。因此,对国际法院而言,"虽然它在成立之初不如预期那样成功,但道德的力量却日复一日呈几何式上升,最终它将取代文明的基督教国家间的所有战争,就如民事法庭取代了司法决斗一般。"[62]

我们有必要记住,拉德不仅是圣·皮埃尔神父、康德与边沁这些18世纪乌托邦和平计划者的思想继承者,更是美国和平运动的积极成员,该运动在1835年至1853年期间影响尤为巨大。在1840年拉德撰写这篇文章时,他正是立足于这两种身份之上。[63]和平协会与反奴运动、戒酒运动以及传教协会一起被列为"19世纪以基督教为基础并宣扬基督教教义的……重要改革。"[64]但这并不是说和平倡导需要与宗教建立正式关系。"人们向教会寻求诸多帮助,欢迎基督教支持和平运动,但人们普遍相信,战略上说,必须根据和平的自身特点来争取和平……一旦和平成为了任何宗教道德制度的附属品,那么和平本身就会黯然失色。"[65]到"1836年,新英格兰大部分教派,不论是以单独还是大会的形式,均通过了有利于和平协会目标达成的决议。"[66]

即使是在拉德的《论文》出版之前,拉德与和平协会就已经强大到足以成功游说马萨诸塞州立法机关。1838年4月25日,马萨诸塞州联邦通过了"联合大会决议":

> 侵略战争与基督教精神不符。
>
> 所有文明国家有职责团结起来,采纳一切可行方案并使之生效,达到消灭战争的崇高目标,维护国家之间以及整个世界的和平。
>
> 建立国家联合大会,以制定国际法典,建立高级仲裁法院,解决国家间纠纷,此方针值得所有文明国家的政府仔细关注与考虑。
>
> 要求马萨诸塞州州长将此决议的副本与相关报告一起呈送合众国总统以及各州行政长官,让他们与各自州的立法机关商讨,邀请他们共同合作来实现建议目标。[67]

此外,1815—1850年,也是拉德写作期间,几乎是有史以来国际环境最为平和的一段时期。这段相对太平的时期对许多美国人来说预示着一种更为持久、更加基督教式的和平。1843 年《**波士顿基督教纪录报**》（*Boston Christian Register*）的节选很好地呈现出人们对这段时期的乐观态度。这篇节选文章的主题是美英两国就划分加拿大-美国边界举行的韦伯斯特-阿什伯顿（Webster-Ashburton）谈判的成果。在详述了和平是如何比战争更经济、有效、令人向往后，文章继续写道：

4. 这一例证对基督教世界和整个世界的影响是多么正面！它证明战争再也不是必需之物；它表明解决国家间所有的困难都无需流血牺牲。这种会谈形式重复了一代又一代，即使不能完全取代战争本身，但可能取代几乎所有诉诸死亡与毁灭的战争机器。对于基督教世界而言，这样的会谈如果以金钱衡量，将价值数百万。

5. 这项运动对公众意见的转变多么巨大！如果人们的观念如大家所知的那样依然停留在五十年前，哪怕是三十年前，认为战争将不可避免，那么战胜的将军会因手刃敌人而备受称颂。场景变幻！民意今非昔比！阿什伯顿和韦伯斯特作为和谈代表，被视为两国的恩人，基督教世界的恩人，甚至是整个世界的恩人……

6. 但公众认识的转变从何而来？主要还是过去二十五年中上帝对和平协会成员努力的恩佑。早在可怕的欧洲战争之前就已经存在商贸、文明、基督教，这些因素促成了这一结果。但为何当时不成功呢？为何当和平之友在欧洲和美国开始发挥作用之时它们才起效呢？和平的进程确实归功于多方努力，正如戒酒运动的成功靠的是所有戒酒者的共同努力。一点不错！其他方面也起到了不少作用，但在这两个例子中，之所以取得了成就与公众观念与习惯的改变息息相关。上帝领导下的和平事业保证了我们现今的条约，保佑着英格兰与美国，基督教世界与整个世界，主要受惠于所有投身这项事业中的人们。[68]

这些都是十分乐观的观点，但如菲尔普斯所述，"然而，一些和平之友已经从表面的宁静中觉察到暴风雨即将来临。"[69] 1835 年，一位论派牧师威廉·艾莱

瑞·钱宁（William Ellery Channing，1780－1842）清楚地察觉到该时期的和平不
过是"由于拿破仑战争使各国精疲力竭；美国保守派对内战充满恐惧；以及人类
进入商贸与工业蓬勃发展、国际交往日益密切的新时代，而形成的一种暂时均
势"的结果。[70]

但总的来说，19世纪20、30、40年代整个美国都十分渴望和平。甚至钱宁也
写下了狂热的文字：

> 人类文明势必朝向和平发展。先进的知识、良好的教养、丰富的艺术和国
> 家财富的影响都有助于产生和平。以往催生的战争的原因是权力的丧失。曾
> 让无数国家为之疯狂的征服思想，如今鲜少能被政治家所考量。举世闻名的
> 征服大业却以灾难和耻辱作为终结，这种教训让人久久不能忘却。现在，大家
> 都已明白只有一国的和平发展才是通往国家兴旺的唯一道路。因为即使战争
> 再成功，也会让人陷入贫穷，赋税会击垮人们，限制他们在工业与艺术方面的
> 发展。[71]

1840年时，美国为国际法与法庭和平治理发起的运动已从道奇与伍斯特的个
人展望走向了纽约州、马萨诸塞州以及其他州的和平协会，更是走向了威廉·拉德
在《论文》中提出的遍及全美的美国和平协会。逻辑上，美国和平运动的下一步是
组织发起一场国际和平运动。迈出这一步的不是别人，正是有"博学铁匠"之称的
伊莱休·伯里特。

伯里特被誉为"19世纪中期国际和平运动的标志人物"。然而，在1845年时，
伯里特一定没有想到他将投身和平圣战长达30余年。在日志中，伯里特这样
写道：

> 我被说服了，美国的命运掌握在英女王手中，她应是英美这两个兄弟国家
> 间的伟大的和平使者。并且我认为，除了将一两年的时间投入该事业中，上帝
> 赐予我的才能与年华并无他处可以更好运用。[73]

在伯里特成为世界和平倡导者之前,他凭借着通晓 50 种语言的强大语言天赋,已在美英两国颇有名气。[74]这样的语言成就对他本人来说更加难得,因为伯里特出生于康涅狄格州新不列颠的一个贫寒家庭,在家中十个孩子中排行第三,家里给予他的正规教育少之又少。伯里特 16 岁便成为一名铁匠学徒,在空余时间,他开始学习拉丁语和希腊语。二十出头时,他就已经把兴趣扩展至法语、西班牙语、意大利语、德语以及希伯来语。1837 年,27 岁的伯里特来到波士顿,成为一名水手,得以到边远地区学习更多语言。途经马萨诸塞州城市伍斯特时,伯里特发现在当地的美国古文物社会图书馆(Antiquarian Society Library),可以习得外语语法。他暂居伍斯特,靠做铁匠为生,继续丰富他的语言知识,并开始成为一名译者。1840 年拉德发表《论文》,同年在伍斯特,伯里特得到马萨诸塞州州长爱德华·埃弗雷特(Edward Everett)赏识,埃弗雷特向公众宣传伯里特的成就,并将他介绍给哈佛大学语言教授、诗人朗费罗。朗费罗建议伯里特在哈佛大学工作,但伯里特却选择从事报酬颇丰的巡回演讲。他在演讲中赞美了通过自我

教育、靠自己奋斗成功之人的潜力与现实,这一话题早已因威廉·艾莱瑞·钱宁而深入人心。[75]

伯里特也像道奇和伍斯特一样,通过自己的思考获得了关于世界和平的理念。直到 1843 年在伍斯特逗留期间,伯里特都未注意到临近的哈特福德或波士顿正积极进行的和平运动。在准备关于一场有关地球运行的演讲时,他才被说服,相信世界各地的相互依存正是反战的依据所在。他在波士顿特拉蒙特剧院做了关于这一主题的演讲。听众中还有一些和平倡导者。随后伯里特投身到和平事业中。回到伍斯特后,伯里特创办了周报《基督公民》(*Christian Citizen*),并先后在伍斯特和英格兰与贵格会教徒埃德蒙·弗雷(Edmund Fry)一起发表了文章《世界同胞情》(the Bond of Universal Brotherhood)。[76]

伯里特将自己的热情与非凡的组织才能投入到和平运动中,此时的和平运动早已呈现出国际性的特征,至少具备了盎格鲁-美利坚的特征。1841 年,波士顿和平之友协会决定召开国际和平会议。于是,1843 年 6 月伦敦召开了第一次世界和平大会,之所以定在伦敦是希望世界各地的代表都能赴会。与会代表中 292 位来自英国,26 位来自美国,仅有 6 位来自欧洲大陆。[77]这样的现象十分具有代表性。

尽管欧洲大陆也有传教工作，但在19世纪60年代前，除了在法国和瑞士有一些和平协会外，美国与伦敦的和平协会没有在欧洲成立任何和平协会。[78]

和平运动的盎格鲁-美利坚特征也许能够解释为何荷兰学者彼得·科艾曼斯（P. H. Kooijmans）坚持认为新教主义在格劳秀斯时代之后对国际法的发展影响甚微，也许他是从一个过于狭隘的视角考察了欧洲大陆的新教主义：

> 宗教改革后的几个世纪，新教变得很关注内在，注重神学理论，似乎忘记了早期改革者倡导福音书的影响遍及包括国家间关系在内的生活方方面面。这使得新教教会鲜少对国家政府政策提出反对意见，无论这些政策有多不合法或不恰当或极端。从这个意义上来说，尽管许多新教徒曾英勇地与邪恶势力作斗争，但在过去的数个世纪中，新教主义并未对人类的法治有所贡献。[79]

另一位学者也表达了类似的观点，对欧洲大陆（的新教主义存有偏见），他将"和平协会、联邦主义以及在英美世界内有着较强根基的和平主义运动"斥为"与后拿破仑时代人们尝试将法律规则概念化的努力不相容。"[80]有人猜想一些欧洲大陆的罗马法学者像现在一样，对普通法的道德说教颇有微词，他们更愿意将法律"科学"（我们在第六章中会有所探讨）与道德、宗教"情感"划分开来，而英美学者却常常且兴奋地跨越了这条界线。这一主题也将反复贯穿本书。

无论是何原因，1843年第一次世界和平大会都更像是"英美"大会而非真正的"世界性"大会。尽管可能是因为有很大一部分与会代表来自英国，大会却采取了强烈的反对英国帝国主义的立场，比如大会一致决定：

> 在此次大会看来，近年来在中国、阿富汗，如今在新德岛发生的战争都深深地违背了所有有关正义的基督教原则，是对异教国家接受福音教义真理的歧视，也是对英国人民品格和影响在整个文明世界中的贬损。[81]

更有争议的是，一些英国代表与美国代表之间产生了分歧，他们对"如何最实际可行地达到会议目标"产生了争论：

> 在尊敬的贝克维斯先生(Mr. Beckwith)的提议下，一项决议被采纳，并得到了科克郡 E. 卡洛先生(Mr E. Carrol)的支持。杰伊提出国家之间应该缔结条约，以友好力量的"仲裁"解决他们之间的纠纷，认为这是避免战争最可行的方法。在决议推荐杰伊大法官计划的同时，会议认为需要一个国家联合大会来解决并完善国际法法典，这正如和平协会在其成立之初的设想。此外，还需要设立一个解释该法、执行该法的高等国际法院。至于所有国家间纠纷应始终由和平之友负责解决，并敦促各国政府将其作为和平并完美地解决所有国际纷争的最佳可行方案。
>
> 尊敬的来自美国波士顿的约书亚·李维特先生(Joshua Leavitt)反对成立国家联合大会。他认为这样会使大权掌握在少数几个人手中，继而威胁到公民与宗教自由。[82]

伯里特考量了 1845 年与 1846 年的情况，特别考虑到英美两国因俄勒冈地区发起战争的可能性，他相信有必要成立国际和平组织来支持现有的州与国家和平协会。1846 年，伯里特从美国出发去英国。他原计划在英国停留 4 个月，但最终却停留了 4 年。初到英国之时，即 1846 年 7 月，伯里特创立了世界兄弟会联盟(League of Universal Brotherhood)。该联盟最重要的特色就是每个成员都要对彼此之间的"情感纽带"宣誓，承诺"不论国籍、肤色、性格或健康状况，人与人之间皆为兄弟"，并承诺永不入伍或加入任何战争。1850 年是伯里特在英国逗留的最后一年，至此为止，联盟共有 25000 名美国人与相差无几的英国人。尽管经过一番努力，除德国与荷兰外，其他国家的成员仍屈指可数。[83]

伯里特最突出的贡献是他作为倡导者，将自己的和平理念传播到广泛的人群中。[84]19 世纪 40 年代，他的直接目标是减少可能导致国家卷入战争的国际冲突。在演讲、宣传册和报纸中，伯里特不仅反对争夺俄勒冈州的战争，也反对美墨战争与英法之间可能发生的战争。[85]

1848 年 8 月，伯里特前往巴黎组织新一届和平大会，但七月革命的爆发使得

该城市不适于作为会议召开地。[86]法国大革命给了伯里特很大打击,共产主义令这个美国人感到不安:

> 从杜伊勒利宫向塞纳河两岸的码头望去,目及之处都被国民自卫军重重包围,将近 100000 名国民警卫队在城市街头游行,唱着《马赛曲》喊着"打倒共产党!共和国万岁(A bas la Communistes! Vive La Republique)"之类的口号。这场示威游行针对抵抗政府的人群。似乎共产主义是在煽动人们要求分割国家财产,或是为了大部分人的利益而没收国家财产,而此次的军人示威正是为了威吓他们。我从未见过这种场景。数千国民自卫军拿着明晃晃的刺刀,一边行进一边唱着《马赛曲》,穿过城市。这是在我休息前最后听到的声音。[87]

88

伯里特没能在巴黎召开和平大会,1848 年 9 月 20 日易址至布鲁塞尔,召开了国际和平大会(Popular International Peace Congress)。他在大会上发表了需要成立国家联合大会以及国际法庭的讲话,并承认这是从威廉·拉德那里承袭而来。[88]1849 年巴黎召开国际和平大会,这可能是历来国际和平会议中"最受人瞩目的一次",[89]也弥补了 1848 年未能在此召开大会的缺憾。维克多·雨果致开幕词:

89

> 那一天终将到来,届时,除了为贸易打开的市场和为思想打开的精神战场,将不存在其它的战场。那一天终将来到,届时,所有的子弹和炸弹将被选票、国家的普选权和一个伟大的权威参议院的庄严裁决所替代,后者在欧洲的作用就好像今日英国的议会,德国的国会,法国的立法院![90]

1849 年的巴黎会议迎来了 600 多位与会代表,许多代表来自英美两国以外的国家。会议标志着和平运动从强调以英美宗教为基础,逐渐开始呈现出国际特征。[91]紧接着,第三次、第四次和平大会分别于 1850 年、1851 年在法兰克福和伦敦召开。伯里特在英国与欧洲组织了大量会议,并尽自己所能缓解奥地利与丹麦关于石勒苏益格-荷尔斯泰因（Schleswig-Holstein）〔9〕地区以及各大国围绕克里米亚的争议。[92]

伯里特不辞辛劳地为自己的和平提案四处游说并付出了巨大的代价。1849年，伯里特敦促时任法国外交部长的亚历克西斯·托克维尔投身和平事业。这位《论美国的民主》的作者表达了认同，但"尽管他思想上极为赞同投身并完成这样一项有益的事业，却担心成功之日尚远。"[93]伯里特与德国人的会见也差强人意。在一次采访中，伯里特这样总结道：

> 他看似跟我们遇到过的大多德国人一样只对暴力有信心。政府有一支听其调遣的武装部队，除非人们可以有比这更大的权力，否则对此将无能为力。这似乎就是他的想法。我们试着与他争辩，证明暴力无论对人民还是对政府都不起作用。[94]

1854年，伯里特在白宫与富兰克林·皮尔斯正式见面。似乎两人有着同样的见解：

> （总统先生）坐在我旁边，我们轻松地交谈起来。一开始，总统先生问我，我是否仍然继续学习各种语言，接着我们开始讨论和平的主题。总统先生回答时铿锵有力，重点突出，让我感到有点惊讶。他说没有人比他更能完全理解战争带来的苦难，因为他曾亲眼见证、亲身经历过这些苦难。他觉得自己对战争深恶痛绝，不仅因为战争的恐怖，也因为战争的愚昧。它无法解决任何纷争。交战之后，冲突各方最终必须接受协商或仲裁。那为什么不在诉诸武力之前，就直接采用这种方法呢?[95]

然而，即便如皮尔斯总统与伯里特所言，美国这一阶段主张建立国际法院的运

---

〔9〕石勒苏益格-荷尔斯泰因：德国 16 个州中最北面的一个州。历史上石勒苏益格-荷尔斯泰因包括更大的区域，包括今天的石勒苏益格-荷尔斯泰因和丹麦的南部。——译者注

动行将结束。奴隶制问题以及由奴隶制问题引发并最终引起内战的政治斗争，破坏了伯里特与其他和平倡导者的和平事业。[96] 早期美国和平运动的悲剧性缺陷在于，争取世界和平的斗士常常也要求废除奴隶制。最终，由废除奴隶制而引发的斗争导致了美国内战。

1842 年，和平协会领导者塞缪尔·库斯（Samuel Coues）在波士顿美国和平协会的讲话中驳斥了"政府无论对错我们都支持"的原则。库斯抱怨说该原则会得出这样的结论，即没有人会支持戒酒，因为这会削弱国家财政收入。他接着说道：

> 同样地，奴隶制也是我们现今社会契约的一部分；约束着非洲人的法律主张被认为是，实际上也是维系着南北方的纽带；这一"奇怪的制度"赋予美国国内外的政治制度以形式、特征与表达方式。不要让任何公民想到自己与奴隶这个身份有关联；不要让任何人口中说出人们毫无手足情谊，免得我们削弱了行善者的力量，助纣为虐。[97]

如果奴隶制是不公正、错误的，那基督教和平倡导者应该做些什么呢？暴力，甚至战争，是否可以因铲除十恶不赦的罪行而被正当化？随着内战的临近，伯里特与其他基督教和平改革者在北方失去了支持，因为许多人开始认为用暴力废除奴隶制是不得不做的恶行。1856 年，威廉·劳埃德·加里森（William Lloyd Garrison）提出：

> 和平还是战争？这是次要问题……而奴隶制必须被废除，如果能够和平废除，那我们就和平废除；如果必须暴力解决，那我们就必须动用武力。[98]

1861 年 4 月，美国内战爆发。伯里特与其他的和平倡导者发现自己与曾经深信不疑的民意格格不入。[99] 1862 年 1 月，伯里特写信给英国的朋友埃德蒙·弗雷，控诉美国的"战争热"已经切断了可供他做和平演说的收入。伯里特感到沮丧甚至有些害怕：

目前,我被禁锢在(康涅狄格州新伦敦的)家,可能要再次回到每天早上写作、下午敲打铁砧的日子了……我最近一直在写一篇关于调整与再联合方案 (*Plan of Adjustment and Reunion*)的长篇演讲稿……我不确定是否有机会宣读它,如果我将这个方案寄到其他地方,呈送给其他人,我是否会被逮捕……我们的政府认为谈论国家分裂或脱离联邦几乎等同于公开叛国。[100]

91   几个月后,伯里特离开了深陷战争中的美国,前往英国。幸运的是,伯里特在其有生之年,看到了美国重建和平,得以继续倡导乌托邦主义的国际法和国际组织。[101]正是由于伯里特与他的前辈——道奇、伍斯特以及拉德等人,设立国际法院的方案才具有顽强的生命力,经受了美国内战的磨砺。几年之后,这些方案重见天日。1871—1872 年,美国与英国诉诸仲裁解决"阿拉巴马号"争端,避免了美国内战时期可能因英国的行为而引发的英美战争,这一部分将在第七章中深入讲解。

    如今美国的国际法已发展得非常专业,以至于人们很容易忽略 1815—1860 年间涌现出的基督教乌托邦主义者的重要性。然而,宗教乐观主义的影响对 19 世纪社会氛围的贡献至关重要,它让美国人相信国际法在根本上是有益的。遵循着开国元勋——杰弗逊与麦迪逊的政治抱负以及早期法学家——马歇尔、肯特与惠顿的法律观点,道奇、伍斯特、拉德和伯里特的乌托邦理想创造了思想背景,它深深地影响着 19 世纪末 20 世纪初的美国领导人。对于鲁特、斯科特、塔夫脱和摩尔这些美国人,国际法无论基于道德、政治因素还是从专业角度考虑都是"正确的"。

1   William Ladd,*An Essay on a Congress of Nations for the Adjustment of International Disputes without Resort to Arms* 8(1st edn,1840,Carnegie reprint 1916,Oxford University Press).

2   *Essential Works of Stoicism* xi(Hadas ed,1961,New York,Bantam).

3   'Marcus Aurelius, Communings (iv. 4),' *Marcus Aurelius* 71‐3(Haines trans 1916,London,W Heinemann)。更多关于古希腊和罗马时期、早期犹太教和基督教时期和平主义、普遍法与普遍组织机构的内容,参见 G Zampaglione, *The Idea of Peace in Antiquity* (Dunn trans 1973,University of Notre Dame Press)。

4   R Purves, 'Prolegomena to Utopian International Projects', 1 *Studies in the History of the Law of Nations* 100‐8(Grotian Society Papers,1968,The Hague,Martinus Nijhoff,Alexandrowicz ed,1970);E Wynner and G Lloyd, *Searchlight on Peace*

Plans (1949, New York, Dutton); *Sully's Grand Design of Henry IV* (Grotius Society ed, 1921, London, Sweet & Maxwell); Immanuel Kant, *Eternal Peace and Other International Essays* (Hastie trans 1914, Boston, World Peace Foundation); 边沁的乌托邦方案在第一章中已经展开。

5　Abbé de Saint-Pierre, *Projet pour rendre la paix perpétuelle en Europe* (1981 edn, Paris, Editions Garnier Frères).

6　P Brock, *Pacifism in the United States from the Colonial Era to the First World War* 3 – 18 (1968, Princeton University Press)〔以下简称 Brock〕。

7　G. W. Knowles, *Quakers and Peace* 3 (1927, London, Sweet & Maxwell).

8　C Phelps, *The Anglo-American Peace Movement in the Mid-Nineteenth Century* 34 (1930, Columbia University Press)〔以下简称 Phelps〕。

9　Hinsley, 'The Modern Pattern of War and Peace', 2 Studies in the History of the Law of Nations 76, 89 (Grotian Society Papers 1972, The Hague, Martinus Nijhoff, Alexandrowicz ed, 1972).

10　Brock, *supra* n 6, at 449.

11　A C F Beales, *The History of Peace: A Short Account of the Organized Movements for International Peace* 8 (1931, New York, Dial Press).

12　Brock, *supra* n 6, at 450 – 66.

13　同上 at 469.

14　T Dwight, *History of the Hartford Convention* 351 – 2, 373, 378 (1833, New York, N & J White).

15　引自 J M Banner, *To the Hartford Convention* 307 (1970, New York, Knopf)。

16　David Low Dodge, *War Inconsistent with the Religion of Jesus Christ* 120 (1905 edn, Boston, Ginn & Co.).

17　H Ware, *Memoirs of the Rev. Noah Worcester*, D. D. 64 (1844, Boston, J Munroe)〔以下简称 Ware〕。

18　Beales, *supra* n 11, at 45.

19　Ware, *supra* n 17, at 66 – 7.

20　Noah Worcester, *A Solemn Review of the Customs of War, Showing that War is the Effect of Popular Delusion and Proposing a Remedy* 3 (11 th ed, 1833, Boston, S G Simpkins).

21　同上 at 4.

22　同上.

23　同上 at 5 – 6.

24　同上 at 6.

25　同上 at 7.

26　同上 at 7 – 8.

27　同上 at 9 – 10.

28　同上 at 10 – 17.

29　同上 at 17 – 24.

30　同上 at 21.

31　Brock, *supra* n 6, at 458 – 9, 472; Beales, *supra* n 11, at 45 – 6. 一年后,贵格派在英国伦敦成立了英国和平协会。Ibid 46。

32　James Brown Scott, "Introduction", William Ladd, *An Essay on a Congress of Nations* vii (Carnegie ed. , 1916, Oxford University Press)[以下简称 Scott].

33　Brock, *supra* n 6, at 460.

34　同上 at 472.

35　同上 at 471 - 3,459 - 68.

36　同上 at 474；Beales, *supra* n 11, at 51 - 2.

37　Brock, *supra* n 6, at 478 - 9.

38　同上 at 480 - 1.

39　对于国际著作的强调在英国则完全没有显现出来。Beale, *supra* n 11, at 53 - 4。

40　Scott, *supra* n 32, at iii, v.

41　Beales, *supra* n 11, at 52 - 3.

42　Scott, *supra* n 32, at vii-viii. 20 世纪时月刊的名字依旧在变动；1920 年被称为《借助司法的和平倡导者》(*The Advocate of Peace Through Justice*),1932 年时更名为《世界事务》(World Affairs)。World Affairs 3 (1932).

43　Scott, *supra* n 32, at iii.

44　同上 at viii.

45　Georg Schwarzenberger, William Ladd: *An Examination of an American Proposal for an International Equity Tribunal* 7,37 (1935, London, Constable).

46　Ladd, *supra* n 1, at xlix. 和平协会组织的类似论文竞赛于 1824 年在法国举行,1830 年和 1834 年在瑞士举行,1838 年在英国举行,但是都未形成像在美国竞赛中的具体方案。Beales, *supra* n 11, at 61 - 2。

47　Ladd, *supra* n 1, at xlix-1.

48　《杰伊条约》在第二章中已经有所讨论。

49　A Nussbaum, *A Concise of History of the Law of Nations*, 128 - 9 (rev. edn, 1954, New York, Macmillan).

50　John Bassett Moore, "General Introduction", International Adjudications: Ancient and Modern: Modern Series: Volume I vii, x (J B Moore ed, 1929, Oxford University Press)(以下简称 Moore). J. H. W. Verzijl, 1 *International Law in Historical Perspective* 400 - 34(1968, Leiden, A W sijthoff)一文中介绍了仅与荷兰相关的大量仲裁。Verzijl 对其数量感到"绝望"。同上 at 407.

51　John Bassett Moore, "*Preface to Saint Croix River Arbitration*", in Moore, *supra* n 50, at xcv.

52　Ladd, *supra* n 1, at 1 - 2.

53　同上 at 2.

54　同上 at 3.

55　同上 at 3 - 4.

56　同上 at 4.

57　同上.

58　同上 at 5.

59　同上.

60　同上 at 5 - 6.

61　同上 at 6.

62　同上 at 7.

63　Phelps, *supra* n 8, at 12.

64　同上 at 13.

65 同上 at 32 - 3.

66 同上 at 34.

67 同上 at 129 - 30；Beales, *supra* n 11, at 59.

68 The Inquirer (London), No. 27 (January 7,1843)，at 4.

69 Phelps, *supra* n 8, at 17.

70 同上.

71 William Ellery Channing, "Second Discourse on War", William Ellery Channing, *Discourses on War* 48 - 9 (Mead ed, 1903, Boston, Ginn & Co).

72 P Tolis, Elihu Burritt：*Crusader for Brotherhood* 1 (1968, Hamden, Connecticut, Archon)[以下简称 Tolis]。

73 摘录自伯里特的日记,1845 年 1 月 1 日。M Curti, *The Learned Blacksmith：The Letters and Journals of Elihu Burritt* 42 (1937, New York, Wilson-Erickson)[以下简称为 Curit]。

74 The Inquirer (London), No. 41(April 15,1843), at 227 - 8. 数字可能有些夸大了。伯里特传记作者之一 Toli 认为,"他能够读(说)的语言种类接近 30 种,而非 50 种",但即便如此"也是不小的成就"。Tolis, *supra* n 72, at 16 - 7。

75 Curit, *supra* n 73, at 1 - 7；Tolis, *supra* n 72, at 3 - 27；Camp, "World's First Champion of Peace," 10 Connecticut Magazine 499 - 602 (No 4,1906) (以下简称 Camp).

76 Curit, *supra* n 73, at 28, and Journal entries of May 23,1843, and June 28,1843, at 20 - 1；Camp, *supra* n 75, at 602 - 3.

77 Beales, *supra* n 11, at 66 - 7.

78 同上 at 50, Beales, *supra* n 11, at 54 - 5.

79 P H Kooijmans, "Protextantism and the Development of International Law", 152 Hague Recueil 79,109 (1976 IV).

80 Martti Koskenniemi, The Gentle Civilizer of Nations：The Rise and Fall of International Law 1870 - 1960,35 (2002,Cambridge University Press).

81 The Inquirer (London), No 51, at 395 - 6 (June 24,1843).

82 The Inquirer (London), No 52, at 410 - 11 (July 1,1843).

83 Curti, *supra* n 73, at 29 - 32；Camp, *supra* n 75, at 603；Beales, *supra* n 11, at 73.

84 Tolis, *supra* n 72, at 132.

85 Curti, *supra* n 73, at 28 - 32.

86 Beales, *supra* n 11, at 76；Curti, *supra* n 73, at 38.

87 Burritt's Journal, April 16,1848, in Curti, *supra* n 73, at 51 - 2.

88 Camp, *supra* n 75, at 603；Curti, *supra* n 73, at 37 - 9.

89 Beales, *supra* n 11, at 78.

90 同上 at 78.

91 同上.

92 同上.

93 Burritt's Journal, July 15,1849, 同上 that at 59 - 61.

94 Burritt's Journal, July 19,1850, 同上 that at 62.

95 Burritt's Journal, March 24,1854, 同上 that at 82 - 3.

96 另一场痛苦的克里米亚战争,困扰着英国和平运动。Beales, *supra* n 11, at 96 - 104.

97 S E Coues, War and Christianity：An Address before the American Peace Society on

the Fourteenth Anniversary 7 - 8（1842，Boston，American Peace Society）. 有关奴隶制的国际法争论将在下一章中详细展开。

98　转引自 Beales，*supra* n 11，at 105 - 6。

99　同上at 104 - 10；Beales，*supra* n 6，at 689 - 712.

100　Letter of Elihu Burritt to Edmund Fry，January 22，1862. 手稿在作者作品集中。

101　关于伯里特在 1865 年后的活动，参见 Brock，*supra* n 6，at 921；Tolis *supra* n 72，at 269 - 92；Curti，*supra* n 73，at 150 - 241；以及第七章。

第五章　坦尼和他的法庭：奴隶制、
国际法和美国例外论

　　到19世纪中叶时，国际法在美国已经成为了一门独具特色的学科。它不仅具有自己的哲学基础、富有政治和司法意义，还有著述支撑，显然发展前景一片光明。但如同历史上任何一门法学学科，国际法无法总是为一些重要问题提供直截了当的答案，而是提供了一种被普遍接受的话语模式。政治、法律和道德问题都可以从国际法的视角被解读，有时甚至用国际法的语言得出了答案。对19世纪中叶国际法核心地位的最佳佐证莫过于美国最高法院采用国际法观点来回应奴隶制问题，这也是美国例外论最让人担忧的例证。

第一节　奴隶制和国际法

　　奴隶制给19世纪初期的美国共和政府带来了极大的困扰。几十年来，南北方的分野、自由州和蓄奴州对立，无不使美国面临着分崩离析的危险。最终，随着亚伯拉罕·林肯(1809—1865)于1860年当选为美国第一位共和党总统，奴隶制这个总统选举中的争论焦点，最终拆开了缝合诸州的针线。美国开始了一场最血腥、留下创伤最大的战争。尽管内战的爆发还有其他原因，但究其根源，最富争议、最为棘手的难题仍旧是奴隶制。正如亚伯拉罕·林肯在1858年质疑伊利诺伊州民主党参议员斯蒂芬·道格拉斯(1813—1861)时的著名演讲中所言："有裂缝的房子无法承重……一半奴役一半自由的政府也不能长存"。南北战争最终促成了奴隶制的废除，尽管奴隶制的流毒未被全部清除，但1865年的美国宪法第十三修正案规定在全美范围内禁止奴隶制。

有人认为，按照19世纪国际法的观点，奴隶制并不是非法的。但更准确的说法可能是，有关奴隶制的国际法合法性问题，出现了激烈的分歧，这一争论在当时的标志性国际法著作中均有出现。也许对19世纪中叶的美国人而言，最举足轻重的三位国际法学者当属瓦特尔、肯特和惠顿。现在，让我们依次讨论他们的观点。

93 瓦特尔在其19世纪末的国际法巨著中批评了这一制度。他在第三册（Book III）《论战争》的第八章"论国家在战争中的权利"第152节提及了这一点，探讨了"战俘是否应变为奴隶"这一问题：

> 将战俘判为奴隶是否合法？是的，当其犯下理应判处死刑的罪行，人们可将之处以死刑。古人过去常将战俘卖身为奴。他们确实也认为有权处死战俘。在任何情况下，如果我无法在不触犯法律的前提下处死我的战俘，那么也无权将其变为奴隶。如果我饶他一命，但使其陷入有违人性的境遇，那么我和他之间的战争状态依然继续。他对我无需承担任何义务，因为失去了自由，生命又有何意义？若有人认为受到锁链束缚的生命也是一种恩惠，那我无话可说：就让他来领受恩惠、接受等待着他的命运并完成附随其中的义务吧。但他求教其他一些学者去知晓这些义务——有足够多的作者已经对此进行讨论。我将不再继续这一话题：事实上，那种泯灭人性的做法已经被欧洲各国废除了，这令人愉悦。[3]

杰弗逊在1776年美国《独立宣言》的草稿中响应了瓦特尔的观点，但大陆会议最终通过的《独立宣言》却不顾杰弗逊的抗议将这一部分删去：

> 英王发起了一场有违人性的残酷战争，在未受挑衅的情况下侵犯了远隔重洋的另一个民族的生命权和自由权，将他们俘获并带至地球另一端为奴为隶，有的人甚至在被运送途中悲惨死去。这场海盗式的战争是对异教徒政权

的羞辱,是信仰基督教的大英帝国国王挑起的战争。英王决意继续开放人贩市场,他滥用否决权否决所有试图禁止或限制这种可恶交易的立法。这一系列的恐怖不止于此。如今,英王又在煽动那些人对我们兵戈相向,购买他从他们身上夺取的自由,杀戮同样受他侵略的人民:他煽动一个民族杀戮另一个民族,来洗刷他侵犯前一个民族自由的罪孽。[4]

詹姆斯·肯特在其 1826 年的《美国法释义》一书中也表达了对奴隶制的深恶痛绝。他对早期奴隶制的一些做法进行了批判:

> 古代社会最文明的国度中,似乎也没有国家之间负有正义与人性之道德义务的概念,根本不存在国际法学这样的事物。他们认为陌生人和敌人实际上是相同的,他国人民与财产皆是其合法所得。他们的和平与战争法是野蛮、可怕的⋯⋯人们达成共识,除非有协定,否则希腊人不受任何义务责任或是道德法则的约束,战俘没有权利可言,可以被合法处死,或是连同妻儿被贩卖永世为奴。[5]

肯特也批评了罗马法学,"那些野蛮的教义仍认为,战俘成为**万民法**中规定的奴隶,并且《查士丁尼学说汇纂》规定,即使那些和罗马处于和平、但是没有结成特定同盟的外国国民而言,无论是谁,只要从一个国家穿行到另一个国家就立即成为奴隶。"[6] 所以,"塞西亚和德意志的北部部族"也是如此规定:"国家之间相处的方式是野蛮的,其战争是残酷的。奴隶被认为是俘获的合法所得。"[7]

肯特对于奴隶制最为详细的论证在《国际法》第九章"论违反国际法的行为"的最后一个部分。他认为违反国际法会涉及安全行为、大使以及海盗问题,之后转而讨论奴隶贸易。[8] 他提出了如下问题:

> 由武力俘获所产生的私人奴役行为存在于每一个时代,即使最为高尚和文明的民族也不例外。以此种方式占有他人,使其具有了财产的特征。奴隶贸易是一种常见的古代贸易;而且,雅典与希腊的黑海殖民地之间往来的一个

主要目的就是从野蛮地区为希腊市场掠取奴隶。近代时期则通过缔结条约，试图以国家垄断来促进和扩大这种财产贸易。它与欧洲在美洲的所有殖民地执政当局都有密切联系，且受到了母国的认可和鼓励。它为今日美国南部的富裕打下了基础。但半个世纪以后，非洲的奴隶贸易引起了人们的悔恨和同情，这种贸易被认为违背了基督教原则、正义和人性。[9]

肯特转而讨论孟德斯鸠。孟德斯鸠"谴责所有的奴隶制都是无用且非正义的。"[10]他赞扬美国宪法，因为它"赋予国会在1807年后禁止进口奴隶的权力，为最终禁止这一道德瘟疫的扩散打下了基础"。[11]他详述了限制继而废除奴隶贸易的国会法案。[12]

肯特讨论了"非洲奴隶贸易是否构成海盗罪或违反国际法规定的其他罪行。"[13]在阐明美国的法案之后，他还详述了英国和欧洲废除奴隶贸易的法案以及有相同效力的国际协定[14]。最后，他分析了美国和英国法庭对奴隶贸易的国际法地位的充满矛盾的判决。[15]肯特似乎并没有得出最终结论，但下列言论接近于对此问题的总结：

> 抽象地说，奴隶贸易是不道德、非正义的，条约和国内法如此规定后，它更是非法的；但它并非海盗罪，也不是普通国际法上的非法行为，否则，仅仅凭此，对奴隶的任何诉求无论在任何地区都会被法院驳回。[16]

19世纪20年代，废奴运动取得了颇为丰硕的成果，肯特在这时期的著述颇丰。拿破仑废除了法国的奴隶贸易。1815年的维也纳会议上，欧洲各大国宣布禁止奴隶贸易。1841年《取缔非洲奴隶贸易条约》(Treaty for the Repression of Slavery)也确认奴隶贸易非法，进一步禁止奴隶贸易。[17]

惠顿对奴隶制的批判尤为尖锐。文章开篇即谴责了希腊人和罗马人"对国际正义的错误认识"及其"粗糙的公法理论"，因为根据这一理论，"当外国人越过一个小国的边界，踏入另一国的边界时，他将必然成为奴隶，财产注定被剥夺"。[18]他哀叹"古代世界普遍将战俘变为奴隶的做法"并为此感到痛惜。[19]

惠顿称赞西班牙学者弗朗西斯·德·维多利亚和多米尼克·索托"极具胆识，有独立的见解，16世纪时谴责其同胞以传播基督教为名在新世界发动的满足贪欲之残酷战争"。[20]然而，他在颂扬索托对奴隶制和奴隶贸易的立场时，仁慈程度更进一步。

> 一般认为，索托用了最不和善的字眼来谴责非洲的奴隶贸易这个当时由葡萄牙人进行的活动。但我不明白的是，索托是批判一般意义上的奴隶制，还是奴隶贸易本身——仅针对一部分不幸运的非洲民众，他们自古以来就注定被奴役——或是在战争中被俘获为奴的那些人，那个时期普遍认为，可根据**万民法**，对人享有合法的财产权；但是他只是谴责了葡萄牙人编造虚假的借口引诱当地居民来到海岸并且用暴力强迫他们登上贩奴船的诱拐制度。[21]

外国法对此如何规定？最重要的当属英国普通法，不仅因为它是美国普通法的基础，更因为即使在美国独立战争之后，美国人仍以英国的案例和学说为比照借鉴的依据，并在此基础上有所发展。此外，美国人对英国人的观点舆论及其政治影响非常关注。的确，事实证明，在英国深入人心的反奴隶制观点正是英国政府在美国内战中无法承认美国南部邦联的一个重要原因。

经历了很长时间之后，英国法律才开始反对奴隶制。在16、17以及18世纪，英国是主要的奴隶贸易国家之一。在努斯鲍姆看来，"英国基于《乌得勒支和约》并通过一项特别协定——《阿西恩托公约》（Asiento Convention）从西班牙手中获得了贩卖奴隶的垄断权，并将该权利转移给英国南海公司，奴隶贸易这一不光彩的商业行为才上升到国际法层面。"[22]据估计，在1680到1786年间，英国商人将大约200万黑奴带到了美国。[23]令人感到悲哀的是，直至1861年，英国法学期刊就这一问题依旧写道：

> 即使是普通臣民享有的奴隶所有权，也在英国法中有明文规定。此外，位于威斯敏斯特的财税法院可审理就奴隶买卖合同提出的起诉，就像审理棉花

或烟草买卖合同一样。去年二月份就曾出现过此类诉讼，可在本刊第 19 期查阅。[24]

任何关于英国普通法和奴隶制的讨论必定会提及**萨默塞特诉斯图尔特**（*Somerset v Stewart*）一案。[25] 1772 年 6 月 22 日，系英国在北美殖民的晚期，曼斯菲尔德法官做出了对**萨默赛特**案的判决，仅比《独立宣言》的发布早了四年多。一般认为，这一日期标志着美国和英国普通法体系的分离。而曼斯菲尔德法官的判决是否鼓励了南方庄园主们加入独立战争，这十分值得讨论。

詹姆斯·萨默赛特是一名非洲黑奴，被卖给了弗吉尼亚州的查尔斯·斯图尔特。萨默赛特跟随斯图尔特来到了英格兰，在那里也就是他被强迫登上了诺尔斯船长的船，先是被运到了牙买加，之后又再次被卖掉。萨默赛特向法院提起诉讼，希望重获自由，法院对其颁布了人身保护令。

哈格里夫（Hargrave）和阿莱恩（Alleyne）作为萨默赛特的律师，认为奴隶制不仅在英国是非法的，而且它还违反了自然法。正如哈格里夫所说：

> 关于斯图尔特声称的财产权问题，并非奴隶制在殖民地是否合法（各种不幸的因素汇聚在一起导致奴隶制的建立成为必要），而是奴隶制在英格兰是否合法？问题并非奴隶制是否曾经在英格兰存在过，而是它到现在是否已被废除？
>
> * * *
>
> 英格兰的法律是否允许一个人受到与他人缔结之终生服役合同的约束，这很成疑问；当然英格兰法不会使他完全听命于其他人的专制；也不会阻碍他行使处置自己财产的权利。如果双方达成一致对此有所阻却，那么暴力行为将阻却的更多；如果现在打开先河，宣布英格兰法不发生效力，那么后果将一发不可收拾。
>
> * * *
>
> 在英格兰，法律最重要的目标就是自由，人人皆有获得自由的权利。那么现在是否应该适用一个新建立的殖民地，例如弗吉尼亚，或是一个野蛮的国

家,例如非洲的法律呢？自黑奴们受到英国法律管辖之时,即应对自己的任何犯罪行为承担责任,因而也应享有受到保护的权利。

＊ ＊ ＊

我现在完全确信,斯图尔特先生的诉请与自然正义是相悖的,完全不符合英格兰的法律,现将该案件提交给尊敬的法庭以供裁决；并且,希望法官大人能够废除这种新的奴隶制,如我们的先人那样破旧立新。[26]

阿莱恩先生持有相同观点：

奴隶制并非天然,而是一种国内关系；因而只在某些地点存在。因此,前往至一个不存在此种规定的国家,意味着奴隶制在此并没有效力。黑人选择居住在此地,既受到刑罚的约束,那么也应当受到法律的保护。[27]

即使是为斯图尔特辩护的邓宁,虽然主张英国法庭应出于互惠性的理由尊重非洲的奴隶制法律,但也解释道,"不应将他的观点理解成倾向于支持奴隶制"。[28]最后,高级律师戴维(Serjeant Davy)再次为萨默赛特向法院请求不要"让黑人因为其肤色成为奴隶",因为这是"一种我认为绝不会存在于英国的残忍和荒唐。如果这样,将会使英国在所有国家面前蒙羞：因为这是一个将从未触犯任何法律之人沦为卑贱奴隶的国度。"[29]

曼斯菲尔德勋爵做出如下判决：

奴隶制具有这样一种性质,除了制定法的规定以外,不能基于任何原因而采用它,无论是道德的还是政治的。甚至在其确立原因、背景和时机都已经从人们记忆中消失的时候,这个制定法可能依旧保有效力。奴隶制是如此丑恶以至于除制定法外没有任何东西足以支持它。因此,无论因该案的判决导致何种不便,我都不能说英国法律允许这类案件的发生或对其表示认可；谨此,必须释放那位黑人。[30]

在很大程度上，是道德情感促使英国废除奴隶制。正如耐尔·弗格森（Niall Ferguson）[1]写道，这是"内心的改变"；"过去常常会认为，奴隶制被废除是因为它不再有利可图，但所有证据均表明，事实并非如此；实际上，它被废除前仍能带来丰厚利润"。[31]宗教在反对奴隶制方面的宣传引发了一系列政治后果。1792年，英国下议院通过了废止奴隶贸易的议案，但被上议院推翻。[32]最终，奴隶贸易在1807年被废除，而奴隶制直到1833年才在整个大英帝国境内被认定为非法。[33]

在19世纪中叶，英国反对奴隶制的情绪甚至变得更为强烈。例如，1844年伦敦的**《法律时代》**（*Law Times*）抗议"一个普通美国法院以帮助一个女奴逃跑为罪名，做出的骇人听闻的死刑判决"。[34]人们强烈谴责路易斯安那州的一个法院：

> 最初人们并不相信这个故事；人们怀疑如此残忍的法律是否真实存在于基督教和文明人类之中。但后来的结果不仅确认了这个不光彩的传说，而且证实了学识渊博的欧尼尔（O'Neall）法官在做出恶毒刑罚时对囚犯说的具体话语。对宗教的曲解和对基督教教义的亵渎只是为了证明这场司法谋杀（judicial murder）的合法性，这不仅激起了人们的愤怒，也引起了人们的恐惧，更进一步加深了美国因迟迟未宣布废除奴隶制和其他一些不名誉的行为而招致的恶名。[35]

《法律时代》认为这不仅是法官的过错，也归咎于路易斯安那州以及那些"一边鼓吹宣扬自由、一边做出如此残暴行为"的美国人。[36]那么，美国的法官们对此如何回应呢？

第二节　德雷德·斯科特案和国际法

国际法在美国19世纪中期的法律争论中至关重要。可能没有比美国联邦最高法院对**"德雷德·斯科特诉桑福德"**（*Dred Scott v. Sandford*）案的判决更能说

---

〔1〕耐尔·弗格森（生于1964年）：英国历史学家。——译者注

明这种影响的例证了。[37]不仅因为**斯科特案**是联邦最高法院围绕奴隶制最重要的判决，而且判决本身就是内战的导火索。**斯科特案**激起了南北之间的敌意，在很大程度上导致了地区之间的仇恨，引发了军事冲突。

斯科特案既是联邦最高法院最重要的判决之一，也是广受批评的判决之一。格雷伯教授（Prof. Graber）曾就有关**斯科特案**的近现代评论发表了极富启发性的文章，并在导言部分总结了对最高法院的普遍性谴责：

> 在**《牛津美国联邦最高法院指南》**一书中，"美国法学家和宪法学者们"认为"斯科特案判决是最高法院做出的最差判决。"大卫·克里（David Currie）在其百科全书式的**《最高法院中的宪法》**（The Constitution in the Supreme Court）中批评这份判决是"坏的政策"，"不良的司法政治"以及"恶法"。不同政治流派的评论者们也指出该案的判决是"19 世纪最差的宪法判决"，"最高法院历史上最残暴的行为"，"最高法院签署的最具灾难性的意见"，"由联邦政府采取的最令人生厌的举措"，一个"可怕的错误"，"遵循宪法条文的悲剧性失败"，"信任的滥用"，"上帝面前的一个谎言"，"最坏的司法审查"。在前首席大法官查尔斯·埃文斯·休斯（Charles Evans Hughes）看来，斯科特案是"一个几乎毁掉最高法院的自作自受的创伤"。[38]

我们并不是要反驳这些卓有见地的批评，[39]让我们在此关注**斯科特案**一个少有的值得肯定的方面。这份判决完美地体现出 19 世纪中期的美国，运用国际法话语讨论法律问题已经成为常态。九位最高法院大法官的判决意见中，除却最为简短的两份，全部或多或少地引证了国际法的论点，以相互矛盾的方式讨论了诸多法律问题。不论**《纽约论坛》**（New York Tribune）从现代标准出发、指责**斯科特案**"和任何一个华盛顿法庭做出的判决一样……掺入了太多的道德考量"的批评公正与否，[40]该案的判决意见中汇集了精心打磨的法律观点。判决长达 240 页，由九位大法官逻辑严密的论证组成。奇怪的是，时至今日，**斯科特案**的部分内容依然回荡在对美国国际法的讨论中，在近 150 年后关于美国例外论的争论中依然有所体现。我们将回顾该案中的九位大法官以何种方式在判决意见中展开了国际法的论证。

　　首先,当然是从法庭判决意见书开始,它由首席大法官罗杰·坦尼(Roger Taney, 1777 - 1864)拟写。[41] 坦尼是马里兰州人,最高法院的第一位天主教徒,一位坚定的杰克逊式民主党人,曾任安德鲁·杰克逊总统的司法部长,后又任财政部的临时部长。[42] 坦尼的判决意见可能是九位大法官中最具煽动性的,不仅因为它奠定了最高法院判决意见书的基调,还因为它有意地抨击了北方,由此削弱了参议员斯蒂芬·道格拉斯(Stephen Douglas)等温和的北方民主党人的地位,从而加强了更为激进的共和党人的力量,例如未来的总统亚伯拉罕·林肯。[43]

　　德雷德·斯科特和他的妻儿曾是密苏里州的军医约翰·爱默生的奴隶。1834 年,斯科特跟随他的主人搬到自由州——伊利诺伊州,随后在 1836 年,又迁移到联邦领地上,这一领地通过杰弗逊时代的路易斯安那购地案所得,也就是后来的明尼苏达州;在这里,奴隶制通过"密苏里妥协"已被废除。斯科特随爱默生医生于 1838 年返回密苏里州,1846 年,斯科特在密苏里州法院提起自由身份之诉,1850 年获得初审法院的胜诉判决,但 1852 年在密苏里州最高法院的上诉中败诉。

　　1853 年,爱默生医生的遗孀将斯科特及其家人作为继承自丈夫的部分财产卖给了她的兄弟,一位名叫约翰·A. 桑福德的纽约公民(法院误将其拼成 Sandford)。斯科特随后于 1854 年在位于密苏里的联邦巡回法院提起诉讼,"要求法院承认他以及家人的自由身份"。桑福德则主张,联邦法院对此不享有跨州管辖权,因为虽然他本人是纽约州的公民,但斯科特并非是其所诉称的密苏里州公民。在桑福德看来,斯科特是有着非洲血统的黑人,他的祖先是纯粹的非洲人,被带到这个国家卖为奴隶。

　　在阐明了案件事实和过程之后,坦尼指出了该案中的两个主要问题:

　　　1. 鉴于双方当事人的身份,美国联邦巡回法院是否有管辖权来受理并审判这起案件?

　　　2. 如果有,审判过程是否存在过错?[44]

坦尼在判决意见书中,两次运用到国际法的观点,第一次是关于非裔美国人能否成为有权向联邦法院提起诉讼的美国国民,第二次是关于国际法是否可以影响1820年"密苏里妥协"的合宪性。这片1803年从拿破仑手上购得的路易斯安那领地的大部分区域已经根据"密苏里妥协"废除了奴隶制。坦尼的意见在这两方面都具有煽动性。他对第一个管辖权问题的分析十分大胆:

很简单:一个黑人——他的祖先被运到这个国家并卖身为奴——是否能够成为合众国宪法框架下的政治共同体中的一员,并因此享有共同体所赋予国民的所有权利、特权以及豁免。其中一项特权就是可就宪法中规定的案件,在合众国联邦法院提起诉讼。[45]

接下来,坦尼从国际法的角度分析国家与民族,因为他将黑种人的情形与印第安人种的情形区分开来。[46]

虽然印第安人并未开化,但他们仍是自由独立的人,并且他们通过民族或部落团结在一起,由他们自己的法律管辖……这些印第安人的政府被视作外国政府,甚至就像是一片海洋将这些印第安人与白人分隔开来……毫无疑问,这些印第安人可以像其他外国政府的公民一样,经国会权威接受入籍,成为一州和合众国的公民;并且,如果一个个体离开了他的民族或是部落,并在白人中安居乐户,他就有权享有外国移民应当享有的所有权利和特权。[47]

随后,坦尼更进一步,将非裔美国人与印第安人区分开来,并进行了非常直接而又具有说服力的历史考证(持异议的麦克莱恩大法官和柯蒂斯大法官对此提出反驳),他认为非裔美国人从未成为也不可能成为美国国民。在其看来,起草美国宪法时:

当时的立法实践、历史环境以及《独立宣言》中的措辞均表明,无论是被运到美国为奴的这一类人,抑或是他们的后裔,无论是否自由,在当时都没有被承认是人民的一部分,这一伟大文件没有任何在文字中承认他们是人民的意图。

今天,要实现公众舆论对这一不幸种族的改变是很困难的。不管是在发表《独立宣言》的时代还是起草美国宪法的时代,奴隶制都广泛存在于文明与受到启蒙的国家。每一个欧洲国家的历史均以明白无误的方式展现了这一点。

他们在一个多世纪以来即已被认定为下等人种,而且无论是社会关系还是政治关系中,他们都与白人格格不入……

并且,没有任何一个国家比英国政府和英国人更加坚定与统一地实践这一观念。他们不仅在非洲的海岸抓捕当地人,贩卖为奴或留作自用,还将其视作商品,把他们带到任何一个可以从黑奴身上获利的国家,他们比世界上任何一个国家都更广泛地参与到此类贸易之中。[48]

鉴于美国独立战争期间的英国主流观点,如曼斯菲尔德大法官对**萨默塞特案**的判决意见,坦尼似乎大错特错了。但他坚称这些相反的意见得到了 18 世纪末北美 13 个殖民地的支持。这一观点遭到了其他异议的大法官的驳斥。[49]坦尼对判决书中第一部分的意见总结如下:

我们认为,没有人会同意,在欧洲的文明国家或是本国,公众舆论或情感对这个不幸的种族发生了变化,就会促使法院对宪法文字的解释采取偏向他们的更为自由的解释,以至于超出了宪法在起草与通过时的本意……根据美国联邦宪法,德雷德·斯科特不是密苏里州公民,因而无权作为公民在法院起诉;因此,联邦巡回法院对该案没有管辖权,对妨诉抗辩(the plea in abatement)的判决存在错误。[50]

首席大法官坦尼判决意见书的第二部分与第一部分一样,也具有不必要的煽动性——他裁定"密苏里妥协"违宪。这是自 54 年前的**马伯里诉麦迪逊案**之后,最高法院第一份也是唯一一份宣判国会立法无效的判决。首席大法官坦尼详细地解释道：

> 原告所依据的国会立法宣称，除非作为对犯罪的惩罚，奴隶制和强制劳役不得出现在由法国出让的、名为路易斯安那的地区。该地区地处北纬三十六度三十分以北，并不被包括在密苏里州的边界范围内。在审查这一点时，我们面临的困难是，国会是否有权根据宪法授予它的权力，通过这一法律。若宪法并未授予这一权力，本庭有义务宣布该法无效，且判定该法不能给予任何根据州法被作为奴隶之人以自由身份。[52]

在回顾了土地取得方式以及国会在此土地设立政府的历史后，[53] 坦尼转而分析给予宪法中给予国会"制定任何必要的规则制度以处理属于美国的领地或其他财产"权利的条款。[54] 坦尼认为，"基于我们的宪法和政体，国会对于公民人身或公民财产的权力绝对不只是一种自由裁量的权力。"[55] 在这样的背景下，坦尼参考了国际法但却否认了国际法的效力。

> 然而，似乎有人认为奴隶所有权和其他财产所有权之间存在差异，因此在解释合众国宪法时就必须对奴隶财产适用不同的规则。持有这种观点的人还详细引证了国际法、国际惯例、著名法学家对奴隶主和奴隶关系以及他们双方的自然权利和义务的学说著作，还有各国政府对此问题可能行使的权力。
>
> 但是，在考虑我们面临的这个问题时，我们必须记住这一点：在合众国的人民和政府之间并不存在国际法，国际法也不干涉这两者之间的关系……其他国家的法律和习惯，或者政治家或法学家对奴隶主和奴隶关系的分析，均不能扩大本国政府的权力，也不能剥夺保留给公民自己的权利。如果宪法承认奴隶主的奴隶所有权，并未区分一个公民拥有的这种财产和其他财产，那么根据合众国权力行事的所有机构，不论它是立法、行政还是司法机构，都没有权力做出这种区分，或者否定为保护私人财产不受政府侵犯而规定的条款和保

护的效力。[56]

以上论述加之其他因素，导致坦尼对第二个问题作出了具有争议的判决：

> 本院认为，禁止合众国公民在前文提及的地理分界线以北的地区内占有和使用此类财产的国会法案，宪法不予支持，因而无效。不论是德雷德·斯科特还是他的家人，都不因被带入这个地区而获得自由，即使他们的主人意图成为那里的永久居民而把他们带入该地区。[57]

103

紧随首席大法官长达 55 页的意见之后的是两份最为简短的意见。其中之一由大法官詹姆斯·韦恩（James Wayne，1790－1867）撰写，他毕业于普林斯顿大学，是一位来自佐治亚州忠实的杰克逊式民主党人。[58]这份意见大约两页多，没有引用国际法，只是宣称他"无条件赞同由坦尼所写的法庭意见"。[59]

第三份法庭意见由大法官塞缪尔·尼尔森（Samuel Nelson，1792－1873）撰写，该份意见虽然只有 12 页长，但非常重要。这主要是因为，虽然它支持桑福德，但却代表着一种不同的处理案件事实的法律方法。[60]尼尔森是一位来自纽约的民主党人，他尝试在对立的两方间扮演一个中庸的角色——一边是由坦尼领导的五位来自南方的民主党大法官，另外一边是两位来自北方的异议大法官，共和党人麦克莱恩和辉格党人柯蒂斯——但他却没能做到真正的中立。[61]尼尔森的法庭意见极为谨慎，既没有在非裔美国人成为公民的可能性问题上更进一步，也没有去审视"密苏里妥协"的合宪性问题，而这两个问题在坦尼法官看来恰好是决定性且极具争议性的。相反，尼尔森主要是依靠国际私法——自斯托里开始，在美国也经常被称作冲突法——裁决密苏里州有权在本案中适用本州关于奴隶制的法律。尼尔森作出了如下意见：

104

> 值得关注的问题是，身为奴隶的原告随他有意短期居住的主人从密苏里州前往伊利诺伊州，居留一段时间重返蓄奴州，在自由州的居住经历是否能让该奴隶重获自由。[62]

尼尔森从国际私法角度来回答这一问题：

> 我们认为，这个问题应该由各州自行定夺，无论是通过州内立法机关还是州法院；因此，就本案而言（该州已在州最高法院判决斯科特仍然为奴），这是一个纯粹的密苏里州法律的问题，所以当此案已由州法院判决后，最高法院有义务遵从判决。[63]

尼尔森清晰地阐明了国际私法上经典的属地主义理论，这也代表了19世纪美国法官的典型做法：

> 每一个国家或民族在其领地内均享有绝对的主权和管辖权；并且，它制定的法律对其境内的一切财产和居民均具有约束力。法律可以规定财产的持有方式领地上居住之人的地位、行为能力及状态，以及执法的方式及救济政策。同样，没有任何国家或是民族能够约束它领土以外的财产和居民。因此，没有一个国家能够超越其主权范围去制定和适用法律，如果它试图这样去做，则可以被合法地拒绝遵守。这些法律没有当然的域外效力。这是主权者各自独立的必然结果。[64]

尼尔森援引了大量国际私法的权威著作。例如，他引用了斯托里的观点来证明："一州可以在其领土内禁止执行所有外国法以及由此而产生的权利"。[65]霍布鲁斯所主张的"个人品质不因地而异"遭到了尼尔森的反驳。[66]另外，因为"霍布鲁斯提出的这个普遍规则并没有得到国家实践的承认，也不被国际法的权威认可"，比如斯托里、肯特和伯奇。[67]

并且，伊利诺伊州的法律如此，美利坚合众国的法律亦是如此："国会无权在各州的范围内管控或是废除奴隶制。"[68]尼尔森表示，没有能够驳斥这一观点的合理论证：

> 我们认为，无论从何种角度来看，这些论证都非常缺乏宪法原则的支撑，

也因此，国会无权过问州范围内的奴隶制问题；而且，它对国际法学界已建立的法律原则也具有颠覆作用，据此，某一政府的法律在其他政府的领域内外不具有强制力，除非得到后者的同意。[69]

支持多数意见的第四份意见来自大法官罗伯特·格里尔（Robert Grier，1794－1870），[70]格里尔是宾夕法尼亚州人，毕业于迪克森学院。他和尼尔森一样是来自北方的民主党，并且，"易遭受来自不同党派和阶层之间的压力"，他更倾向于，"就算不是赞同奴隶制，至少也反对废除奴隶制。"[71]在另外两份篇幅简短到仅有两段的意见中，格里尔主张他同意尼尔森法官的法律分析。此外，吊诡的是，他也同意首席大法官关于"密苏里妥协"违宪的观点。[72]

七份多数意见中的第五份由大法官彼得·丹尼尔（Peter Daniel）提出，这份意见因对奴隶制不加掩饰地维护而显得最为极端。丹尼尔是来自弗吉尼亚州的民主党，曾求学于普林斯顿大学。他很直白地主张："可以这样推论，对于一个像这样的奴隶，他和州政府或地方政府现在没有、今后也不会有任何关系，无论从民事上还是政治上。严格意义上，他只是主人有价值的**财产**，服从于主人的意志，给主人带来便捷。"[73]丹尼尔在论证中也大量援引了国际法的材料。他从瓦特尔对一国家性质的阐述出发：

> 因此，瓦特尔在其国际法著作的前言部分提到："民族（Nations）或国家（states）都是政治实体；都是以维护共同安全和利益为目的、由自然人联合起来所组成的社会，其运转有赖于人们的合力。"……"加于每名成员之上的**整体性(all)**权威本质上属于政治团体或国家"……"公民都是公民社会的成员；对社会负有特定的责任，服从于权威；他们**平等地**享有国家带来的益处。所谓本国人或是自然出生的公民，正是指那些出生在本国且父母也是本国公民的人。正因为社会除非依靠公民的后代延续否则不能长存，这些孩子自然而然地适用对其父母的限制，且继承父母的权利。"……（Vattel，Book 1，Chap. 19，p. 101）[74]

依据瓦特尔这一部分的论述,丹尼尔总结道:

> 此处表达的观点,似乎毫无例外地普遍适用,关于**奴隶**的问题也必须如
> 此,他们不享有任何的**民事权利**、**政治权利**,无法签订任何契约;在这种情况
> 下,他们不能成为拥有自由意志、权力和裁量权的人们所组成的团体中的一
> 员。他们不在这个图景之中,不能成为基于**共同意志**(由**平等的**利益或权力组
> 成)而形成的社会成员。他们不能既是主人又是奴隶。[75]

这些都契合丹尼尔大法官的观点,他认为非裔美国人从来都不是、也永远不可
能成为美国公民:

> 在合众国一些州的建立过程中,在联邦政府的形成过程中,非洲人在政治
> 意义上并不被视为"人"。他们在合众国各州内都仅仅被视为**财产**,也因此不
> 能成为其中一员或是参与者,在州或合众国缔结的任何协议或建立的任何政
> 体中,都远远够不上**"人"**的身份。[76]

丹尼尔在判决意见中,再次引用瓦特尔的著述以支持美国各州享有主权的
观点:

> 瓦特尔在论述国际法一般性原则的第 15 小节中写道:"国家与国家之间
> 是自由独立的,正如人类是自由而独立的,人类社会的第二个普遍规则是,每
> 个国家应当享有本来就享有的自由和平"……"一个弱小的共和国和最强大的
> 王国同样,都是主权国家"。[77]

接下来,丹尼尔肯特大法官的指引、观点来寻求支持,并错将肯特对联邦主权
权利的论证用来为州的主权辩护。

肯特大法官在他的《美国法释义》第一卷第二章中,在整理了格劳秀斯、海

奈克栖乌斯（Heineccius）〔2〕、瓦特尔以及卢瑟福〔3〕的观点后，阐明了以下由这四位和其他学识渊博的政论家们所认可的立场：国家之间相互平等，有权要求获得平等权利，无论国力强弱，或是在政府、宗教或是行为方式上差别迥异。各具特色的国家之间的绝对平等与完全独立是公法的基础性原则。平等的必然结果是，每个国家都有权按照合适的方式自治，没有任何一个国家有权干涉他国的政体、宗教或内政。[78]

丹尼尔大法官随后提出，国际法从来没有限制各州主权。这也是美国例外论的一种早期论述——在这个案件中围绕奴隶制问题即认为美国不受制于国际法，除非获得本国政府同意：

107　　　关于独立主权国家所享有的自治权利，有人表达了这样的观点，尽管承认这一权利与主权、独立非但不可分割，而且是其必要特征，但仍认为这种自治权利必须要服从国际法中默示的重要权威；并且，独立的主权国家只有通过抗议，或以公开正式的方式拒绝，才能免于服从国际法的这种权威。我对这一观点的赞同者心存敬意，但我不得不说这完全站不住脚，逻辑全无，并且呈现论证的方式也是**自相矛盾**的。[79]

最后，丹尼尔总结道，"密苏里妥协"无效。[80]除此之外，他认为国会的法案将很难去"剥夺或在任何程度上去限制一个独立主权领域之内的权利，无论这种权利是人身权还是财产权——这些权利正是基于主权而产生和加强的。[81]

多数意见中的第六份来自大法官约翰·坎贝尔（John Campbell，1811 - 1889）。[82]坎贝尔是一位成功的阿拉巴马律师，他后来成为了南方邦联政府的战争副部长，他同尼尔森一样，在处理这个案件时更加温和，没有谈及联邦法院的管辖权，而是应用国际私法来回应。[83]不同于尼尔森使用国际私法仅仅是为了证

---

〔2〕海奈克栖乌斯（1681—1741）：德国法学家。——译者注
〔3〕卢瑟福（1600—1661）：苏格兰长老会牧师，神学家，作家。著有《法律与君王》。——译者注

明,若斯科特在密苏里州,即应遵守密苏里州的奴隶法,坎贝尔采用国际法是试图更加大胆地证明,斯科特即使和他的主人迁徙到自由州,他依然是一名奴隶:

> 人们会承认,在没有法律或规则去反对存在奴隶制的国家里,出生在外国 *107*
> 且身为奴隶的那些人不会因为进入该国这一偶然事件就得到解放。一国国内
> 奴隶制被国际法所承认,因此,若缺少有效缘由,一国以其主权对他人享有的
> 作为主人之权利进行干涉,即违反了国际法。(Wheat. Law of Na., 724;5
> Stats. at large, 601; Calh. Sp, 378; Reports of the Com. US and GB, 187,
> 238,241)[84]

坎贝尔借鉴了美国外交实践中的先例、博丹的著作,令人难以置信的是,他还大量援引了**萨默赛特**案。[85]此外,坎贝尔主张这是"法庭固有的原则——联邦政府对在州内的奴隶制问题没有管辖权。"[86]坎贝尔回顾了美国领土的形成过程后,总结道,宪法没有给予国会任何权力去解除主人和奴隶之间的关系,无论这种关系是否在一州之内。[87]

多数意见中的第七份也是最后一份由大法官约翰·卡特伦(John Catron, *108*
1786-1865)撰写。他是一个来自田纳西州的民主党人士,自学成才,反对南北分裂,整个内战期间仍继续担任最高法院法官。[88]尽管该意见十分简短,但卡特伦基于国际法抛出了一个很重要的观点。在回顾了国会对最初属于邦联的领土所享有的权力进行历史性回顾后,[89]卡特伦开始讨论"国会在密西西比州以西的权力"。根据同法国签订的 1803 年《路易斯安纳购地条约》第三款,"被转让领土上的居民……享有同美国公民一样的权利、便利及豁免;同时,他们得享自由、财产及宗教信仰受维持和保护之权利。"[90]因为"在路易斯安那州,奴隶制不仅合法,而且奴隶这种财产是所有私人财产中最具价值的",卡特伦认为将路易斯安那割让给美国的《路易斯安那购地条约》的第三款受宪法保护,且不能被国会废除。因此通常被称作"密苏里妥协"的 1820 年法案,违反了宪法的首要特征——宪法据此制定,且保证了相应的州及其公民享有完全平等的权利、特权和豁免。[91]

卡特伦对 1803 年《路易斯安那购地条约》的考察促成了柯蒂斯大法官更加著名的"最后的"反驳,正如我们下面看到的那样,他认为,条约和联邦法在宪法最高条款下,应处同等地位。卡特伦在判决意见中的另外一个著名主张是,他似乎认可了现代的观察结论,即"在 20 世纪中叶之前,[美国法中]似乎很少关注个人宪法性权利相对于条约约束力的地位。"[92]卡特伦可能超前于他的时代,认为1803 年的《路易斯安那购地条约》赋予奴隶主在该被购买领土上受宪法保护的财产权。

现在,我们先来看两份异议意见。第一份源自约翰·麦克莱恩大法官(John McLean, 1785 – 1861),他原本是一个俄亥俄州的民主党人士,后加入自由之土党(Free Soil Party),希望代表共和党竞选总统。他大量援引了国际法的观点。麦克莱恩遵循布莱克斯通的"吸纳"规则(incorporation rule),将国际法看做密苏里州法律的一部分。

> 1816 年,普通法经由法案成为密苏里州法律的一部分;其中包含了国际法的原则。司法判决不能废除这些原则。正如引入普通法一样,废除普通法也需要同样的权力行使。国际法经由文明国家普遍接受和施行,并借由道德约束力形成。若它因一些特殊性协定而产生、建立于修改后的规则、并适用于人类社会的紧急情况,那么它将成为一个更有权威的体系;它事实上就是国际道德,旨在保障国家的最大利益。对于各个州而言,就奴隶制这一问题,它显然可以进行诉讼,应遵从联邦宪法的规定。"万国法只不过是将人的自然权利应用于国家。"(瓦特尔)[93]

与坎贝尔的观点针锋相对的是,麦克莱恩认为国际法使德雷德·斯科特成为了一个自由人:

> 据信整个欧洲大陆的法律无一例外地规定,奴隶制只能存在于制定该制度的领域内;并且,如果一个奴隶逃跑或是被带到领土之外的地方,除非借由一些条款明示规定,他的主人不能再次主张对该奴隶的所有权。(Grotius,

lib. 2, chap. 15, 5, 1; lib. 10, chap. 10, 2, 1; Wicqueposts Ambassador, lib. 1, p418; 4 Martin, 385; Case of the Creole in the House of Lords, 1842; 1 Phillimore on International Law, 316, 335)

没有任何一个欧洲国家认为,基于国内法或国际法,自己有向奴隶主返还逃跑的奴隶的义务。相反的是,若没有条约义务或是其他形式的向主人返还奴隶的约定,该奴隶将获得自由。[94]

鉴于国际法已被吸纳到密苏里州的普通法,并且,奴隶在自由领土上有获取自由的国际法权利,麦克莱恩得出如下结论:

> 如果普通法在密苏里州具有成文法的同等效力,对我而言,显而易见,一个奴隶因服侍主人而居住在伊利诺伊州而获得了自由,即使将其返还到原先在蓄奴州的居所,也无法再次使其重新沦为该地的奴隶。[95]

随后是对卡特伦就路易斯安那领地出售给美国之条约效力的观点进行分析,众所周知,柯蒂斯大法官对此进行了更为彻底的反驳:

> 有些人认为,1803 年法国将路易斯安那割让给美国的条约第三条规定的效力,可能对这个问题有所影响。该条款规定,"被割让领土上的居民应归属联邦,并且应当享有美利坚合众国的所有福祉,同时他们的自由权、财产权、宗教信仰自由的权利应当得到保护。"
>
> 由于在割让之时,路易斯安那本来就存在奴隶制,因而有人认为应该维持原状。
>
> 对于这个问题的答案,首先,这个议题并不属于缔约权;任何此类约定都将徒劳无功。其次,除非经由获得认可的解释,否则不能超出对当时被割让领土上以奴隶为内容之财产权的保护程度。这一点已然得到遵守。几大蓄奴州路易斯安那州、密苏里州和阿肯色州的组织接纳了当时在路易斯安那州的每一个奴隶。这消除了基于本条约的任何反对声音。因此,不能从条约中推断,

被割让的路易斯安那的领域上有某一部分是蓄奴地。[96]

最终,麦克莱恩对基于国际私法原则的判决理由提出异议:

合同缔结地和履行地的法律适用于该合同。这不是基于国际礼让,而是基于合同法。并且,根据密苏里州最高法院的解释,主人将他的奴隶带到了伊利诺伊州,雇佣他为奴隶,以一种释放行为有效地使该奴隶重获自由,是否有可能此类行为在主人带其前往的任何蓄奴州都并非可裁决事项?主人置身于自由州时,就可以不遵从法律吗?

密苏里州和伊利诺伊州因为同一事件而被联系起来。一个禁止奴隶制,另一个则认可奴隶制。这是由于各方都在行使其主权权力。我们有义务去尊重各自的制度,就像是人们自愿为之。一州的民众是否有权干涉他州民众间的关系呢?各州都建立于其主权之上,受到宪法保护。我们的联邦是国家昌盛繁荣的基础。我们难道不应珍视和维持它吗?这只有通过尊重各州的法律权利才能得以实现。[97]

九份法官意见中最后一份也是最长的一份来自大法官本杰明·柯蒂斯(1809—1874),[98]他是一位从哈佛毕业的马萨诸塞州律师。重要的是,柯蒂斯作为辉格党派,直接反对首席大法官坦尼和大法官丹尼尔的历史性、法律性观点,即非裔美国人从未成为、也不可能成为各州或是美利坚合众国的公民。

要根据邦联条例以及最终生效的美国宪法决定任何非洲奴隶享有自由人身份的后裔是否为美国公民,必须确定这些人根据邦联条例以及后来生效的宪法,是否是各州公民。

上述确定方法是毫无疑问的。邦联条例被批准的时候,新罕什布尔州、马萨诸塞州、纽约州、新泽西州和北卡罗来纳州中所有自由的本土居民,即使是非洲奴隶的后裔,非但具有这些州的公民身份,而且其中符合一些必备条件的人,还平等享有与其他公民一样的选举权。[99]

柯蒂斯大法官的异议主要着重于独立战争以及制宪时期非裔美国人的自由身份，并且对宪法进行了法律层面的分析。[100]因为在最初的十三个州中，有五个州规定，"有色人种享有选举权，而且也参与了宪法的制定，"宪法并不仅仅为了白色人种，也是为了保护那些自由的有色人种的利益而制定，正如宪法所言，是为了"他们以及他们的后代"。[101]因此，他总结道：出生在某些州的享有自由身份的有色人种是那些州的公民，也是美利坚合众国的公民，有权在联邦法院提起诉讼以及应诉，就像他所居住的州内的其他公民。[102]

柯蒂斯随后强调了密苏里州有义务去确认德雷德·斯科特是自由之身。正是在关于这个问题的讨论中，柯蒂斯大法官以布莱克斯通的"吸纳"原则为起点详细讨论了国际法：

> 因此，对本案这一部分的检视，应该是密苏里州是否通过成文法或习惯法的形式表明用域外法取代国际法规则的意图，此等国际法规则可以改变一名奴隶的**身份地位**。
>
> 密苏里州没有任何成文法就此问题作出规定。密苏里州的习惯法就是普通法，由1816年的成文法确定（1 Ter. Laws,436）。而且，正如布莱克斯通所言（4 Com.,67），普通法最大限度吸纳了国际法，并将之归为英国法的一部分。
>
> 据我所知，没有足够的证据表明，认可一州之内奴隶**身份**改变的国际法（域外法所形成）已经被密苏里州法院推翻或修改。[104]

柯蒂斯接下来探讨了如下问题：根据威斯康星州法律，何种国际法规则能用于改变原告的**身份**；威斯康星州法关于原告**身份**的规定是否系国际法原则的执行，即要求其他州认可并生效。[105]对此，他在异议意见中总结如下：

> **首先**，国际法上关于奴隶解放的规定，由于其他州或国家对奴隶**身份**的规定有效运行，而成为密苏里州普通法的一部分，且没有被这个州的任何成文法废除。居住在类似的州或国家则意味着受相关法律的约束。

其次,美国任何合宪的法律均可调整奴隶的**身份**问题,且国际法规则要求,无论在何地,这种对身份的改变都应该被认可。若一个奴隶跟随其前来工作、长期定居的主人来到威斯康星境内,那么该法也适用于其身份改变的问题。[106]

柯蒂斯之后讨论了"密苏里妥协"的合宪性。[107]过去可能有这样的疑问:"宪法是否授权美国政府以缔结条约的方式获得领土。"[108]然而:

> 无论这些疑问是否曾经存在,现在已得以解决。众多的行政部门根据多项不同的条约,已经取得了四处国外领土。这些领土上形成了六个州,现在是合众国的一部分。五十多年来,政府的每一个分支都参与了这些事务。现在去质疑其效力是徒劳的。正如首席大法官马歇尔在"美国保险公司诉肯特"(*American Insurance Company v. Canter*)一案中所言(1 Peters, 542),"宪法赋予合众国政府宣战或缔结条约的权力;因此,无论通过征服或是条约,政府均有权获取他国领土。"[109]

柯蒂斯接着根据宪法第四条第三款,表示国会有权对美国新领土或原始领土进行立法,宪法是这样规定的:"国会有权处置合众国之属地及其他产业,并制定这些属地及产业的一切必要的法律法规。"[110]他反驳了这样一个观点,即"一切必要的规定"并不意味着"一切",并援引了国会在这些领土上对奴隶制的规制历史。[111]

但是,宪法第五修正案——"未经正当法律程序,不得剥夺任何人的生命、自由和财产"——是否限制国会废除奴隶制(因而就剥夺了奴隶主们在各自领土上的财产权)的权力呢?[112]与曼斯菲尔德一样,柯蒂斯认为:"奴隶制完全与自然权利相违背,它只是国内法的产物。"[113]

> 根据某一州法律规定,被迫成为奴隶的人只是该州州法规定的财产;若他们的主人自愿使其永久性留在另一不存在奴隶制的法域,他们就不再属于财产的范围。[114]

最后，柯蒂斯转而讨论《路易斯安那购地条约》，正是这个条约将路易斯安那由法国卖给美国。[115]柯蒂斯反驳了这样一个原则，即任何条约都可以限制美国宪法的规定。

> 通过与外国缔结的条约，美国可以规定国会是否有权以某种方式对某些事务行使立法权。一旦做出这样的承诺，就需要以最严格的善意来自愿遵守。但是和外国签订的条约可以剥夺人民授予国会的某些立法权，以至于国会不再具有宪法性的立法权，对此我深表怀疑。
>
> 政府的权力不能受到任何削弱。[116]

那么条约的效力如何？柯蒂如是说：

> 宪法第六条第二款规定，"本宪法和依本宪法所制定的合众国法律，以及根据合众国的权力已缔结或将缔结的一切条约，都是全国的最高法律。"这使条约成为国内法的一部分，但却并没有授予这些条约任何程度的权威，也没有宣称这样制定的法律不可废除。这些条约的效力不可能超越国会通过的法案。所有人都认为这些条约不是永久性的，而且在一定程度上也是可废除的。[117]

因此，柯蒂斯认为1803年《路易斯安那购地条约》中没有任何条款限制国会在属地内的立法权，最多旨在保护路易斯安那而非印第安领地内的个人财产权利。[118]

第三节　德雷德·斯科特和美国例外论

如今**美国例外论**是一个时髦的术语和话题。其中一个定义是这样的："美国和其他国家在本质上不同，因而不一定是一个典型"。[119]无论是否还有其他形式的例外论，美国例外论对美国国际法学者而言确是一个不小的挑战。从根本上来说，国际法是一项共同事业。无论美国或是其他任何国家都不能独自"形成"国际法，否则就不能称为国际法共同体真正的成员。

正如我们所看到的那样,在美利坚合众国的早期,那些政治家、法学家和法官,如杰弗逊、麦迪逊、肯特、马歇尔和惠顿等迫切地表示美国已经准备好作为国际社会的正式成员,与其他国家一并制定且善意地遵守国际法。然而,奴隶制产生的危机在 19 世纪中叶的美国法学家和法官中引发了一系列复杂的国际法问题。国际法延续了英、法等欧洲国家的公法精神,不再容忍奴隶制。1857 年**"斯科特诉桑福德案"**期间,在这场国际法的争论中,主流观点倾向于谴责美国奴隶制是非法的。

美国人对此有怎样的言论或行为? 当然,麦克莱恩和柯蒂斯这两位在该案中持异议的大法官没有陷入困境。他们可以援引也确实援引了国际法的观点去证明德雷德·斯科特不仅是密苏里州的一位公民,还是一位自由人。然而,对于**德雷德·斯科特**案中支持多数意见的大法官而言,国际法愈加威胁到美国奴隶制这个在国际上日益不受欢迎的制度。尼尔森和坎贝尔对国际法持谨慎态度,认为依照国际私法上的属地管辖原则,密苏里州保护奴隶制的法律应该被予以支持,无论这在道德上正确与否。坦尼明确拒绝适用国际法规则,因为"在美国人民和他们的政府之间(不存在)国际法",他的言论也引起了更多近代的法官的回应。其主要论点在于美国宪法保护由奴隶主享有的奴隶财产权。丹尼尔发表了更令人生厌的言论,矛头直指当时的国际法,意在证明根据国际法规则,奴隶及其后代永远无法成为以社会契约建立主权国家的一员。卡特伦的言论似乎更有论理性,更有开创性,他认为美国与法国在 1803 年缔结的条约,由于宪法中的至高性条款,保障了路易斯安那州奴隶主的权利,这个观点遭到了柯蒂斯的反驳。

瓦格茨教授检视了柯蒂斯对**德雷德·斯科特**案的判决意见以及 1855 年在巡回法院做出的一个判决,[120] 认为这是目前在美国宪法框架下解决成文法与条约冲突的规则之渊源所在。[121] 柯蒂斯的理论有些时候可能是**德雷德·斯科特**案遗留下的不太令人愉快的产物。瓦格茨教授感叹道,曾经仅仅只是法院适用的规则现如今被国会、总统、"有影响力的评论家"所采纳作为"最终答案,(因此)国际法的约束力显得不值一提"。[122] 例如,"美国对履行条约义务的承诺,因为最近两起违背条约事件而受到质疑:一次是拒绝支付联合国会费……另一次是屡次未告知外国囚犯根据《维也纳领事关系公约》所享有的权利",也因此"威胁到我们的外交事务"。[123]

如此程度的美国例外论可能超出了国际法能承受的范围。

更不幸的是,那些来自坦尼、尼尔森、丹尼尔、坎贝尔以及卡特伦等试图限制国际法以及外国公法影响的言论,预示出近代以来美国例外论的法律表达。耶鲁法学院院长高洪柱(Harold Hongju Koh)是一位思维缜密、极其讲究原则性的美国国际法学者,他评论道,"特别是二战后随着国际人权运动的兴起,美国因所声称的人权原则与政治实践之间存在巨大鸿沟而多遭诟病。"[124]就字面而言,高院长的观点无疑是正确的:二战之前,鲜有对国际人权法的解释。"国家主权"使得大部分国家**不必因**其公民的所作所为而受国际法的审查。纳粹占领欧洲期间的种种暴行最终扭转了国际社会中大部分舆论和法律观念,此后国际社会才承认个人可因本国政府侵犯国际人权而提出权利主张。[125]因此,对美国就国际人权法在言辞和实践上存在差距的抨击只能出现在二战之后。然而,正如我们刚刚所看到的那样,在承认国际人权法有可能成为一门学科之前,美国关于奴隶制这个问题的言辞与实践无疑也可以作为当今国际人权法的内容。已经有来自国际社会的声音对美国的言行不一提出了批评。的确,在美国历史上,从来没有任何时刻如同 1857 年**德雷德·斯科特**案判决时那样——对于人权的言辞和实践有着如此天壤之别。

1 Abraham Lincoln,' "House Divided" Speech,June 16,1858 ',*American Legal History Cases and Materials* 213,214 (Hall,Wiecek & Finkelman eds,1991,Oxford University Press).

2 P Finkelman,'The Centrality of Slavery in American Legal Development',*Slavery & The Law* 3,4 (Finkelman ed,1997,Madison,Madison House).

3 E De Vattel,*The Law of Nations*,*Or*,*Principles of The Law of Nature*,*Applied to The Conduct And Affairs of Nations And Sovereigns* 356-7 (Robinson trans & ed,1797,London,G G & J Robinson).

4 Thomas Jefferson,*The Autobiography of Thomas Jefferson* 39 (1959 edn,New York,Capricorn).

5 James Kent,1 *Commentaries on American Law* 4 (1st edn 1826,New York,Halsted).

6 同上 at 8.

7 同上.

8 同上 at 179-80.

9 同上 at 180.

10 同上.

11 同上.

12 同上 at 180 - 1.

13 同上 at 182.

14 同上 at 182 - 3.

15 同上 at 184 - 7.

16 同上 at 185.

17 Hans-Ulrich Scupin, 'History if the law of Nations 1815 to World war 1', 7 *Encyclopedia if International Law* 179,179 - 80(1984, Amsterdam, north Holland).

18 Henry Wheaton, *Elements of International Law with a Sketch of the History of the Science* 17(1972, New York, Da Capo Press Reprint of the 1836 edn).

19 同上 at 18.

20 同上 at 23.

21 同上 at 23 - 4.

22 Arthur Nussbaum, *A Concise History of The Law of Nations* 128 (rev. edn, 1954, New York, Macmillan).

23 Stephan Verosta, 'History of the Law of Nations 1648 - 1815', 7 *Encyclopedia of Public International Law* 160,166 (1984).

24 'British Slave Law', 36 *The Law Times* 152 (London, Jan 26,1861).

25 Lofft 1 (1772), 98 *English Reports* 499.

26 同上 at 499 - 502.

27 同上 at 502.

28 同上 at 504.

29 同上 at 508 - 9.

30 同上 at 510.

31 Niall Ferguson, *Empire* 119(2003,New York, Basic Books).

32 同上 at 121.

33 同上 at 121 - 2.

34 2 *The Law Times*(London),October 1843 to March 1844, at 527(March 30,1844).

35 同上.

36 同上.

37 *Dred Scott v Sandford*, 60 US (19 Howard) 393 (1857).

38 Mark A Graber, 'Desperately Ducking Slavery: Dred Scott and Contemporary Constitutional Theory', 1997 *Constitutional Commentary* 271 - 2 (Summer 1997), footnotes omitted.

39 有些时候,现代社会对斯科特案的反应过于沉默,甚至有些令人尴尬。例如,在切莫林斯基(Chemerinsky)教授的宪法巨著中,斯科特案仅仅出现了两次,并且都只有一句话带过。第一次是作为被宪法修正案推翻的判例,第二次是在讨论"马伯里诉麦迪逊案的影响"时,这一臭名昭著的判决是马伯里案以后宣布联邦法违宪的第一案。Erwin Chermerinsky, *Constitutional Law: Principles and Practice* 12,43 (1997, New York, Aspen).

40 Don Fehrenbacher, *Slavery, Law and Politics: The Dred Scott Case in Historical Perspective* 4(1981, Oxford University Press) [以下简称为 Fehrenbacher].

41 *Dred Scott v Sandford*, 60 US (19 Howard) 393,399 - 454 (1857) (Opinion of Chief Justice Taney) [以下简称为 Taney Opinion].

42 P Finkelman, 'Roger Brooke Taney', *The Oxford Companion to American Law* 783

(2002，Oxford University Press).

43 对于坦尼大法官判决意见的重要性：*The American Law Register* 在归纳了案件事实和程序后，用了 8 页的篇幅予以叙述，但只用了半页叙述其他法官的判决意见。7 *The American Law Register* 321 – 34（April 1859）.

44 Taney Opinion，*supra* n 41，at 400.

45 同上 at 403.

46 同上.

47 同上 at 403 – 4.

48 同上 at 407 – 8.

49 同上 at 408 – 26.

50 同上 at 426 – 7.

51 5 US（1 Cranch）137（1803）.

52 Taney Opinion，*supra* n 41，at 432.

53 同上 at 432 – 6.

54 同上 at 436.

55 同上 at 449.

56 同上 at 451.

57 同上 at 452.

58 *Dred Scott v Sandford*，60 US（19 Howard 393，454 – 6（1857）（concurring opinion of Mr Justice Wayne）.

59 同上 at 456.

60 *Dred Scott v Sandford*，60 US（19 Howard）393，457（1857）（Opinion of Justice Nelson）［以下简称为 Nelson Opinion］.

61 Stanley Kutler，*The Dred Scott Decision*：*Law or Politics*? xi（1967，New York，Houghton Mifflin）.

62 Nelson Opinion，*supra* n 60，at 458 – 9.

63 同上 at 459.

64 同上 at 460.

65 同上.

66 同上 at 461.

67 同上 at 462.

68 同上 at 464.

69 同上.

70 *Dred Scott v Sandford*，60 US（19 Howard）393，469（1857）（Concurring Opinion of Mr Justice Grier）［以下简称为 Grier Opinion］.

71 Fehrenbacher，*supra* n 40，at 119.

72 Grier Opinion，*supra* n 70，at 469.

73 *Dred Scott v Sandford*，60 US（19 Howard）393，469，475 – 6（1857）（Opinion of Justice Daniel）.

74 同上 at 476 – 7.

75 同上 at 477.

76 同上 at 481.

77 同上 at 483 – 4.

78 同上 at 484 – 5.

79 同上 at 485.

80 同上 at 487 – 92.

81 同上 at 488.

82 *Dred Scott v Sandford*, 60 US (19 Howard) 393, 493 – 518 (Opinion of Mr Justice Campbell).

83 同上 at 493.

84 同上 at 495.

85 同上 at 495 – 500.

86 同上 at 500.

87 同上 at 500 – 17, 517.

88 *Dred Scott v Sandford*, 60 US (19 Howard) 395, 518 – 29 (1857) (Opinion of Mr Justice Catron).

89 同上 at 519 – 24.

90 同上 at 524.

91 同上 at 528 – 9.

92 Peter J Spiro, 'Treaties, International Law, and Constitutional Rights', 55 *Stanford Law Review* 1999, 2002 (2003).

93 *Dred Scott v Sandford*, 60 US (19 Howard) 393, 529, 556 – 7 (1857) (Dissenting Opinion of Justice McLean).

94 同上 at 534.

95 同上 at 557.

96 同上.

97 同上 at 558.

98 *Dred Scott v Sandford*, 60 US (19 Howard) 393, 564 – 633 (1857) (Dissenting Opinion of Justice Curtis).

99 同上 at 572 – 3.

100 同上 at 573 – 88.

101 同上 at 582.

102 同上 at 588.

103 同上 at 588 – 604.

104 同上 at 595.

105 同上.

106 同上 at 601.

107 同上 at 604 – 33.

108 同上 at 612.

109 同上 at 613.

110 同上 at 613 – 5.

111 同上 at 615 – 24.

112 同上 at 624.

113 同上.

114 同上 at 625.

115 同上 at 629.

116 同上 at 629.

117 同上.

118 同上 at 630 – 2.

119 "From Sea to Shining Sea: American Exceptionalism Is Nothing new. But It Is Getting Sharper," *The Economist* (November 8 – 14,2003).

120 Taylor v martin, 23 F. C as. 785(C. C. D. Mass. 1855)(No 13,719), *affd on other grounds*,67 US (2 Black 481)(1862).

121 Detlev F Vagts, 'The United States and Its Treaties: Observance and breach', 95 *American Journal of International Law* 313,314 – 5(2001).

122 同上 at 313.

123 同上.

124 Harold Hongju Koh, 'A United States Human Rights Policy for the 21st Century', 46 *St Louis Law Review* 293 (2002)

125 Mark Weston Janis, *International Law* 261 – 8 (5th edn, 2008, New York, Aspen).

第六章　利伯、菲尔德和沃顿：
  国际法科学

　美国内战至第一次世界大战期间，即 1865—1914 年，是美国国际法传统发展最为蓬勃的一个时期。从本文开始，将有三篇文章陆续讨论这一时期的国际法面貌。本章将要探析 19 世纪晚期国际法科学化及法典化的倾向，这在一定程度上是我们的老朋友杰里米·边沁的功劳。在短暂讨论边沁之后，我们将介绍这一时期美国两位伟大的法典编纂者——弗朗西斯·利伯（Francis Lieber）和大卫·达德利·菲尔德（David Dudley Field），继而介绍一位重要的美国国际法阐释者——弗朗西斯·沃顿（Francis Wharton）。最后，我们将视角投向德裔英籍学者拉萨·奥本海（Lassa Oppenheim），检视"国际法学"（science of international law）的命运，追问国际法的科学化或法典化是否显著提升了国际法的效力。

第一节　边沁和国际法学

　　"国际法"一词的创造者边沁于 1832 年去世不久后，人们这样热烈地颂扬他："他发现政治和法学中充斥着大量的一知半解、模糊的印象和经由时间建立起来、但经不起理性推敲的规则。他以井井有条的证据为基础，将这些变成了能够挖掘出确切答案的科学。"[1] 正如我们上面所谈到的，边沁最喜欢使用的国际法学建构工具是法典编纂。他的基本方法是将其著名的功利主义思想运用到国际法中去：

如果这世界上有公民准备制定一部普遍适用的国际法典,他会选择什么作为他的目标? 必将是对各个国家共同和平等的功利;这将是他的意愿,也是他的责任。……一位公正的立法者应该提醒自己,国际法的目标是实现各国共同的最大幸福。……他(立法者)应该遵循与国内法同样的路径。他要使自己能够阻止切实具体的国际违法行为来"鼓励采取积极有效的措施"。[2]

边沁认为战争是"一国试图以另一国为代价去获取自身权利的一套程序"。[3]和平法组成了"国际法典的实体法部分";战争法则是该法典的程序法。[4]边沁很乐观地认为,更加准确地阐明国际法规则能够防止国际冲突的发生。实际上,在他看来,国际法学的作用在于:

(1)编纂经由习惯确立起来的不成文法;

(2)制定新的公约——就所有未经确定的问题制定新的国际法;换言之,就两国间利益冲突最多的问题制定新的国际法;

(3)完善所有类型的法律规范,无论是国际法还是国内法。有多少场战争的爆发是由于、甚至仅仅由于法学家或者刻板执法者的疏忽或无能等一些并不高尚的事实所致。[5]

无论这些想法多么幼稚,边沁的法典化设想却具有很强的原创性。他通常被认为是国际法法典化概念的创始者。[6]根据以色列的杰出法律学者沙巴泰·罗森(Shabtai Rosenne)的观察,边沁这样做"毫无疑问是受到了《拿破仑法典》的影响",[7]然而,这一观察建立在错误的依据之上。正如我们所见,边沁国际法法典化的提议大概在1786—1789年间就已初现,远早于1804年精雕细琢、继而于1807年被重新命名为《拿破仑法典》的法国民法典。[8]无论渊源如何,国际法科学化及法典化的影响是深远的。包含美国在内的整个西方世界,在整个19世纪都充满这样一种巨大的期望——包括国际法在内的法学,可以被精炼为一门科学,而且编纂后的国际法具有更高的效力。

第二节　利伯的战争法典

没有谁能比德国出生的弗朗西斯·利伯（1798—1872）更好地体现出美国对于法典化的向往。利伯在美国内战期间"率先尝试制定军事冲突法，在规制交战行为的同时寻求保障人权"。[9] 他出生于拿破仑战争期间的普鲁士，见证了法国对柏林的入侵。他在学术上天赋异禀，但对于当时保守的普鲁士而言，未免过于倾向自由主义。1826 年，利伯首先移民到伦敦，之后前往波士顿。在那里，他构思和编辑了广受欢迎的《美国百科全书》，这本书甚至被卖到了安德鲁·杰克逊和亚伯拉罕·林肯的图书馆中。

1832 年，利伯加入美国国籍。1835 年，他成为现被称为南加州大学的教授。尽管反对蓄奴制，他还是在那里任教二十余年。对于利伯在南加州大学的工作，校长肯特评价道："作为一个学者，利伯在历史、政治经济、伦理、政府原则、地理以及文学等领域的杰出表现能提升美国任何一所大学的声誉。"[10] 1858 年，利伯回到北方
成为哥伦比亚大学的一位教授。美国内战期间，利伯的家庭走向分裂：他的长子奥斯卡为美国南方邦联而战并战死。两个小儿子诺曼和汉密尔顿却代表联邦为合众国而战。[11]

利伯的显著成就——他的法典——源于一个委员会的任命。该委员会奉命在内战期间准备一些守则来规制联邦军在战场上的行为。利伯于 1863 年初投入到起草工作；同年 4 月便正式颁布了该法典。[12] 利伯法典由军务局长办公室颁发第 100 号军令，将其命名为《美国军队战场指南》（Instructions for the Government of Armies of the United States in the Field.）。[13]《利伯法典》共 157 条，以人道主义规定而著称：

1. 一个被敌军占领的地方、地区或国家，作为被占领的结果，就要依据占领军的军事管制法，无论占领军是否宣布军事管制法，也无论是否向居民公开发布警告。军事管制法是占领或征服行为所带来的即时和直接后果……

4. 军事管制法是军事管理当局按照战争的法则和惯例实施的管理方式。军事压制不是军事管制法,它是对法律所赋权力的滥用。军事管制法由军方负责实施,对于那些执行它的人而言,严格遵循正义、荣誉和人道主义的原则是义不容辞的。对士兵的道德要求远高于普通人,因为士兵具有普通人所没有的拿起武器对抗手无寸铁之人的权力。

11. 战争法不仅禁止在战争期间与敌方交涉时的残暴与欺骗行为;而且禁止破坏和平时期双方庄严缔结的条款。禁止在缔约之后仍继续派遣军队,以及公然准备战争。

战争法禁止为了个人利益进行敲诈或从事其他交易,战争法禁止私人复仇行为以及对这些行为的默许或纵容。

相反,需要严惩触犯战争法的犯罪行为,尤其是那些军官所为的犯罪。

15. 军事必要允许直接剥夺或摧毁持有武器的敌人的生命或是肢体,也允许战争期间发生的武装冲突中对他人偶然的、**无法避免的**毁灭;允许抓捕每个持有武装的敌人、抓捕敌国政府每一个有重要意义的敌人,或是对于抓捕者而言异常危险的人;允许毁坏敌人所有的财产,阻碍交通、旅行以及通讯所需的道路和渠道,断绝敌人的食物或是生活来源。

21. 敌国的公民或原住民,作为敌对方国家或民族的一部分,也是敌人,理应遭受战争的苦难。

22. 然而,由于在过去的若干个世纪中,随着文明的演进,陆地战争也相应增多,与之一同逐渐发展的还有对隶属于敌国的个人与敌国本身及其武装部队的区分。在战时紧急状况允许的范围内,未持有武器的平民的人身、财产、荣誉将免受伤害。这是越来越得到普遍认可的共识。

23. 普通公民不再被谋杀、奴役或是被带往遥远的地方,不应干涉非反抗者的个人生活——敌对军队的指挥官可以在激烈的战争中对其提供庇护。

25. 欧洲人及其在世界其他地方的后裔所发动的现代常规战争中,都要求保护不具有攻击性的敌对国平民;干扰和破坏私人生活属于例外情况。

《利伯法典》的理论影响不仅及于美国。作为国际法中首部约束军事冲突的法典，它成为许多国家法典的模本：普鲁士（1870）、尼德兰（1871）、俄国（1877）、阿根廷（1881）、塞尔维亚（1882）、英国（1883）、葡萄牙（1883）、西班牙（1893）以及意大利（1896）。[14]惠兹——南方邦联军队在安德森维尔战俘营的指挥官——因其对管辖下的北方联邦军队战俘实施一系列的暴行而被判处死刑，[15]依据正是《利伯法典》。然而，《利伯法典》提出了这样一个基础性的问题——边沁关于更为精准的国际法规则将产生更为有效的国际法规则的论点是否正确。无论一战还是二战都未能显现出战争法效力的真正进步。事实上，20世纪时，战斗人员和平民的待遇都更趋恶化。《利伯法典》以及其他国家的类似法典，都要依靠国内法来保障执行。是否存在其他国际机制能够更好地确保遵守国际法？第十一章将会回到这个问题上来。

第三节　菲尔德的国际法典

1866年美国内战结束后，法典化又面临了一次重要的考验。著名的美国法典编撰者大卫·达德利·菲尔德（1805—1894）——他筹备编纂了具有开创性意义的《1848年纽约州民事诉讼法典》（*1848 New York Code of Civil Procedure*）[16]——在英国曼彻斯特建议编纂一部通行的国际法法典。菲尔德面向"英国社会科学促进协会"（British Association for the Promotion of Social Science）的演讲催生了菲尔德领导下的国际法典编纂委员会。该委员会旨在"为协会准备和起草一份国际法典纲要，以期制定一部完整的法典，并在经过仔细的修订和修改之后，呈送给政府，希望它能在日后被政府接受并批准"。然而，菲尔德领导下的委员会没能制订出一部法典。得知布伦奇利在1868年出版了一部类似国际法典的德文专著后，菲尔德觉得是时候编纂自己的法典了。[17]菲尔德的编纂计划在1872年公布，这一年对国际法而言是大吉之年，"**阿拉巴马号**"仲裁案也发生在这一年。菲尔德不仅试图将"现存的国际法规则法典化，而且还要包含那些关于修改和提高的建议，使其符合当今更为成熟的文明社会。[18]很快他就被认为是这场紧跟时代潮流的国际法法典化的主要倡导者。[19]彼时，各国对缔结条约有着一种普遍的热情，在1815年到1914

年间,签订的条约大概有 1 万到 1.6 万份之多。[20]

为了深入了解菲尔德这项工作的本质,让我们简要地回顾他的《国际法典》。在第 1 条中,他没有如一般人期待的那样对国际法下定义,而只是附有一则简单的条款,希望国际法规则能得到条约缔约国明确采纳。和边沁一样,菲尔德也坚定地持有以国家为中心的国家实证主义观点:"下列规则,作为国际法典,经由在此签署的国家建立和宣告,缔约国间以及国内成员的相互关系应受此管辖。"[21]菲尔德在第 2 条对**"国家"**的定义非常现代化,他没有提及"文明"或"文明国家",也没有排除非基督民族:"国家由一群永久占有特定领土的人组成,他们拥有共同且专属的政府,该政府为维护正义以及内部秩序而进行管理,并且有能力和其他所有国家保持联系。"[22]这恰好也是当今国际法对国家所持的通常定义。[23]

在第 8 条中,国际法被分为公法和私法两个部分,其中公法部分涉及个人,至少是在他们和外国政府的关系上:"国际公法包含关于国家与国家之间以及与他国公民之间关系的规则……国际私法包含关于不同国家公民之间关系的规则。"[24]菲尔德相信,个人成为国际法主体不仅是布莱克斯通于 18 世纪提出的经典国际法观点,这也将成为现代社会 20 世纪或是 21 世纪的期望——个人同时享有国际法上的权利和义务。更重要的是,这是对 19 世纪奥斯丁实证主义的令人耳目一新的背离。[25]

在第 12 条中,菲尔德关于主权的观点驳斥了他所处时代通行的实证主义法学,他将绝对主权加以限制,称(一国)对他国和对国际法均负有义务:

> 每一个国家在其主权范围内均享有主权;也就是说,每个国家都享有免受他国一切干涉的权利,都可以在其管辖权范围内采取行动,自由表达其意志且诉诸实践,而不受任何外国势力反对。
>
> 各国因此而享有的独立和自由并不是绝对的,它们受到一系列限制——他国同等的自由与独立、本法典的规定、该国缔结的特别协议。[26]

然而,菲尔德也是一个十足的 19 世纪帝国主义者,他在第 77 条中宣称:"对文明国家范围外的领土,每一个国家及其成员均有探索权。"[27]根据门罗主义,菲尔德在第 78 条中规定了例外："欧洲、亚洲以及美洲大陆的每一部分都在业已建立的政府统治之下,因而除非这些政府同意,该领土的任一部分都不能成为殖民或是移民的对象。"[28] 当然,这一规定使非洲向殖民者敞开大门,这也是政治现实。

菲尔德非常大胆地在大约 702 条的条款中,用非常详尽的细节尝试对当时国际法中的大部分实体法进行编纂:外交、条约、庇护、引渡、国籍、管辖权、侨民、航海、贸易、邮政、知识产权、货币、度量衡、和平、奴隶制、家庭和财产法、合同、侵权、刑法、程序法、破产、不动产和海事。[29] 作为一个彻底的法典编纂者,至少在国际法的渊源上,菲尔德并没有探讨国际习惯法,或者说,他没有讨论法典、条约以及第 203 条、204 条中所谓"非正式协定"("国家间的书面协定,但缺乏条约的形式"[30])之外任何形式的国际法,这并不令人惊讶。

122　总的来说,菲尔德的《国际法典》简洁明了地表达了 19 世纪的法学观念。如同边沁在一个世纪前所设想的,这部法典在"维护和平条款"中包含了一些激励人心的内容。它们有着那个时期基督教伦理对和平的坚定热情,并且准备利用国际法去实现一个美好的目标。第 528 条限制每个国家在和平时期每千个居民所对应的服兵役士兵的比率。[31] 第 530 条中采用大国视角对**和平**进行了定义:"这个时期,奥地利、法国、英国、德国、意大利、俄罗斯、西班牙以及美国,相互之间保持和平状态。"[32] 作为对美国乌托邦主义者,如道奇、伍斯特、拉德以及伯里特的回应,第 532 条到第 536 条呼吁设立国际争端解决程序:表达不满并发出索赔通知、得到答复、成立一个由两国代表组成的高级司法委员会,如有必要,成立由七位成员组成的高级仲裁审理委员会聆讯以及最终裁决案件。第 537 条要求所有国家惩罚违法犯罪的国家:"如果此法典的任何缔约国违反法典中的维护和平条款,意图发动战争,其他缔约国应团结起来用武力来抵抗侵犯国。"[33] 第 538 条要求所有国家成员每年度都参与国际会议,以防止战争、促进国际交流以及维护和平。[34] 对于他的防止战争计划,菲尔德小心地表达看法:"从整体上防止战争是否可行,这是未来的问题,但毫无疑问的是,战争发生的几率将会减少。"[35]

菲尔德的《法典》被《奥尔巴尼法学杂志》(*Albany Law Journal*)称赞为一个"适用范围广泛的条约",而不是"一个已被多次讨论的联合政府或联合国家的理*123*念",所以它本质上并非空想,也不仅仅是一个纯理论化的提议,而是经过深思熟虑,符合既有国际法形式的方案。[36]这样一个事实非常合人心意:该《国际法典》在形式上类似行政、民事以及刑事法典等已由原作者呈交给纽约州并被部分采纳的程序法典。[37]《奥尔巴尼法学杂志》特别强调了程序法优于实体法这样一种"矛盾"的重要性,赞扬菲尔德为维护和平和仲裁条款做出的努力,还强调菲尔德曾经参与促成"阿拉巴马号"仲裁案。下篇文章将讨论这一案件。[38]

第四节　沃顿的《国际法汇纂》

19 世纪晚期,人们渴望将国际法发展为一门更精准的科学,这种热情在美国国会决意出版一部美国国际法汇纂中体现出来。1886 年,由弗朗西斯·沃顿(1820—1889)编辑的三卷本出版。[39]沃顿生于费城,毕业于耶鲁大学,最早在费城从事律师工作。1856 年,他开始在俄亥俄州凯尼恩学院(Kenyon College)教授英文、神学以及宪法。1862 年,他成为了一名圣公会牧师。沃顿曾数次游历欧洲,之后定居在波士顿并在波士顿大学教授冲突法。1885 年,他被任命为国务院律师(Solicitor for the US Department of State)[40]。

作为一名联邦政府律师,沃顿的职责在于为美国政府进行法律研究和撰写法律意见。在第一年里,他提交了 221 份杰出的正式意见。[41]作为一个资历丰富的学者,沃顿饶有兴致地将国际法学作为研究任务,在美国国务院工作的最初几个月内,开始进行美国国际法实践的汇纂,提供实质性证据佐证国际习惯法的存在。正如一位评论家所说"如果说沃顿博士除了刑法和冲突法中的成就,哪怕在勤恳的一生中没有为法哲学做出任何贡献,《国际法汇纂》也将成为他不朽的丰碑。"[42]

在《汇纂》的"序言"中,沃顿重印了他在 1885 年提交给国会的一个小册子的摘要,自豪地指出英国的政治家和政论家们因美国发展中立原则和制度而称赞美国。[43]他接下来称赞美国的领导者们——华盛顿、杰弗逊、麦迪逊、门罗、约翰·昆西·亚当斯、克莱、凡布伦——是各自时代里一流的政治家或法学家,在各个方面引领构建一个自由、人道的国际法学体系。[44]沃顿的下列文字一定会令肯特深受感动:

我对外国政治家和法学家们的国际法著述并非不熟悉;我不仅仔细阅读了美国总统的咨文,更阅读了近 400 卷记载国务卿意见的文件;在经过对这两类文件的仔细比较后,我可以毫不犹豫地说,两个伟大时代里,我们这些在政治中发挥领导力的政治家们,还有四位国务卿的意见以及总统的意见——他们当然要考虑总统的意见——并组成了公法体系,至少在本质上与那些我很熟悉的外国政治家和法学家的官方文件同等程度重要。[45]

　　沃顿接下来写道,这些意见大多没有公开或是没有系统地发表,非常不便获取。他尝试用《汇纂》去满足这种需求,在《汇纂》中列明了"任何从原则上将会对国际法产生影响之物以及以汇纂的形式做出的摘录,将它们以纪年的方式安排在对应的条目下。"[46]沃顿"意识到在做这些选录的时候不应有任何的政党偏向",因为"从建立政府之初到今天,我们国家已经确立了统一的国际法原则。"[47]

　　沃顿认为国际法非常重要,是美国法的一部分,这可以在《汇纂》前面部分——《万国法:美国法的一部分》——得到体现。[48]他从一系列法庭引证开始。这些引证大多数与本书第二章的论点类似,谈及美国法院对万国法的尊重。其中有:

　　　　只要尚存任何其它可能的解释,国会的任何法案都不能采用违反万国法的解释,它也不能被解释为在万国法容许范围之外侵犯中立权利或是干扰中立贸易,正如本国所理解的那样。(Murray v. Charming Betsy, 2 Cranch, 118)[49]

　　　　万国法是宾夕法尼亚州法律的一部分。(Res. V. De Long Champs, 1 Dall., 111)[50]

　　　　万国法需要作为当地法律的一部分而被联邦政府尊重。(The Nereide, 9 Cranch, 388)[51]

　　作为对杰弗逊、肯特和惠顿观点的呼应,沃顿之后引用了国务卿的评论——韦伯斯特[4]在 1842 年和埃瓦茨[5]在 1877 年发表的内容——强调在国际关系中应给予国际法尊重：

> 每个基于自身意愿而希望被纳入文明政府世界的国家都必须理解，她在获得主权权利以及国格尊严的同时，也因此受到那些盛行于文明国家之间的原则、法律及惯例的约束，这些理念意在减轻战争的残忍。

> 没有任何一个共同体可以既享受现代国家性征带来的好处，又无须承担该国家性所施加的义务。一个行使主权权力、与他国缔结条约并与他国保持外交关系，但在进行军事行动时却拒绝依照这些国家所普遍遵守之习惯的民族，呈现了一种极其不协调、不一致的特征。[52]

> 如果一个政府"承认它不能或是不愿遵从那些必须存在于既有友邦政府之间的国际责任，也将因此承认它不再被视为或是承认为享有主权的独立国家。"[53]

沃顿的《国际法汇纂》的重要性不仅在于它公开宣称国际法无论在美国国内法庭还是美国外交领域都被视为真正的法律，还在于沃顿的研究方法——被一位欧洲大陆国际法学者称之为"冷静方法"。[54]格劳秀斯在 1625 年出版的国际法开山之作《战争与和平法》中，几乎全部引经据典，以古代社会和宗教渊源证明这些原则对主权国家之间的相互关系具有约束力。[55]然而，这些"自然主义的"证据几乎无法适用于 19 世纪，因为在这一时期国际法学者们需要看到"实实在在的"国家实践，去向他们自己和别人证明国际法是"真正的"法律。而在沃顿史无前例的工作中（在19、20 世纪有众多追随者），这些"科学的"实证主义法学家紧紧围绕具体的国家实践展开研究。[56]

---

〔4〕丹尼尔·韦伯斯特(Webster, 1782—1852)：美国著名政治家，法学家和律师，曾三次担任美国国务卿，并长期担任美国参议员。——译者注
〔5〕威廉·埃瓦茨(Evarts, 1818—1901)：美国律师，政治家，曾任美国国务卿和美国司法部长。——译者注

第五节　奥本海和国际法"科学"的命运

德裔学者拉萨·奥本海可能是这一时期具有代表性的国际法学家,他本人代表着美国"学者"——如利伯、菲尔德和沃顿——以及大多数国际法实证主义者的命运。无论是以条约还是以法典来详述国际法的内容,加强国际法效力的效果实际上并不显著。可能更令人吃惊的是,事实证明,那些提出新的国际法结构的乌托邦主义者比国际法学家们更具有先见之明。

126 搬到英国之后,奥本海完成了历经多次修订、20世纪大部分时期在英语世界占据主导地位的国际法著作。他在20世纪的地位如同格劳秀斯之于17世纪,瓦特尔之于18世纪,惠顿之于19世纪:他们成为了最具权威的国际法评论者,其他人只能崇敬他们或痛斥他们。

奥本海延续了几位19世纪的英国国际法学者的研究,虽然他们对英语世界的研究传统的影响也许不及肯特或惠顿。这些学者中最著名的大概是罗伯特·菲利莫尔爵士(Sir Robert Phillimore,1810－1890)。菲利莫尔曾被努斯鲍姆批判,后者认为菲利莫尔的四卷本《国际法评论（1854—1861）》(*Commentaries Upon International Law*)"充斥着大量的援引,这些援引虽然可能对执业律师很有用,但观念太过狭隘以至于都无法翻译"。[57]一位大陆法学者认为,菲利莫尔作为一位法官,太过依赖"上帝意志与自然理性"去给"一个独立的职业提供有形的立足点"。[58]诺伊斯教授在对菲利莫尔的方法进行仔细分析后,总结道:"菲利莫尔在很多方面陷于19世纪晚期英国实证主义者和更早期理论家的分歧之中,前者在国际法中不考虑自然法和宗教的作用,后者则将自然法视为一个极其重要的角色。"[59]在欧洲,更为生动、更受推崇的是霍尔的《国际法专论》(*Treatise on International Law*,1880),这本书发行了八版,其中四版的发行是在其逝世后。它不仅在欧洲拥有相当数量的读者,在美国和远东地区亦是如此。[60]

然而,正是奥本海在最大程度上激发了人们在世纪之交对于国际法的想象。1905年首次出版时,奥本海像边沁及美国国际法学家们一样,在前言中表明自己接受实证主义法学的挑战:"我已尽最大努力将我的体系和理论学说建立在详尽的法理学基础之上,这些法理学基础相当于实证主义法学基础。我的定义也尽量做到准确。"[61]尤具代表性的是,奥本海对于道德和法律的区别做了一个实证主义的假设,这个假设基于执行方式:"如果某规则经由共同体的一致同意适用良知且仅适用良知,那么它是道德规则;然而在另一方面,如果共同体一致同意某规则最终需由外部力量实施,那么它是法律规则。"[62]与奥斯丁不同的是,奥本海认为宗教性的规则有时也能够成为法律:"最能说明国家之外存在此类法的例证是罗马教会的法律,即所谓的教会法,该法'经由逐出教会,拒绝圣礼以及类似的方法实施'"。[63]和惠顿一样,奥本海也主张国际法是真正的法律。[64]然而,与惠顿将(国际法的)效力依赖于基督教国家共同体不同,奥本海认为国际法的实施主要依赖于自力救济:"自力救济及来自他国对受害方因同情而实施的他力救济是国际法能够且真正被实施的方式。"[65]

127

对奥本海来说,基督教是国际法史的一部分:

> 从这一术语的含义上来说,国际法在现代世界的含义与其在古代以及中世纪早期不同。在本源上其是一个基督教文明的产物,并且在中世纪中期逐渐成长。但是,其能作为一个规则体系而存在,应该归功于荷兰法学家、政治家格劳秀斯。[66]

虽然奥本海认为"除了允许外国人依据法律居住在犹太领土上,犹太人事实上并没有提升他们那个时代国际关系的标准",[67]但他看到了他所谓"国际弥赛亚理想"的更大贡献:

> 然而,对未来之国际法最重要的因素之一是犹太人的弥赛亚理想和希望,因为这些弥赛亚理想和希望不仅是国内性的,还具有充分的**国际**性。下述是先知以赛亚预言的(ii. 2-4)当弥赛亚出现时,人类的状态:
>
> (2)末后的日子,耶和华殿的山必坚立,超乎诸山,高举过于万岭,万民都要流归这山。
>
> (3)必有许多国的民前往说:"来吧!我们登耶和华的山,奔雅各神的殿;

128

主必将他的道教训我们，我们也要行他的路。因为训诲必出于锡安；耶和华的言语必出于耶路撒冷。"

（4）他必在列国中施行审判，为许多国民断定是非。他们要将刀打成犁头，把枪打成镰刀；这国不举刀攻击那国，他们也不再学习战事。[6]68

奥本海身处的时代同肯特、惠顿相似，他将国际法的范围限定在"文明"国家，并且，"文明国家，除极少数例外，都是基督教国家，在这些国家，宗教观念已然将他们捆绑在一起。[69]虽然他深信国际法"毫无疑问是基督教的产物"，认为早先几个世纪，"基督教国家和伊斯兰教国家之间长期敌对"，基督教国家和"佛教国家"之间则没有"经常性交往"，但奥本海感到19世纪时已经出现联结基督教和非基督教国家的共同利益。[70]他甚至愿意将土耳其和日本这两个非基督教国家纳入受国际法规制的"文明国家"共同体中（虽然其他非基督教国家尚不在其中）。[71]对于那些仍旧在"文明"外的国家，奥本海的训斥非常严厉。距离肯特和惠顿的时期已经过去了七八十年，奥本海却将他们的言论强化到一种"相当明显的"以欧洲为中心的基督教排外主义：

万国法作为一种以国际大家庭各成员的一致同意为基础的法律，自然不包含与任何共同体之外国家交往、如何对待此类国家的规则。显而易见，这些交往和待遇都应当由基督教道德原则来规制。但事实上，经常出现的实践不仅有违基督教道德，而且肆意妄为，野蛮残暴。尽管如此，国际大家庭成员与非成员国家的交往所依据的是其自主决定权，而非国际法。[72]

在1908年出版的《美国国际法杂志》第二卷中，刊有一篇名为《国际法科学：任务和方法》的颇具启示性的文章。奥本海在文中称赞了美国的国际法方法，详尽阐明了世纪之交国际法学者的实证主义观点。[73]他在文章开头盛赞：

---

〔6〕译文参考自：《圣经·和合本》，摩西、大卫、约翰等著，狄考文、富善、鲍康宁、文书田、鹿依士、邹立文、王元德等译，中国基督教三自爱国运动委员会、中国基督教协会，2003年，第911—912页。——译者注

《美国国际法杂志》第一卷无不显示出美国有相当数量的国际法学家,他们在学识、理想主义、创造力以及文字技巧等方面与欧洲学者们处于同一水准。毫无疑问的是,这份杂志一经出世,便成为一本国际法学界的领先刊物。[74]

尽管文章标题如此,但奥本海从来都没有为国际法"科学"下过定义。相反的是,他似乎假设他文章描述的内容就是国际法科学。奥本海是"写给"那些经常无助地寻求方法的学生……他们大多不知晓我们学科的知识,也不知道该如何利用权威的观点,对于手头材料的价值和理解也没有适当的看法,便开始埋头工作。"[75]作为一门科学,国际法学"本身并不是目的",而"只是满足一定需要的方法途径":

> 首先,(国际法带来)国家之间的和平并调整国家之间的交流,这种管理的目的是为了实现秩序和正义;其次,促进国际争端的和平解决;最后,为战争和交战国与中立国的关系建立法律规则。[76]

奥本海在这篇文章中花费很大的篇幅去讨论"我们这个学科必须致力达到的七个目标"。[77]这些目标包括"阐释既存法律规则"、"历史研究"、"批判既有规则"、"准备规则的法典化"、"区分旧的习惯法与新的公约法"、"推动仲裁"以及"普及国际法"。[78]

奥本海准备"排除自然法以及那些所谓的'自然'国际法来拥抱'真正的'国际法,也就是'由国际法科学适用的方法'——正是'实证方法'"。[79]"简而言之,我可以说:实证方法对一般的法律科学普遍适用,并且它要求无论这位工作者或是研究者的目标或终点为何,都必须从既有的获得认可的国际法规则出发,这些规则可能存在于国家的习惯实践中,也可能存在于造法性公约中。"[80]在这两者中,造法性公约显然更受青睐。

在对实证主义、法典编纂、科学的论述上,奥本海显得摇摆不定。找寻、研究、批评、编纂和分析国际法规则(他的最初五个目标)可能很容易,但又该如何让这些规则生效呢?奥本海建议推动仲裁的运用以及对国际法的普遍理解(他的后面两个目标），但是这些东西究竟如何在实践中运用呢？奥本海又跳跃到宗教式的狂热中：

> 当国际法开始法典化，当代国际法学家无人能够逃避这一问题。当法典化成为事实，我们现在的所有书籍都会失去它们的价值，尚未为人阅读就将在图书馆里腐烂。但是我们的工作是为未来着想，因为这项工作必须为教育下一代提供帮助，因为他们的福祉在于法典的实施。法典化的时机何时称得上成熟取决于我们和我们的工作，也终会有一代国际法学家适合这项伟大的工作并为人类的利益而最终完成这项工作。所有国家的沙文主义[7]者可能会嘲笑我们的工作，而那些思想狭隘的人因无法看到他们有限的眼界以外的事物，也会鄙夷我们的努力。我们的信念如移山般坚定，因为我们的努力是为了全人类。那些从历史深处推动人类向前的美好事物的全能力量，将会在一个获得普遍承认和精准编纂的法律的坚实基础上，团结所有的国家。那些旧日先知的言语最终都会成真："他们将铸剑为犁，化矛为镰；这国不再举剑向那国，他们也不再研习战事。"（《以赛列》2：4）[81]

当然，奥本海并不孤独。他之前的那些"科学家"——边沁、利伯、菲尔德和沃顿——都在一定程度上相信，更为严格的实证主义、数量更多的条约与法典能够让整个国际法更加成功。他们都深信许多、甚至可能大部分国际关系问题均源于草率地制订法律，而并非那些真正的、根深蒂固的政治争端。他们认为更加明晰的国际法将会带来更好的国际共识。20 世纪见证了条约和战争的爆炸式增长——就前者而言，新出现条约数以万计，就后者而言，所带来的伤亡也不计其数。[82]更多的法律被记载在纸面上。更多的生命消逝于战场上。在法律实践中，一个国家的"法律推理"（legal reason）对其他国家而言却并非顺理成章。事实证明，国际法的根本性问题不在于详述内容，而在于执行规则。

---

〔7〕沙文主义：原指极端的、不合理的、过分的爱国主义（因此也是一种极端民族主义）。如今的含义也囊括其他领域，主要指盲目热爱自己所处的团体，并经常对其他团体怀有恶意与仇恨，是一种有偏见的情绪。——译者注

1 *The Inquirer* (London)，No 1，at 13(July 9，1842).

2 Jeremy Bentham，'The Objects of International Law'，2 *The Works of Jeremy Bentham* 537－8(Bowring ed，1843，Edinburgh，W Tait). 更多的细节将在第一篇文章中找到。

3 同上 at 538.

4 同上 at 539.

5 同上 at 540.

6 Shabtai Rosenne，'Codification of International Law'. 7 *Encyclopedia of Public International Law* 34.36(1984).

7 同上.

8 Felix Markhan，Napoleon95(1966，New York，Mentor).

9 L C Green，*Essays on the Modern Law of War* 87(1985. Dobbs Ferry，New York，Transnational).

10 M Russell Thayer，'The Life，Character，and Writings of Francis Lieber. A Discourse Delivered Before the Historical Society of Pennsylvania. January 13，1873'. In 1 Reminiscences，*Addresses，and Essays by Francis Lieber* 13，26(1881，Philadelphia，J B Lippincott & Co.).

11 Peter W Becker，'Lieber's Place in History'，*Francis Lieber and the Culture of the Mind* 1－6(CR Mack and H H Lescsne eds，2005 University of South Carolina Press).

12 Leon Friedman，*The Law of War：A Documentary History—Volume* I 151－2(1972，New York，Random House).

13 US Adjutant General's Office，General Order No 100：Instructions for the Government of Armies of the United States in the Field. Prepared by Francis Lieber LLD，and Revised by a Board of Officers (1963，New York，D Van Nostrand).

14 L C Green，The Contemporary Law of Armed Conflict 29－30(2 nd edn，2000，Manchester，Juris)[以下简称为 Green]；'Introduction'，*Documents on the Laws of War* 12－3(A Roberts and R Guelff eds，3 rd edn，2000，Oxford University Press).

15 Green，*supra* n 14，at 289.

16 对于纽约法典和菲尔德的国内影响，参见 L M Friendman，*A History of American Law* 340－58(1974 edn New York，Simon & Schuster).

17 K H Nadelmann，'International Law at America's Centennial：The International Code Committee's Centennial Celebration and the Centenary of Field's International Code'，70 *American Journal of International Law* 519，521－2(1976). 努斯鲍姆将布伦奇利称作一个"有着不同寻常声望的人"。他 1868 年的著作填补了国际法中的许多空白，但没有在法律和建议之间划清界限。Arthur Nussbaum，*A Concise History of the Law of Nations* 236(rev. edn，1954，New York，Macmillan)[以下简称为 Nussbaum].

18 David Dudley Field，*Draft Outlines of an International Code* i-iii(1872，New York，Baker，Voorhis)[hereinafter cited as Field]. 我们将在下章中讨论阿拉巴马仲裁案。

19 'International Law'，8 *Albany Law Review* 289(1873).

20 Nussbaum，*supra* n 17，at 196－7.

21 Field，*supra* n 18，at 1.

22 同上 at 2.

23 例如，the Montevideo Convention，December 26，1933，49 Sat. 3097，165 L. N. T. S. 19.

24 Field，*supra* n 18，at 4.

25 请看第一篇文章中的讨论,及 M W Janis,' Individuals as Subjects of International Law,'17 *Cornell International Law Journal* 61(1984)。

26 Field, *supra* n 18, at 8.

27 同上 at 30.

28 同上.

29 同上 at 1 - 463.

30 同上 at 83.

31 同上 at 367.

32 同上 at 369.

33 同上 at 371.

34 同上.

35 同上 at 372.

36 'Field's International Code', 5 *Albany Law Journal* 84 (1872).

37 同上 at 85.

38 同上 at 87 第二篇关于利伯法典私法方面的文章。5 *Albany Law Review* 115 - 7 (1872).

39 A Digest of the International Law of the United States Taken from Documents Issued by Presidents and Secretaries of State and from Decisions of Federal Courts and Opinions of Attorneys-General (F Wharton ed, 1886, Washington, DC, Governement Printing Office)[以下简称为 Digest]。

40 John Bassett Moore, *A Brief Sketch of the Life of Francis Wharton* 1 - 3 (1891, Washington, DC, n. s.).

41 同上 at 5.

42 同上 at 6.

43 Digest, *supra* n 39, Vol I, at iii-iv.

44 同上 at iv.

45 同上 at iv-v.

46 同上 at v-vii.

47 同上 at vii.

48 同上 at 30 - 2.

49 同上 at 30.

50 同上.

51 同上 at 31.

52 'Webster to Thompson, April 15,1842', 同上 at 31 - 2.

53 'Evarts to Foster, August 2,1877', 同上 at 32.

54 Hans-Ulrich Scupin, 'History of the Law of Nations 1815 to Qoeld War I', 7 *Encyclopedia of Public International Law* 179, 196 (1984, Amsterdam, North Holland).

55 Mark W Janis, 'religion and The Literature of International Law: Some Standard Texts,' *Religion and International Law* 121(Janis &·Evans eds, 1999, The Hague, Martinus Nijhoff).

56 在美国,约翰·巴萨特·摩尔成功地接任了沃顿。摩尔在第十一章中将被更详细地讨论。摩尔在 1906 年出版的八卷本,包含并扩展了沃顿的内容。A Digest of Interhational law as Embodied in Diplomatic Discussions, Treaties and other

International Agreements, International Awards, the Decisions of Municipal courts, and the Writings of Jurists, and especially in Documents, Publisheel and Unpublishecl, Issceed by Presidents and Secretaries of State of the United States, the Opinions of the Afforneys—General and the Decisions of Courts, Federal and state. (J B Moore ed, 1906, Washington DC, Government Printing Office)沃顿之前，还有卡德瓦拉德 1877 年出版的 Digest of the published Opinions of the Afforneys General, and of the leading. Decisions of the Federal courts with Reference to International law, Treaties and Kindred Subjects. (1877, Washington DC Government Printing Office)

57 Nussbaum, *supra* n 17, at 246 – 7.

58 Martti Koskenniemi, *The Gentle Civilizer of Nations*: *The Rise and Fall of International Law* 1870 – 1960 34 (2002, Cambridge University Press).

59 John E Noyes‘, Christianity and Theories of International Law in Nineteenth-Century Britain,’ *Religion and International Law* 235,252 (M W Janis &. C Evans eds, 1999, The Hague Maximus Nijhoff).

60 Nussbaum, *supra* n 17, at 247.

61 L Oppenheim , *International Law* vii(1 st edn, 1905 London, Longmans)［以下简称为 Oppenheim］.

62 同上 at 6 – 7.

63 同上 at 9.

64 同上 at 10 – 13.

65 同上 at 13.

66 同上 at 3 – 4. 第三篇文章比较了肯特和惠顿以及他们的"基督教国际法"。

67 Oppenheim, *supra* n 61, at 45.

68 同上 at 47.

69 同上 at 10.

70 同上 at 30 – 1.

71 同上 at 32 – 4.

72 同上 at 34.

73 L Oppenheim, ‘The Science of International Law: Its Task and Method’, 2 *American Journal of International Law* 313 (1908).

74 同上.

75 同上 at 314.

76 同上.

77 同上.

78 同上 at 314 – 24.

79 同上 at 333.

80 同上.

81 同上 at 356.

82 Mark Weston Janis, *International Law* 12 – 14,180 – 1 (5th edn, 2008, New York, Aspen).

第七章 寄予厚望:"阿拉巴马号" 仲裁案和国际法的进步

19 世纪末 20 世纪初美国人对国际法前景寄予的厚望如今很容易被人嗤笑。回顾历史,我们知道在 1914—1945 年期间,"文明的"欧洲和美国被卷入两场数千万人丧生的血腥战争。自 1945 年开始,世界各地的人都面临着可能被核武器和其他恐怖力量毁灭的威胁,这在一百年前恐怕做梦也想不到。19 世纪末的美国人知道的只是他们的过往,那是一段更加鼓舞人心的历史。本章凸出美国南北战争至第一次世界大战之间三个高度乐观时期的第二阶段,开篇讨论 19 世纪美国国际法理想主义的高潮:1872 年"阿拉巴马号"仲裁案。本章还将回顾成立于 1873 年的国际法协会,继而讨论这个时期国际法的宗教信徒以及他们对国际法进程的笃定在何种程度上是恰当合理的。

第一节 "阿拉巴马号"仲裁案

内战之后,一些美国人认为日后发生战争的几率将屈指可数。伟大的法典编纂者大卫·达德利·菲尔德于 1876 年在费城举行的百年庆典上表示:

> 1776 年 7 月 4 日以来的国际法史表明,尽管上世纪后二十五年和本世纪前十五年各地战争非常普遍,整体的趋势却是国家之间联系更加亲近和紧密,尽可能避免战争,即使在爆发战争时,也尽可能降低它的严重程度。[1]

1910 年,约翰·沃森·福斯特——本杰明·哈里森执政时期的国务卿、艾森豪威尔执政时期国务卿约翰·福斯特·杜勒斯的外祖父——认为,发生在 19 世纪的三次对外战争,即 1812 年第二次独立战争、1846 年墨西哥战争和 1898 年美西战争,如果通过"提交仲裁而不以诉诸战争的方式解决"各方纷争,[2] 那么这些战争都可以避免。美国和平协会在哈特福德召开的会议上,福斯特也有过类似评论以至于媒体纷纷抱怨,认为他在诋毁美国。作为回应,福斯特援引他家族的行伍记录和他在南北战争中应征入伍的事实,"称有权讨论本国的历史事件,而不应被扣上不忠诚的恶名"。[3]

福斯特和菲尔德的观点并非白日梦。国际仲裁在 19 世纪已经取得了卓越成果。从 1777 年到 1804 年期间《杰伊条约》产生的 536 个仲裁判决开始,[4] 19 世纪的国际仲裁数量已经成百上千,并且很多涉及到美国。[5]《杰伊条约》之后,美国又与厄瓜多尔、墨西哥、秘鲁、西班牙和委内瑞拉设立了多个国际仲裁法庭。其中最繁忙的是 1868 年的美国-墨西哥混合索赔委员会(United States-Mexican Mixed Claims

Commission),从 1871 到 1876 年一共审理了 2000 多起请求索赔的仲裁案。[6] 正如 1904 年福斯特在他的小书里记录道,"将那些外交手段无法解决的国家分歧问题提交给特殊仲裁庭裁决的做法在 19 世纪比在任何其他年代都更有成效。"[7]

在这段乐观主义占据主导的时期,最重要的国际法事件也许要属"阿拉巴马号"仲裁案。它是 19 世纪美国国际法影响最为深远的事件。"阿拉巴马号"仲裁判决书与《菲尔德法典》同年公布——1872 年由一个五位法官组成的**特设仲裁庭**做出,他们是查尔斯·弗朗西斯·亚当斯(Charles Francis Adams)、亚历山大·科伯恩(Sir Alexander Cockburn)、雅各布·斯坦普夫里(Jacques Staempfli)、弗雷德里克·斯克罗皮司伯爵(Count Frederic Sclopis)和伊塔雅布男爵(Baron d'Itajubá),分别来自美国、英国、意大利、瑞士和巴西。1871 年,经英国和美国授权,上述五人组成的仲裁庭就如下问题作出裁定:英国政府允许英国公司为邦联军队制造军舰,如**"阿拉巴马号"、"佛罗里达号"**和**"谢南多厄河号"**巡洋舰这些军舰在美国内战期间被用于攻击联邦船只,英国此举是否违反国际法? 1865 年,北方军(联邦军队)击败南方分裂主义者(邦联军队)之后,美国要求英国对其制造的战舰造成的损失作出补偿。

在听取双方的言辞辩论后，"阿拉巴马号"仲裁庭裁定，英国对美国负有"积极的谨慎调查"义务，应当阻止私主体为南方反叛军提供补给，但是它没能恪守其作为中立国的国际法义务。[就] 相关问题，裁决如下：

就该艘被称为**"阿拉巴马号"的**船舰而言，纠纷源于建造该船的所有事实。该船在利物浦港建造，初时被称为"第209号"，在特塞拉岛附近，由英国的**"阿格里平那号（Agrippina）"**和**"巴哈马号（Bahama）"**两船给它提供装备和武器，英国政府在履行中立义务时没有"谨慎调查"，特别是在"第209号"建造期间，尽管美国外交官提出警告和官方抗议，英国政府未能采取及时有效的防范措施，在英国下令扣押该船时，为时已晚，无法执行；

船舰逃脱之后，为搜寻和拿捕它所采取的措施存在问题而无济于事，因此，以此作为免除英国政府责任的理由并不充分；

"第290号"船舰违反了英国的中立地位，这艘后来被邦联称为"阿拉巴马号"的巡洋舰在某些情况下可以自由进入英属殖民地的港口，而且英国管辖区域任何（可以找到的）港口均未采取一定措施来阻止；

英国女王陛下的政府不能以其法律措施不足而未能尽到谨慎调查义务提出有效抗辩；

提出上述理由的4位仲裁员和基于其他理由的第5位仲裁员，裁定英国在此案件中不作为，未能履行《华盛顿条约》第六条确定的第一项和第三项义务。[9]

美国要求英国赔偿因**"阿拉巴马号"**和其他邦联舰队袭击所造成的2100万美元直接损害赔偿金和400万美元间接损害赔偿金；而英国只承认800万美元的直接损害赔偿金。[10]仲裁员平衡了双方意见，裁定英国赔偿美国1550万美元。[11]1873年9月9日，英国以政府长期国库券（British Treasury Bonds）全额支付。美国开具的赔偿金收据被英国政府裱框并悬挂在唐宁街10号。[12]

对于美国的国际法乐观主义者们而言，**"阿拉巴马号"**仲裁案尤为鼓舞人心。几年前，1865年，英国外交部长罗素勋爵（Lord Russel）曾拒绝接受**"阿拉巴马号"**

仲裁,理由是英国政府是"其荣誉的唯一维护者"。[13]彼时,两国交战已经不足为奇。英美之间已经爆发了两次战争——美国独立战争(1775—1783)和1812年美英战争(1812—1815)。人们似乎有理由相信第三次美英战争一触即发,因为这不仅关系到邦联军队海上攻击所引发的赔偿问题,也是为了解决加拿大——虽是大英帝国的一部分,却为许多美国人垂涎之地——的所有权争端。[14]

"阿拉巴马号"仲裁案的最终成功证明了强国之间也可以就重要争端进行仲裁,从而避免战争,这一点尤为重要且为世人传颂。仲裁案发生时,尤利西斯·辛普森·格兰特(1822—1885)[1]将军担任美国总统,仲裁庭的成果令他备受鼓舞,以至于这位老战士预测"这开启了一个时代:所有国家都将承认,一个法庭就可以解决国际纷争,而不再需要维持庞大的常备军"。[15]菲尔德以"阿拉巴马号"仲裁案为例,证明国际仲裁可能终获成功。[16]"阿拉巴马号"仲裁案的裁决现在几乎已被遗忘,但在当时却意义重大。正如塞缪尔·埃利奥特·莫里森[2]所言,"以往从未有涉及到国家荣誉等敏感性问题的争端交由国际法庭,以多数票决。"[17]

第二节　国际法协会

和平主义者受到"阿拉巴马号"仲裁案判决和菲尔德法典的鼓舞,开始重新推动建立国际和平大会,寄希望制定通用世界各国的国际法典,创建致力于促进和平的国际组织。这些和平主义活动家中可以见到伯里特的身影。他在英国生活了七年后,于1870年回到美国。我们在第四章已讨论过伯里特。因担心反战抗议会使他在康涅狄格州不受欢迎,伯里特认为不得不停止请求以仲裁的方式结束南北战争。1863年,伯里特经由海路到达英国,周游于乡村,写下了两本游记。1865—1869年,他担任美国驻英国伯明翰领事,鼓励**尤其是**帮助他人移民到美国。[18]成立新的和平大会的想法可能来自于1870年伯里特与美国和平协会主席詹姆士·B.

---

〔1〕尤利西斯·辛普森·格兰特(Ulysses S. Grant, 1822 - 1885):美国军事家,陆军上将,第18任美国总统。——译者注
〔2〕塞缪尔·埃利奥特·莫里森(Samuel Eliot Morison, 1887 - 1976):美国海军历史学家。——译者注

迈尔斯(James B. Miles)牧师因暴风雪被困在马萨诸塞州新贝德福德市时的一次会谈。[19]

伯里特的健康状况已不允许他再次穿越大西洋,由迈尔斯前往欧洲推进这一方案。海外的反响非常乐观,迈尔斯等人于1873年5月15日聚集在菲尔德在纽约的家中,决定10月在布鲁塞尔召开会议并且在美国成立一个国际法典委员会,从而获取美国民众的支持。[20]

菲尔德的国际法典委员会促使国际法改革和编纂协会也于1873年成立,该组织就是现在著名的国际法协会。同年成立的国际法研究院更加偏重学术性,而国际法协会则欢迎"律师、船主、保险商、商人和慈善家加入,并且接受某些相关部门的代表,比如美国商业和船运联合会、仲裁或和平分会(Arbitration or Peace Sections),换言之,接受所有希望改善国际关系的人。"[21]尽管其成员的职业和国籍分布广泛,但协会在很大程度上是美国和平主义者努力的成果:

> 成立本协会的想法起源于美国。这一想法在"博学的铁匠"埃里休·伯里特这个富有远见的和平主义者的头脑里酝酿成熟。作为他的朋友兼同事,迈尔斯牧师这个热心的从事此事业的信徒,同时也是美国和平协会会长,开始从事这项计划。[22]

迈尔斯以书信形式向诸多杰出的外交官、政治家、法官和学者提议成立国际法协会并举办首次会议。有两期的《奥尔巴尼法学杂志》刊登了部分人士的回复。[23]19名来自意大利、巴西、法国、德国、英国、比利时和瑞士的人士对此达成一致意见,认为尽管关于国际法典编纂的想法太过理想,但至少值得讨论,前提是这个讨论只能在欧洲而非遥远的美国进行。著名的法国外交官和国际法学家查尔斯·卡尔沃(Charles Calvo)的回复具有普遍代表性:

> 很长一段时期,我都认为编纂国际法是空想。但在过去两年里,我的观点发生了很大的转变。法德战争和日内瓦("**阿拉巴马号**")仲裁这两个事件具有非常大的影响力,我认为在这种意义上,它们影响了所有伟大的思想家和最诚

实的人们。

1870 年战争让人类再次陷入原始野蛮状态，这应当是对文明世界发出的一个有用警告。它告诉我们，国家间法律体系和实践习惯的无尽冲突隐含着危险。

另一方面，《华盛顿条约》和日内瓦仲裁，让我们看到了达成普遍共识解决此类矛盾的可能性。[24]

读到迈尔斯牧师于 1873 年 10 月 14 日在布鲁塞尔举行的国际法协会首次会议上发表的演讲，人们会发现这个致力于科学地编纂国际法的新组织所秉持的理想目标仍旧以宗教作为基础：

简而言之，本次大会的目的是在各国盛行私刑之域推行正义有益之法的宏伟事业；这项工作值得世界上最聪明、最具思想之人的参与。我的朋友们，有什么能够比得上在伟大、富强和独立的国家间实行法治更加美妙、更加令人钦佩和更加有益呢？法律不过是上帝意志的另外一种名称，它统治着整个世界。把你的手指放在任意一点上，都能碰触到法律。在任何地方，法治都是值得钦羡且有意义的……如果人类把法律视为各国共同的女王并且常常用来解决这些承认她权威的国家间的重要问题，人们便能见识到国际法光辉和权威最完美的体现……于是英国桂冠诗人诗歌中美好的时光就要开启了——

当战鼓不再跳动，战场硝烟静止，

人类组成议会，世界达成联盟。

当多数人形成共识，令躁动之域怀有敬意，

仁善的世界将沐浴在这普遍法则之下。[25]

菲尔德积极参与国际法协会的筹办。1876 年，菲尔德在费城举办的美国成立百年庆典上为国际法协会美国委员会（被称为国际法典委员会）写了一篇文章，[26] 强调世界性手足情谊和世界性法律对和平的贡献：

四壁之内,我们的一切都是国际的,人不应该有美国人或英国人、法国人或德国人之分,因为他们都是人类大家庭的一员,也是所有那些具备人之外形、能直立行走、具有语言能力和良知这些神圣特征的群体一员。确实,现在有争论,但却是心胸开阔之人进行的友好争论,致力于追求更好的方法满足人类、发展人类。所有国家都已经为实现这般其乐融融的景象做出了贡献。

曾经我们的敌人是武器,现今则是人文艺术,这一切如何得以实现?这是因为"使各国为敌的群山"不再"耸立";是因为传教士、旅行者和商人越过了那道把他们分隔的壁垒;是因为交流增多,人们能更好地了解对方;最后,更是因为国际公法变得更加强大而友好,从而将所有子民聚之麾下。[27]

菲尔德将国内法和国际法的发展进行类比:"在国内社会,建立裁决民众间分歧的法庭是政府的最高权威,所以在更宏大的社会中,国家代表个人,建立仲裁机构解决国家间分歧将会是公法的荣耀和最高权威。"[28]他强调**"阿拉巴马号"**仲裁案的意义,反驳那些抱怨国际法庭的判决无法得到执行的观点:

如果没有武力就没有约束力吗?难道丧失荣誉、他人的尊重和自尊不是一种充分的约束力?甚至是道德和社会关系中最有力量的制裁。"赔偿"荣誉之债要比赔付依据法律起诉并由司法官强制执行之债更加立竿见影。当美英两国向日内瓦的仲裁员提交分歧时,他们难道不是默认接受一个力量远超舰队和武器之物的裁决?这正是人类世界的道德感。在我们这个时代,难道没有一种强烈而普遍存在的情感能够制约各国,正如它对这些国家中个人的制约?[29]

菲尔德引用朗费罗的话结束了演讲:"和平!不再来自黄铜枪口和战争机器撕扯天空般的爆炸,而会如众神的美妙歌声,诞生于爱的神圣旋律。"[30]

正如《奥尔巴尼法学杂志》所说,当时有"强烈的组织化趋势"。[31]然而协会本身注定了多少会令其创始人失望,因为它很快就变成了当今国际法协会的形式,成为一个侧重促进国际私法而非国际公法的平台。《奥尔巴尼法学杂志》报道了,1875

年在海牙召开的国际法协会第三次会议,在解决海上冲突和汇票纠纷等事项上取得了很大的进步,但是"国际公法部门,除了讨论和表达协会的观点之外,鲜有成效。"[32]协会私法方面的工作经过 1879 年的伦敦会议变得更加显著。几乎所有的论著都涉及商事,尤其是"不记名有价证券引起了广泛讨论。"[33]国际商法学家们占领了国际和平活跃分子的阵地。这并不是说,占领不合时宜或没有意义。也许在 19 世纪的国内法中,没有什么部门法能比商法和贸易法更多地受到国际法影响了。正如劳伦斯·弗里德曼所写,"理论上,海事法、海上保险、商业票据和货物销售均不是英国法的内容而来自于国际法。"尽管弗里德曼注意到"美国商法很快发展出自己的风格和内容",但在整个 19 世纪,国际规则和外国先例在商贸案件中的应用远比在英国和美国其他法律部门中更加频繁。[34]值得注意的是,国际法协会很快迷失了它最初的发展方向。不论如何,国际法协会的商事发展方向使得另一个组织更加致力于研究引起公共关注的问题——美国国际法学会,这将会是下一章的主题。

第三节　宗教热忱

"阿拉巴马号"仲裁案确定了美国存在已久的和平解决国际争端的宗教倾向。当时一个很有影响力的仲裁倡导者是基督教徒查理斯·洛林·布雷斯(Charles Loring Brace)(1862—1890),一名生于康涅狄格州的纽约社会活动家、著述颇丰的基督教作家。他在 1882 年所写的《基督的事迹,或基督教下的人类进步史》(*Gesta Christi or A History of Human Progress Under Christianity*)中,着重探讨了"近代时期基督信仰对国际法、仲裁和国际关系的影响。"[35]布雷斯认为世界上存在"某些惯例、原则和理想——现在是盎格鲁民族最宝贵的遗产——由基督教浇灌、激励或支持。"[36]下面是他列举的国际仲裁鼎盛时期的基督教原则:

> 尊敬最弱小和最穷困群体的人格;尊重妇女;富裕阶级各成员具有拯救不幸之人的绝对义务;对于孩子、囚犯、陌生人、需要帮助之人、甚至是残暴之人的人道关怀;对于一切形式的残忍、压迫和奴役的不断反抗;对于个人贞节和

婚姻神圣性的义务;对于节欲的必要性;对劳工所带来利益更加公平的分配义务、促进雇主和雇员间的更多合作;人人享有发展他们才能的最公平机会的权利,人人享有平等的政治和社会权利;对一国家的侵害等同于对各国的侵害;为各国间的自由贸易和交流提供便利;最后也是最主要的,强烈反对战争,当战争出现时,坚决限制其罪恶且通过国际仲裁的方式预防战争的爆发。[37]

《基督的事迹》用相当长的篇幅详细阐述了基督教道德通过提高妇女[38]和孩子的社会地位[39]、废除奴隶制度[40]、反对酷刑并推动监狱改革[41]、引导对外来者和外来文化更多的宽容[42]、帮助脱离贫困[43]和推动节制饮酒[44]等塑造世界历史。说到"国际法——仲裁"的时候,布雷斯感叹"历史上明显有一个领域,伟大的道德力量几乎没有影响力,初看上去,基督教似乎在此也没能发挥作用,这个领域就是国家间的公共关系。"[45]布雷斯并非和平主义者,他能接受如匈牙利与意大利的独立战争和美国南北战争等一些涉及"伟大原则"的战争。[46]然而,那些他认为"无益或非正义的竞争",包括美国和印度之间的战争,以及"大不列颠与中国人、祖鲁人和阿富汗人等低级种族"的战争,"足以展现了基督教仅仅适用于高度文明社会间的国际关系。"[47]

布雷斯把国际关系糟糕状态的大部分责任归于基督教会的失败。[48]他赞同惠顿的观点,相信只有新教的兴起才能真正为国际法注入活力:"自格劳秀斯开始便成为国际法特征的现代精神深受新教信仰的影响。"[49]布雷斯认为,战争结束时不用赎金就释放所有囚犯的传统习俗只能追溯到 1648 年,正值"纯粹的基督教在英国和欧洲大陆很多国家复兴"。[50]与格劳秀斯不同,他责难一些非基督教国家秉持的"在与信仰不同之人交往时,无需恪守诚信"言论。[51]

布雷斯同意肯特与惠顿的观点,也认为"灌输爱之宗教"的法学家格劳秀斯应当享有"近代国际法真正奠基人"的荣耀。[52]布雷斯注意到格劳秀斯有关节制战争、诚信原则、私掠、奴隶制和仲裁的基督教观点。[53]《基督的事迹》主张格劳秀斯的作品对国际关系产生了极大的影响,无人能比——因为这些作品"分明是基督教力量在世界上的成果。"[54]当布雷斯继续回顾"近代国际法的进步"时,[55]他把国际法中的许多成就,尤其是美国和英国取得的进步,归因于新教的影响。例如,就对私掠船的法律限制而言,布雷斯认为主要是本杰明·富兰克林的功劳,他"尽管被人称作无信仰者,但具有基督教最真实的精神。"[56] 然而,布雷斯所指的富兰克林的书信其实并未提到基督教,而是"普遍的人道主义利益。"[57] 同样地,有关私人海上财产的不可侵犯性和战争法典,除了列举其中涉及美国和英国的部分,布雷斯再无其他证据证明基督教直接或间接地承担起该使命。[58]

《基督的事迹》的热情蔓延到了国际仲裁领域。它被布雷斯称为"基督教精神最高级别的成果。"[59] 就像他的前辈——道奇、伍斯特、拉德和布里特——布雷斯预计"当国际法和国际法庭取代战争和军队来解决国家争端时,19 世纪的仲裁很可能也是更高的基督教文明的开端。"[60]

140

布雷斯纵览国际仲裁的发展,强调**"阿拉巴马号"**仲裁案的重要性,论述英美战争被阻止在一定程度上是因为"每个国家都有许多人多多少少被基督教原则引导,基督教徒的意见对公众有广泛的影响。"[61] "在任何大众的激情下,理性和宗教的声音都会被淹没,但这种激情减弱时,政治家或多或少受到这个国家的基督教信仰的支配。"[62] 布雷斯把"阿拉巴马号"仲裁案视为"现代化进程中的重要步伐,用正确理性来解决国际分歧。"[63] 尽管注意到"战争依然是历史上的巨大罪恶——这对于主要国家信奉的理念是巨大的嘲弄",布雷斯仍然很乐观:"无疑,在遥远的未来,仲裁会以某种形式成为解决国际分歧的极好方法。"[64] "若干个世纪"之后,仲裁将适用于除了"特殊案例"之外的任何案例。[65] "理想主义者所期待的实现'世界和平'的最后一步将是成立国际仲裁法庭,"[66] 并且"有权对具体问题决策并展开行动,只要不影响国家的独立性。"[67]

《基督的事迹》支持"国际法完全基督教化"。[68] 布雷斯感到"名义上的基督教国家之外,例如土耳其、北非的伊斯兰教民族、中国以及佛教徒区域,不存在国际法",但是他认同"日本人最近的确努力引进基督教国家的国际法"。[69] 如果存在"一部适用于所有国家的世界性法律",那么"伟大的立法者和他的化身会是'人子'(Son of Man),他的言语将能引导和激励国家,就如现在引导个人一般。"[70]

正是布雷斯和19世纪中其他人的努力,国际法事业与基督教相交织,融入了对西方文明进步的确信。佩里·米勒就如此形容美国传教士的观点,"主要是精神上的影响,但总是隐含着另外一层意义,即我们不仅应当在宗教意义上也要在政治

141

领域中去拯救世界。"[71]正如我们常常见到的,这种观点不可避免地将美国国际法与宗教联系在一起。

宗教关怀不仅为美国国际法的发展提供了支持,同时也给它制造了麻烦。美国基督教传教士组织和外国政府之间在国际法领域存在诸多争端。美国政府宣称,当本国传教士及其家人在中国、波斯和土耳其遭到袭击、财产受到抢占、销售的出版物被没收时,国际法允许政府代表他们干预其中。[72]与土耳其的问题在 1892 年尤为明显,总统本杰明·哈里森在发表国情咨文时谈到"身居土耳其的美国公民在宗教和教育机构方面的遭遇,要求人们给予这个问题异乎寻常的关注。"[73]美国传教士的问题在英国和西班牙的殖民帝国中同样存在。[74]此外,美国也关注俄罗斯对犹太人的歧视和驱逐政策。[75]

它引起了一波学理回应。早在 1907 年,《美国国际法杂志》第一期第二篇文章就将法律和宗教问题混在一起。在该文中,1905 年,中国广东省连州,一群中国暴徒在一座新教教堂袭击了四名美国传教士和一名儿童并致其死亡,美部会(American mission board)放弃了索赔,约翰·W. 福斯特对此提出批评。[76]在死亡事件发生后,美部会立即宣布:

> 我们决不接受对于受人尊敬的死者的任何赔偿,也不接受任何惩罚性的赔偿,我们认为那些为基督而放弃生命之人的鲜血价值不应该由金钱计算。[77]

中国政府没有参与此次袭击,立即将袭击事件的主犯斩首,将其他人投入监狱并对财产损失进行了赔偿。然而,中国政府基于美部会对赔偿的免除声明,拒绝了这些过世传教士的遗属的索赔要求。[78]

美国国务院支持亲属的索赔并批评美部会:

> 很难想象美部会基于何种理由才肯为被害者索赔,贵会的放弃索赔声明看上去也是毫无意义。然而,这份声明可能不为中国政府理解,也许反而会阻碍本国政府向中国主张由于美国公民被非法杀害的赔偿金。这是一个公共政

策问题,无论被杀害公民是否与传教机构有关,也无论任何第三方对此类主张的适宜性有何认识。[79]

福斯特回顾国际惯例,首先考察了美国与墨西哥之间的经验,来证明国务院意见的合理性。[80]他认为一般情况下,只要墨西哥政府没有参与其中,美国就不能要求墨西哥政府对这些死者负责。他引用了国务卿菲什在 1875 年对阿卡普尔科长老会小教堂遇袭事件的回应: *142*

> 此类事件在传教过程中并不鲜见,特别是所欲传播的教义从未被当地听闻,因此多少让人感到厌恶时。这些时候必须要有殉教者……如果我们能证明杀戮行为是由阿卡普尔科当局的作为或不作为引起的,我们就能从法律上要求墨西哥政府支付金钱赔偿以救济那些被杀者的妻子和孩子……我们能期待的只是他们在权力范围内善意地依法起诉那些违法者。[81]

尽管福斯特找到了一个墨西哥政府赔偿死者亲属的案例,但是在总统克利夫兰看来,这是墨西哥政府的"善举"。[82]一般情况下,墨西哥不会满足亲属的赔偿要求,而美国也从未竭力争取过美部会或其他组织的诉求。[83]包括美国在内的 11 国政府因 1900 年兴起的义和团运动向中国主张赔偿要求,对死者亲属索赔的国际法权利进行协商,但各种协会和团体却被排除在这些权利之外。[84]

第四节　进步?

当然,19 世纪的美国人对国际法寄予的厚望在 20 世纪破灭了。就像钟摆一样,美国一开始对国际法过分期待,后来又期望过少。是什么导致了这过度的期望呢? 为什么 19 世纪的美国人通常比其他民族对国际法更加热情呢? *143*

和大多数事情一样,并不存在什么特别的理由。一开始,美国人继承了 18 世纪英国普通法的观点,令国际法在初生的美国法律体系中获得了一定的地位。在政治上,国际法证明了革命的合法性,维护美国国家主权并建立了美国政府,这些事件无不重要。在法律上,国际法保护了美国的中立立场,平息了与外国政府的纷争,并说明了奴隶制的好处与弊端。国际法含有基督教的因素;它是 19 世纪基督教和西方文明发展进程中信仰的一部分。

因此,我们有充分的理由(政治理由、法律理由和道德理由)解释很多美国人对国际法充满热忱的原因。回顾过去,我们能看到美国人过于乐观。我们能理解 19 世纪对国际法寄予的过多期望导致了 20 世纪人们对国际法失败的反应更加极端,但当时却很难认识到这一原因。国际法在世纪之交的发展意义深远。

1　David Dudley Field,'American Contributions to International Law', 14 *Albany Law Review* 257,258 (1876).

2　John W Foster,'Were the Questions Involved in the Foreign Wars of the United States of Such a Nature that They Could Have Been Submitted to Arbitration of Settled Without Recourse to War?', *Proceedings of International Conference Under the Auspices of American Society for Judicial Settlement of International Disputes*:*December* 15 - 17,1910 44 - 68 (1912, Baltimore, Waverly Press).

3　同上 at 44.

4　Arthur Nussbaum, *A Concise History of the Law of Nations* 128 - 9 (rev. edn, 1954, New York, Macmillan)更多关于《杰伊条约》的内容,请参阅第二章。

5　A M Stuyt, *Survey of International Arbitrations*:1794 - 1970 1 - 326 (1972, Boston, Houghton Mifflin), recording 317 arbitrations from the Jay Treaty to the outbreak of World War I; R L Buell, *International Relations* 606 - 7 (2nd edn, 1929, New York, H Holt &. Co.).

6　Nussbaum, *supra* n 4, at 217 - 8.

7　John W Foster, *Arbitration and the Hague Court* 9 (1904, Leiden, A W Sijthoff).

8　Horst Blomeyer-Bartenstein,'Due Diligence', 10 *Encyclopedia of Public International Law* 138, 139 (1987, Amsterdam, North Holland).

9　"The 'Alabama' Claims and Award, 1872", James Brown Scott, *Cases on International Law* 713,716 - 7 (1906, St Paul, West).

10　*U. S. Department of State Papers Relating to the Treaty of Washington*:*Volume IV—Geneva Arbitration* 41 - 2 (1872, Washington DC, Government Printing Office).

11　William W Bishop, *International Law* 1023,1023 - 7 (3rd edn, 1971, Boston, Little Brown).

12　Gillis J Wetter, 1 *The International Arbitral Process*:*Public and Private* 170 - 1 (1979, Dobbs Ferry NY, Oceana). 关于美国代表之一的私人秘书对"阿拉巴马号"仲裁案的回顾,可参阅 Frank Warren Hackett, *Reminiscences of the Geneva Tribunal of Arbitration*, 1872:*The Alabama Claims* (1911, Boston, Houghton Mifflin).

13　Charles C Hyde, 2 *International Law Chiefly as Interpreted and Applied by the*

United States 120 (1922, Boston, Little Brown).

14 Samuel Eliot Morison, *The Oxford History of the American People* 726 – 9 (1965, Oxford University Press).

15 C D Davis, *The United States and the First Hague Peace Conference* 13 – 4 (1962, Cornell University Press).

16 Field, 'International Law', 8 *Albany Law Journal* 277,279 (1873).

17 Morison, *supra* n 14, at 729.

18 Merle Curti, *The Learned Blacksmith: The Letters and Journals of Elihu Burritt* 150 – 1 (1937, New York, Wilson-Erickson).

19 同上 at 152.

20 K H Nadelmann, 'International Law at America's Centennial: The International Code Committee's Centennial Celebration and the Centenary of Field's International Code', 70 *American Journal of International Law* 519,522 – 3 (1976).

21 International Law Association, *Report of the First Conference, held at Brussels, 1873, and of the Second Conference, held at Geneva*, 1874, at v (1903, London, West, Newman & Co).

22 同上 at iv-v.

23 'An International Code', 7 *Albany Law Journal* 358 – 62,373 – 81 (1873).

24 同上 at 360.

25 同上 at 13 – 14.

26 David Dudley Field, 'American Contributions to International Law', 14 *Albany Law Journal* 257 – 61 (1876).

27 同上 at 257 – 8.

28 同上 at 260.

29 同上 at 261.

30 同上.

31 'The Proposed Codification of International Law', 7 *Albany Law Journal* 369 (1873).

32 'International Law: The Conference at the Hague', 12 *Albany Law Journal* 199,200 (1875).

33 'Current Topics', 20 *Albany Law Journal* 201 (1879).

34 Lawrence M Friedman, *A History of American Law* 228 (1974 edn, New York, Simon & Schuster).

35 Charles Loring Brace, *Gesta Christi: or A History of Humane Progress Under Christianity* v (1882)

36 同上 at vi.

37 同上.

38 同上 at 19 – 40,117 – 36,283 – 319.

39 同上 at 9 – 18,72 – 83,217 – 23.

40 同上 at 41 – 71,224 – 52,363 – 90.

41 同上 at 178 – 89,399 – 412.

42 同上 at 190 – 6,441 – 62.

43 同上 at 93 – 105,413 – 9.

44 同上 at 433 – 40.

45 同上 at 320.

46 同上.

47 同上 at 320 - 1.

48 同上 at 321.

49 同上.

50 同上 at 327 - 8.

51 同上 at 328.

52 同上 at 329 - 34.

53 同上 at 30 - 1,331 - 3.

54 同上 at 333 - 4.

55 同上 at 335.

56 同上 at 335 - 9.

57 同上 at 337.

58 同上 at 339 - 46.

59 同上 at 346 - 61.

60 同上 at 346.更多关于清教乌托邦主义者,请参考第四章.

61 Brace, *supra* n 35, at 353.

62 同上.

63 同上 at 354.

64 同上 at 355 - 6.

65 同上 at 356.

66 同上 at 357 - 8.

67 同上 at 360.

68 同上 at 361.

69 同上.

70 同上 at 362.

71 Perry Miller, *The Life of the Mind in America from the Revolution to the Civil War* 56 (1965, New York, Harcourt Brace, and World).

72 关于中国,请参阅 United States Department of State, *Foreign Relations of the United States* 1890 148,155 (1891, Washington DC, US Government Printing Office) [以下简称为 Foreign Relations 1890], United States Department of State, *Foreign Relations of the United States* 1891 353,392,399,414,434 (1892) [以下简称为 Foreign Relations 1891], United States Department of State, *Foreign Relations of the United States* 1892 70,71,104 (1893, Washington DC, US Government Printing Office) [以下简称为 Foreign Relations 1892]; for Persia, see Foreign Relations 1890, at 658; Foreign Relations 1892, at 355; and for Turkey, see Foreign Relations 1890 at 721, 722,738,760,768,770,773; Foreign Relations 1891, at 749,755,756,758; Foreign Relations 1892, Washington DC, US Government Printing Office at 527。

73 Foreign Relations 1892, *supra* n 75, at xv.

74 关于缅甸的问题,参阅 Foreign Relations 1890, *supra* n 75, at 325,关于加罗林群岛的内容,参阅 Foreign Relations 1892, *supra* n 75, at 394。

75 Foreign Relations 1890, *supra* n 75, at 701; Foreign Relations 1891, *supra* n 75, at 734; Foreign Relations 1892, *supra* n 75, at 363.

76 John W Foster, 'International Responsibility to Corporate Bodies for Lives Lost by Outlawry,' 1 *American Journal of International Law* 4 (1907).

77 同上.

78 同上 at 4 - 5.

79 同上 at 5.

80 同上 at 5 - 9.

81 同上 at 6.

82 同上 at 7.

83 同上.

84 同上.

第八章　鲁特、斯科特和塔夫脱：
论和平、法律与有识之士

144　　人们在不断地探索实施国际法规则的有效方式，最终选择了美国乌托邦主义者一直以来所倡导的路径：建立新的国际机构。1899 年和 1907 年的海牙和平会议制定了许多新条约并且设立了常设仲裁法院。伴随着这些似乎带有世界政府趋势的措施，美国国际法协会得以建立。与此同时，出现了一批专门从事国际法研究的学者，其中包括伊莱休·鲁特、詹姆斯·布朗·斯科特以及威廉·霍华德·塔夫脱。他们致力于将国际关系中的行为规则化来建立世界和平。他们相信公共意见可以作为国际法执行的一大基础，然而，这种信任却因 1914 年第一次世界大战的爆发而灰飞烟灭。

第一节　和平大会

　　19 世纪末，许多美国人对国际法院寄予厚望。**"阿拉巴马号"**仲裁案成为绝佳典范，还出现了很多其他成功的国际仲裁。此外，国际法协会的创设、美国和平协会以及世界和平联盟（Universal Peace Union）的持续运转无不激励着他们。世界和平联盟是《**和平缔结者**》（*The Peacemaker*）这本颇具影响力的杂志的出版方。它提倡制定普遍性仲裁条约、建议设立常设仲裁法院并支持逐渐裁减军备。[1] 有观点认为如果设立一个各国均可提交纠纷的常设仲裁法院，和平事业将获得极大发展。[2]

19 世纪末 20 世纪初,美国国际法的热衷者对政府的影响力与日俱增。1890年,一项呼吁商讨制定普遍性仲裁协议的决议获得美国参、众两院通过。1893 年,英国下议院全票通过与美国就该普遍性仲裁条约进行协商的决议。然而,双方政府最终完成协议草案并于 1897 年签署协议后,却因 3 票之差未能获得美国参议院三分之二议员的同意。这段插曲现在早已被人遗忘,但却敲响了第一次世界大战之后参议院拒绝批准美国加入国际联盟的前奏。[3]

俄国沙皇迫于军备竞赛的高额费用,呼吁召开国际和平会议。会议于 1899年在海牙举行,美国同英国积极推动设立一个常设世界性仲裁法院。德国虽然最初抵制这个想法,但经过一段时间后也不再强硬反对,与会代表最终通过了《和平解决国际争端公约》(Convention for the Pacific Settlement of International Disputes)。[4] 在 1907 年第二次海牙会议上,海牙仲裁公约被稍作修改,要求缔约各方"尽最大的努力确保和平解决国际分歧"[5]。国家应该先借助于友好第三方国家的斡旋和调停来解决其争端,也就是借助于非正式外交程序。但是如果斡旋和调停失败,公约规定,应成立国际调查委员会,将"通过公正且谨慎的调查对于事实进行解释阐述"并且发布不具有法律约束力的报告。[6] 公约同时设立了首个常设国际仲裁委员法庭,即现在的海牙国际常设仲裁法院(PCA),各国可以从中选定仲裁员组成**特别**裁判庭,审理各国自愿提交的案件,并且提供具有法律约束力的裁决。[7]

国际常设仲裁法院的建立主要得益于 19 世纪的和平运动。设立常设仲裁法院的提议由一位参加 1899 年海牙和平会议的英国代表——庞斯弗德勋爵[1]提出,他似乎阅读过一本描述和平运动并给出国际法庭方案的小册子。庞斯弗德认为解除武装的理想不切实际,"也许应该发起一个关于仲裁法院的运动"。[8] 那本具有影响力的小册子《国际正义》(International Justice)的作者是——时任美国助理国务卿、后来成为美国驻柏林大使的大卫·杰恩·希尔(David Jayne Hill, 1850 - 1932)。[9] 他是一名坚定的国际仲裁支持者。[10] 庞斯弗德阅读过的小册子最初以文章的形式发表在 1896 年的**《耶鲁法学杂志》**(*Yale Law Journal*)上。[11]

145

146

---

〔1〕庞斯弗德勋爵(Lord Pauncefote:1828—1902):英国大律师,法官,外交家。——译者注

在他的文章里,希尔清楚地概述了和平与法典化之间的联系。他写道,"一个完善的国际正义体系得以建立并行之有效,至少应该满足三个条件:(1)必须制定一部国际法典并由主权国家承认其约束力;(2)必须设计一种方案,使得适用此法典即能调解国家间分歧;(3)必须找出一条途径,能够执行经由上述方法得出的决定。"[12]因为在此之前有很多相关讨论,希尔回顾了国际法的发展过程,从希腊、罗马时期的万民法到中世纪商法、骑士制度、罗马教会,再到格劳秀斯"这位经验丰富且出身高贵的天才新教法学家和国际法学家"的著述。希尔还考察了国际法的传统渊源以及近期菲尔德和布伦奇利编纂国际法的成果。[13]

谈及至关重要的"调解分歧"时,希尔简要地介绍了外交谈判和第三方调停,随后回顾了仲裁的历史,尤其是19世纪的仲裁情况,强调美国参与了将近一半的现代仲裁案。他以"执行判决"为题,阐述了菲尔德关于"仲裁法院"的具体方案以及圣·皮埃尔、边沁和康德的国际联邦设想。与庞斯弗德一样,希尔也认为尽管裁军具有优点,但不会成功。他提议建立一个所有国家都可以平等享有代表权的法庭,且该法庭"在不影响各缔约国自治权的情况下对所有案件均有管辖权"。若某个国家拒绝提交案件至法庭或者不遵守法庭的决定,将被排除在该制度之外。"本条款的有效性无疑在很大程度上取决于国际法典的被接受程度;不过毋庸置疑的是,若最强大的国家都能接受该法庭的管辖并在此基础上团结起来,那么拒绝或者违反法庭的要求从道德上是行不通的"。[14]

希尔在文章的总结部分提及道德的内容,这在那个时代非常典型:

> 到目前为止,所有关于这个重大问题的言论和文章,也许不过是搭建国际正义这座庙宇的一个粗略架构。这座庙宇的穹顶现在还无法使地球上的国家免受压迫之苦和战争之恐怖。然而它以人的道德本性为基础;尽管——如同一个在岁月的洗礼中历经沧桑的大教堂——它尚未完工,我们还是可以将手中的粗石累积在这不断升高的墙壁上,坚信它背后隐形的建造者能够将其塑造成一个永恒建筑。[15]

最终,国际法庭的计划从理论变为现实。一位创造者将常设仲裁法院誉为第一次海牙会议"最伟大的成就"[16]。约翰·W.福斯特充满信心地预言:"各个国家将会更频繁地将分歧提交到海牙;卡耐基先生这位慷慨的美国公民已经提供'庙宇'作为解决分歧的地点,他相信在这里一定会聚集许多为了诉诸理性以及国际正义来保护其本国权利的起诉者。"[17]卡耐基先生所说的"庙宇"就是和平宫——如今国际法院以及常设仲裁法院的所在地。

然而,并非所有人都对此津津乐道。牛津大学的教授霍兰就曾抱怨:"仲裁公约里的大量条款没有任何意义,鉴于以德国代表为首的反对意见,所有强制性条款都被漏掉了。"[18]哥伦比亚大学校长塞斯·洛有些失望地说:"即使仲裁公约被众国家签署,也没有人可以保证这个公约可以防止战争的发生……但是它将迫使各国以一种新的方式向公众证明战争的合法性。"[19]

147

实际上,在一战发生前的几年,海牙仲裁公约的执行情况既未能如乐观者憧憬中的美好,也没有悲观者担忧中的糟糕。公约最终被 44 个国家批准遵守,包括美国、英国、德国、法国、俄罗斯和大多数当时已经独立的欧洲国家,还有一些美洲以及亚洲国家等。[20]截止到 1914 年,120 余个仲裁协议提及发生纠纷时将提交常设仲裁法院加以解决。[21]1902 年至 1914 年间,约有 14 个仲裁小组和 2 个调查委员会在公约框架下形成。[22]

在海牙新的仲裁体制下,诞生了两个较为著名的裁决:**卡萨布兰卡案**(Casablanca)和**多革堤案**(Dogger Bank Case)。在**卡萨布兰卡案**中,常设仲裁法院解决了一个一触即发的争端。引发这一争端的导火索是法国采取措施阻止德国从驻扎摩洛哥的法国外籍军团撤离德裔以及其他族裔逃兵。[23]而在**多革堤案**中,常设仲裁法院成立了一个国际调查委员会,由来自英国、俄国、美国、法国以及奥地利的海军上将们组成,委员会最终以 4—1 的结果,断定俄罗斯舰队攻击英国渔船的行为不具备正当理由(俄国误认为这是日本在北海的鱼雷艇),俄国同意支付大约 300,000 美元作为损害赔偿金。[24]可能正是 1904 年 10 月**多革堤案**被提交常设仲裁法院,从而避免了英国皇家海军对俄罗斯舰队的报复性反击,当时俄国舰队正从波罗的海前往远东参与争夺满洲的日俄战争。[25]吴尔玺教授认为"(**多革堤案**)的成功源于实施后续举措之前那些漫长且必要的拖延。"[26]

148

然而,19 世纪美国人对于国际仲裁能够避免战争的厚望却沦为泡影。彼时,大部分重要的国际争端事实上从未交由任何形式的国际仲裁组织进行裁决。美国不顾本国国际法倡导人士所主张的请求,坚决拒绝西班牙希望通过仲裁解决美国所遭受损失(例如战列舰"缅因号"的沉没)的索赔,从而加快了 1898 年西美战争的爆发。[27] 在 1911 年,美国参议院再次固执地否决了塔夫脱总统同英国以及法国缔结的仲裁条约,拒绝向常设仲裁法院提交他们的国际争端。[28] 另外,美国还拒绝参加创立于 1907 年的中美洲法院(Central American Court of Justice),注定了这个最早成立的常设区域性国际法院的失败命运。尽管 1900 年民主党的总统候选人威廉·詹宁斯·布莱恩(William Jennings Bryan)曾形容美国是"在周遭帝国正为自身军备力量所累,不堪重负之际……一个昂首挺立的共和国,逐渐但终将在世界进程中成为最高道德代表和处理世界争端的公认仲裁者"。[29]

第二节　美国国际法学会

1905 年 6 月 2 日,一个非官方委员会在纽约梦幻湖(Lake Mohouk)召开会议,由后来担任西奥多·罗斯福政府商务与劳工部长的奥斯卡·施特劳斯(Oscar Straus,1850–1926)担任主席,布朗·斯科特担任秘书长,会议提议建立"美国国际法学会"并创办本学会刊物《国际法杂志》。[30] 1905 年 12 月 9 日,另一个委员会在施特劳斯位于纽约的家中开会,确定了最终方案。[31] 他们推选当天未出席会议、时任美国国务卿的鲁特作为这个名为美国国际法学会(简称 ASIL)的组织的主席。[32] 1906 年 1 月 29 日,在华盛顿特区的哈伯德纪念馆(Hubbard Memorial Hall),鲁特主持了美国国际法学会执行理事会的首次常规会议。福斯特和施特劳斯担任副主席,斯科特担任记录员(Recording Secretary)。[33] 会议宣读了新学会的章程:"我们可以清楚地发现,政府与人民都对国际法极其关注,从整体上对国际法有一个正确认识是身为良好公民的必要特征之一。"[34]

鲁特和斯科特代表着美国新出现的专门从事国际法研究的学者。很难决定究竟谁能够更好地代表这个新行业,但很明显,伊莱休·鲁特的政治地位更加显著。鲁特的职业生涯更为让人印象深刻,他出生于纽约上城区,毕业于汉密尔顿学院,是一名成功的律师。在 1899 年至 1904 年间,他先后在威廉·麦金莱(William

McKinley)和西奥多·罗斯福就任总统期间担任陆军部长。在美国国际法学会建立期间,鲁特是西奥多·罗斯福总统执政时期的国务卿(1905—1909)。1909年至1915年间,鲁特担任纽约参议院议员。1912年,鲁特因其对国际调停和仲裁的贡献被授予诺贝尔和平奖。[35]

然而,更具代表性的例子也许是詹姆斯·布朗·斯科特(1866—1943),尽管他也许没有这么闻名,但是他将自己的职业生涯完全贡献给了国际法事业。斯科特出生于加拿大,后搬至费城,毕业于哈佛大学,曾在南加州大学、伊利诺伊大学、哥伦比亚大学、乔治·华盛顿大学教授法律,是一个典型的华盛顿圈内人。[36]下面这段话是一位学者对斯科特仅仅在1911年一年里各项活动的描述:

> 乔治·华盛顿大学法学院教授、约翰·霍普金斯大学政治学系国际法讲师、威斯特美国案例集丛书(West's American Casebook Series)总编、美国国际法学会秘书、《美国国际法杂志》主编、国际法研究院成员、美国律师协会国际法委员会成员、美国和平协会副主席、美国司法解决国际争端协会主席、卡耐基国际和平基金会理事和主席、国际法基金会董事。[37]

同样重要的还有斯科特作为鲁特左膀右臂的地位,他是鲁特麾下最杰出的政府律师——美国国务院的法务官——尽自己最大努力忠心耿耿地为鲁特工作了三十年。[38]

鲁特、斯科特等人在1905年至1906年间致力于在美国建立一个常设机构,推*150*动和促进国际法的发展,并很快为此创立了一本季刊,即《美国国际法杂志》(简称为AJIL)。它于1907年出版了最早的四期内容。对于最初的美国国际法学会和《美国国际法杂志》而言,最重要的任务就是教育美国公众。在第一期《美国国际法杂志》的第一篇文章"公众对国际法认知的必要性"中,鲁特写道:

> 公众对国家行为的控制不断增加,标志着我们这个时代政治的发展,这也使各国民众对其享有的国际层面的权利和义务应当有一个合理认识变得越来越重要。

......

一个国家的民众对其所拥有的国际权利了解地越清楚，对其权利采取极端观点的可能性就越小，同时也更加减少民众为其缺乏的权利之物而去争斗的可能性。

......

在所有公民社会中，都有必要由法院来定纷止争、要求民众遵守法律；然而我们身处的和平与秩序的真正基础并非是对警察的畏惧，而是组成这个社会的无数民众的自我克制、遵守法律、尊重他人权利的意愿。商业的真正基础并非手持执行令状的治安官；而是自愿遵守商业社会规则和责任，这已被普遍视为对商业成功的关键。同样，尽管通过仲裁而非战争来解决国家之间的争端非常重要，主张以和平方式解决问题的观点与日俱增，这才是这一代人文明获得巨大进步的衡量标准；人类和平的真正基础事实上在于现代民主社会的统治者之间形成的正义、宽容精神，在于他们对别国权利的尊重，在于他们希望公正、友善地对待引起国际争端的问题的意愿。

当然我们不能期待所有人都学习国际法，但是为了在我们国家的各个区域对所有重要议题都能引导和形成公共意见，一定数量的人是有必要充分掌握国际法的。[39]

《美国国际法杂志》和美国国际法学会的第二个任务是以法律途径解决国际纠纷。它们将国际法庭和仲裁法院都视为通往世界和平的可行方法。1907 年的《美国国际法杂志》中充满着对于国际法庭在 20 世纪发展壮大的乐观预测。例如，《美国国际法杂志》第 1 期第 3 篇文章是约翰·巴西特·摩尔（John Bassett Moore）的"国际法：现在与未来"，[40] 文章写道："国际法也许会在两种模式下发展，第一种是国际舆论及实践发生了一般性的渐变（general and gradual transformation）；第二种是通过具有立法性质的法案明确采取某一行为规则。"[41] 摩尔笔下的"一般性的渐变"指的是司法判决；他以美国最高法院对**哈瓦那邮船案**的判决为例阐述自己的观点。[42] 关于"具有立法性质的法案"，摩尔认为也包括 1815 年维也纳会议、1856 年巴黎会议、1899 年第一次海牙和平会议上达成的多边条约。[43]然而，无论国际审判的进程如何，在摩尔的观点中，它的未来才是更重要的：

> 所有关于国际法发展的观点在表扬国际法进步的同时也会指出它的缺陷。它的进步是伟大的，但是如果从部门法角度，其主要弊病在于缺少一定形式的国际组织能够对其命令进行一致性解释并予以执行。在一定程度上，目前其规则由各个国家的法庭行使，但是效果受到以下两项事实的影响。首先，我们称为国际法的大部分内容是政治性问题而非法律领域中的事宜，因此无法通过法庭加以解决；第二，如果某一国家的法庭偏离于一般性认识，除了外交声明外没有其他补救方法，而战争将是最后采取的方案。
>
> 因此，国际法未来的工作在于形成一定的方法，通过某种形式的组织对国际法进行一致的解释和执行，并非完全停止使用武力条款，而是不再为战争状态创设法律条件。[44]

151

新出现的职业国际法学家们持有的观点具有乌托邦主义色彩，但却分外谨慎。他们相信国际关系正在转变，但认为这会需要一定的时间。正如菲利普·杰赛普评价伊莱休·鲁特：他"经常强调他们所从事的研究需要耐心，进程缓慢，他本人也的确是这么做的。"[45]

卡尔·兰道尔（Carl Landauer）形容《美国国际法杂志》和美国国际法学会的创始者是美国"绅士传统"的代表，自然而然会对"底层阶级以及闲散怠惰的上层社会"[46]存疑：

> 法学会和杂志编委会的成员名单表明他们有可能同在一个大型俱乐部中，事实的确如此。从某种程度上，这就是我想表达的意思，他们中的很多人很有可能在华盛顿的宇宙俱乐部（Cosmos Club）和身兼作家、历史学家、记者、政要友人身份的亨利·亚当（Henry Adams）有过交往，亨利·亚当是这个俱乐部的创始人之一；上述成员也可能在华盛顿大都会俱乐部（Metropolitan Club）和纽约的世纪俱乐部（Century Club）与人交际。法学会主席伊莱休·鲁特担任国务卿时，还曾于1907年当选大都会俱乐部的主席。[47]

152

"绅士传统"的最佳例子可能是威廉·霍华德·塔夫脱(1857—1930)，他就是这个统治阶层的一员。塔夫脱的父亲阿方索·塔夫脱是失后任辛辛那提的律师及法官，曾经在格兰特将军任总统期间担任过陆军部长及司法部长，随后被派往维也纳和圣彼得堡担任公使。[48]在耶鲁大学及辛辛那提法学院接受过教育的霍华德·塔夫脱曾任俄亥俄州的检察官及高等法院的法官，之后陆续被总统哈里森任命为美国联邦首席政府律师及联邦上诉法院第六巡回法院的法官。西奥多·罗斯福于1901年任命塔夫脱前往刚占领的菲律宾，担任首任总督，后于1904年任命其为陆军部长，并于1908年将其选为共和党总统候选人以作为自己的继任者。塔夫脱对此曾评论道："每次当一个办公室空出来，我的铭牌就被印上去。"[49]

　　政坛上倍受青睐的塔夫脱也更有自信了，他是个"大"人物——1905年时重达325磅。非常闻名的是，他曾经拒绝成为耶鲁大学的校长，部分原因与宗教有关：

　　　　耶鲁大学的最大资助来自于正统的福音教会，让耶鲁大学放弃这样的帮助是不明智的。我是一神教教徒，我相信上帝的存在，但不相信耶稣的神性，而且我无法认同许多其他正教教义的假定推论。[50]

　　1908年塔夫脱当选美国总统时，坦言这并非他的首选工作："我宁愿担任美国最高法院的首席大法官，过更清静的生活，而不是在白宫中努力控制我的脾气。"[51]塔夫脱的愿望后来成真，哈丁总统在1920年提名塔夫脱为美国首席大法官，此后塔夫脱一直担任该职位直到1930年逝世。

　　塔夫脱政坛圈内人的身份和其独立的个性，有助于长久以来推动国际法的发展。当许多共和党同仁在威尔逊任总统期间反对国际法时，塔夫脱却依旧坚定不移。作为首席政府律师，塔夫脱表明了早期国际环境法学者的立场——保护白令海的海豹避免被英国、俄罗斯和日本猎人的捕杀。[52]同样，作为菲律宾总督时，他并没有将菲律宾单纯地看作被征服的领土，而是尝试引进自治及公民权利保护制度。[53]在下一章中，我们将会发现塔夫脱作为美国国际法学会的成员十分尽职地工作，甚至就任总统期间还欢迎美国国际法学会在白宫召开。更令人吃惊的是，他是为数不多的与伍德罗·威尔逊在凡尔赛条约和国际联盟问题上并肩战斗的共和党领导人之一，这个问题我们将会在后面的文章中提到。

　　鲁特并没有塔夫脱对国际政治机构的那种热忱。在美国参战之前，用马丁·杜宾的话来说，鲁特的"表现模棱两可，这可能恰好解释了其在 1919 年至 1920 年间的行为，当时他一面声称支持联盟方案，一面却策划操纵共和党对国联盟约发动攻击。"[54]当塔夫脱同哈佛大学校长 A. 劳伦斯·罗威尔（A. Lawrence Lowell）于 1915 年达成一致，推动国联来维护世界和平时，鲁特却怀疑不决。尽管称赞集体安全原则，但他认为这未免操之过急。他更相信国际法应该逐渐进步，特别是藉由构建新的国际法律规则和新的国际法庭获得发展。[55]同之前一样，鲁特认为在新机制建立之前，让公众知道国际法和国际组织的益处非常有必要。[56]

153

第三节　公共意见和国际法

人们怎样理解公共意见的效力呢？

　　　如果不考虑 19 世纪国际主义者对公共意见效力的确信，就无法认同、甚至很难理解他们的乐观主义。他们相信公众只要认可某一理念，一旦被"启智"，就会如洪流般势不可挡。[57]

　　鲁特呼应了肯特的观点，认为教授国际法既不是"单单的书本学习"也不"仅仅是一门科学"，它关系到"爱国的义务"[58]。"对外关系愈加错综复杂，至关重要，在这种情况下对我们国家利益最有必要的是对国家权利和国家义务形成明智的主导性认识。"[59]国际法最有效的制裁是"国际社会对国家品行的普遍性观点所发挥的模糊而几近神秘的影响"[60]。身为陆军部长和国务卿的鲁特认识到这样一个事实：尽管没有一个强制性机制来执行法律，各国在处理国际关系时却都十分重视法律。[61]他认为这对国内法并不足为奇，因为国内法主要依靠"公共意见的强大力量来执行，通过剥夺人们在生活中所努力争取的几乎一切来执行判决。"[62]国家也是一样，"畏惧普遍的反对意见以及与之相伴的不友好所造成的道德孤立，希望可以得到普遍赞同以及随之而来的友好态度"，[63]这实际上与七十余年前惠顿对奥斯

154

丁的回应非常相似。

为了能够利用公共意见的强制力,必须将国际争端交由各种国际争端解决渠道。鲁特作为1910年北大西洋海岸渔业仲裁案的推动者,"以国务卿身份担任国际仲裁案中的首席法律顾问,这种情况在当时的政治家中极其少见。"[64] 在开场白中,鲁特强调了如何通过国际仲裁调和大国之间的矛盾:

> 司法部长已经指出,在新英格兰海岸渔业团体的背后有8千5百万的美国人,没错!就是这么多。但是在纽芬兰渔业团体和商人背后是大英帝国数百万民众,"大英帝国一定会保卫自己的尊荣,维护每个公民的利益。因此,无论对彼此多么谦卑,当这两个以保护本国公民利益为己任的伟大国家发现意见分歧如此之大,以至于双方均认为自己享有除非遭受耻辱否则不会丢弃、除非动用武力否则无法维护之权利时,就出现了最为重要且最关乎尊严的情况。这世界上没有任何一个法庭比你们现在承担的职能具有更重要的意义。你们能够用判决代替战争。没有这种判决,就无法解决这两大国家间的权利问题。我毫不怀疑的是,你们将意识到这种程序虽然漫长、劳累、需要耐心,且无法引人注目,但对和平事业而言,却比各种大会上的一切演讲都更具有价值,这些演讲不过是对那些已经满足于拥有和平和仲裁的人们再次称颂和平和仲裁。"[65]

来自哈佛大学的乔治·格拉夫顿·威尔逊[2]对此的认识更为极端。在对1899年至1909年间在和平会议与海军会议上所达成的多项条约感到惊讶之余,威尔逊相信单凭这些公约文字即可提供之前国际法所缺乏的约束力:

> 因此,距离"国际法之父"格劳秀斯于1625年奠定的基础近300年后,一个非常重要的国际法架构开始出现,使得几个世纪以来的成就仅在10年内即被超越。早期学者依靠哲学以及宗教制裁阐明他们对于各国都将遵守正义的

154

155

---

〔2〕乔治·格拉夫顿·威尔逊(George Grafton Wilson 1863—1951):美国20世纪前期著名国际法教授。——译者注

愿望,如今的学者则依据国际公约的约束力将这些愿景化为现实。[66]

第四节　梦想终结

1910 年 12 月 15 日,华盛顿特区的新威拉德酒店(New Willard Hotel)正召开会议,国际法是当天的主要议题。根据一位回忆录作者的记载,参加第一届"美国司法解决国际争端协会"(American Society for Judicial Settlement of International Disputes)国际会议的与会人士"不再局限于理想主义者。"[67]美国总统威廉·霍华德·塔夫脱、纽约参议员伊莱休·鲁特、前国务卿约翰·W.福斯特、康涅狄格州的州长候选人西蒙·E.鲍德温(Simeon E Baldwin)、海军少将及乔治·华盛顿大学校长查尔斯·H.斯托克顿(Charles H Stockton)、前驻英国大使约瑟夫·H.乔特(Joseph H Choate)、哈佛大学荣誉退休校长查尔斯·W.艾略特(Charles W Eliot)以及大富翁和慈善家安德鲁·卡耐基悉数到场。[68]人们对法律和道德在国际事务中的作用从来没有如此之高的期待。此刻,聚集在首都的美国领导人们对于正义世界的渴望,无人能及。

红衣主教詹姆斯·吉本斯(James Cardinal Gibbons)感受到了当天的氛围,那实际上也是这一个世纪的理想,他在祷文中这么写道:

> 伟大的主啊,这一天就快到来,耶稣在地球上的主宰将稳固,福音的精神会支配统治者和政府大臣的思想与心智,国际纠纷再也不用在战场上见分晓,而是在大厅里达成一致,不用常备军队,而是通过常设仲裁法院解决,不用兵戎相见,而是靠比刀剑更加有力的智慧之笔发出声音。

> 愿今晚聚集在此的诸位子民能够成为耶稣口中名副其实的和平之友与和平倡导者:"保佑这些和平使者,他们应该被称为'上帝之子'。"[69]

协会主席斯科特以众人所熟知的言语阐述了国际法庭的目的:

它将是一个常设法庭,与暂时性法庭不同,它将由职业法官组成,而不是一个仅仅由任命产生的法官组成的法庭。它代表着根据法律原则做出的司法判决,而不是遵守外交标准而达成的妥协。一系列的司法判决有助于国际法的发展,正如司法判决对普通法形成发展的贡献,国际法院会为国际社会服务,正如国内法院为国内民众服务一样。[70]

在会议的前一天,安德鲁·卡耐基(1835—1919),这位出生在苏格兰的美国大富翁建立了卡耐基国际和平基金会,他坚称:"我们必须有一套国际法法典。"他还强调了公众意见对结束战争的重要性:

战争中的重大罪行是上帝所造的人类之间的杀戮,我们必须使人们明白:战争并不只是一种错误行为,它并非如人们通常所认为的那样,激发一个种族的力量,而是人类文明的极大罪行——人类自相残杀。[72]

1914年2月,卡耐基向一个由新教徒、天主教徒和犹太教领导的教会和平联盟(Church Peace Union)捐赠了2百万美金。[73]该联盟的目标与和平、进步的传统主题正相呼应:

传播信息、提高并教育公众以认识关于战争的起因、性质、影响以及如何预防和避免战争。

教育教会牧师、部分教会成员、其他教派领导以及拥有宗教信仰和信念的人,来促进广泛的和平事业和公众对和平的兴趣。

推动具有不同宗教信念或者信仰的专业人士在国际和平事业中合作,拓宽公众对条约或仲裁理论的知识、传播以道德法取代战争的观点并且使这种理论成为宗教活动的一项特别内容。

运用并鼓励运用教会以及任何形式的有组织的宗教信仰场所作为进一步发展国际和平事业的载体。[74]

约瑟夫·乔特(Joseph Choate)是美国派往参加第二次海牙和平会议的首席代表。他在1913年写道,当时已有召开1915年第三次海牙会议的准备工作和"纪念我国与所有其他大国在整整一个世纪内未曾破坏和平"的计划。但是第三次会议并没有举行。只差一年,就能实现一个世纪之久的和平。[75]

1914年6月28日,奥匈帝国的皇位继承人弗朗茨·斐迪南大公和他怀有身孕的妻子索菲亚访问了当时奥匈帝国波斯尼亚的首府萨拉热窝。在从火车站到市政厅欢迎宴会的路上,他们的车子被一个塞尔维亚民族主义者的手榴弹击中。虽然大公和公爵夫人并没有受伤,但是被吓坏了的官员们催促这对夫妇尽快离开萨拉热窝。在他们出城的路上,汽车在桥上减速时再一次受到了袭击。这一次,一名塞尔维亚人加费格里·普林西普(Gavrilo Princip)手持手枪,先是刺杀了大公夫人,然后刺杀了大公本人。

157

用巴巴拉·塔奇曼(Barbara Tuchman)的话来说,奥匈帝国"这样一个老态龙钟的帝国,一向好战,决意要利用此次机会来吞并塞尔维亚,就像1909年吞并波斯尼亚和黑塞哥维那样。"[76]1914年7月23日,奥地利给塞尔维亚政府下达48小时最后通牒,控告它协助以及教唆恐怖团体黑手党策划了刺杀。塞尔维亚拒绝完全履行最后通牒中的要求后,奥匈帝国即向塞尔维亚宣战。俄罗斯调动了军队支援塞尔维亚。德国作为奥匈帝国的同盟国向俄罗斯宣战,并且在进攻法国的途中入侵了卢森堡和比利时。法国和英国也加入战争,帮助俄罗斯和比利时。曾被美国前总统威廉·霍华德·塔夫脱和国务卿威廉·詹宁斯·布莱恩强烈要求进行的仲裁"彻底失败[77]"。第一次世界大战爆发。

第一次世界大战深刻影响了美国人对待国际法的态度。目睹"文明"欧洲因为一些这样的原因陷入战争深渊,到处生灵涂炭、财产损失殆尽,那些曾深信国际法进步是历史必然、认为国际法至关重要的美国人的智识基础受到动摇。自1914年开始,美国现实主义者已经认识到他们需要反思曾对国际法寄予的厚望。显然,欧洲军队兵戈相向、即将大开杀戒时,意味着19世纪国际法许下的承诺并未得到遵守。

1 C. D. Davis, *The United States and the First Hague Peace Conference* 8-15,(1962,

Cornell University Press)［以下简称 Davis］.

2 S. Aoms, *Remedies for War* 123（1880，New York，Harper & Brothers）。正如我们在第四章中所言,美国国际和平协会的建立者威廉・拉德早在 1839 年已经提出建立"国际法院"。

3 Davis, *supra* n 1, at 19－34.

4 同上 at 146－72; Bederman, 'The Hague Peace Conference of 1899 and 1907', *International Courts for the Twenty-first Century* 9（Janis ed，1992，Dordrecht，Martinus Nijhoff).

5 "和平解决国际争端的海牙公约",第 15 条（签署于 1899 年 7 月 29 日,海牙)。*The Hague Conventions and Declarations of 1899 and 1907*,41,55（1915,2 nd ed, Scott, Oxford University Press)。

6 同上, arts 2－14.

7 同上, arts 15－57.

8 James Brown Scott, *The Hague Court Reports* xiii-xiv（1916, Oxford University Press)［以下简称为 Hague Court Reports］.

9 同上.

10 Aubrey Parkman, *David Jayne Hill and the Problem of World Peace*（1975, Bucknell University Press).

11 Hill, 'International Justice', 6 *Yale Law Journal* 1（1896－1897).

12 同上 at 4－5.

13 同上 at 5－10.

14 同上 at 10－18.

15 同上 at 18－9.

16 Joseph H Choate, *The Two Hague Conference* 31－32（1913, Princeton University Press).

17 J W Foster, *Arbitration and the Hague Court* 76（1904, Boston, Houghton Mifflin).

18 转引自 Davis, *supra* n 1, at 188。

19 同上 at 191.

20 Hague Arbitration Convention, *supra* n 5, at 81－2.

21 Charles C Hyde, 2 *International Law Chiefly as Interpreted and Applied by the United States* 122（1922, Boston, Little Brown).

22 Hague Court Reports, *supra* n 8, at i－vi.

23 同上 at 110－20; Arthur Nussbaum, *A Concise History of the Law of Nations* 222（rev. edn, 1954, New York, Macmillan).

24 Hague Court Reports, *supra* n 8, at 403－12.

25 Lebow, "Accidents and Crises: The Dogger Bank Affair", 31 *Naval War College Review* 1（Summer 1978).

26 Theodore S Woolsey, "Address", 1 *Proceedings of the American Society of International Law* 240,243（1907).

27 Davis, *supra* n 1, at 351.

28 John E Noyes, 'Taft Arbitration Treaties 1911', *Max Planck Encyclopedia of Public International Law*, http://www.mpeil.com（september 11,2008).

29 Lawrence W Levine, *Defender of the Faith: William Jennings Bryan: The Last Decade* 1915－1925 5－6（1987).

30　Proceedings of the American Society of International Law at Its First Annual Meeting Held at Washington, D. C. , April 19 and 20,1907（对该学会的组织结构和首次会议进行了历史性概述）23－7（1908）。

31　同上 at 27－34.

32　同上 at 37.

33　同上 at 34.

34　同上 at 36.

35　Philip C Jessup, Elihu Root, 2 vols（1938, New York, Dodd Mead）; Frederic L Kirgis, 'Elihu Root, James Brown Scott and the Early Years of the ASIL', 90 *Proceedings of the American Society of International Law* 139（1996）.

36　同上; Robert Lansing, 'James Brown Scott', 24 Green Bag 169（1912）; Lewis Cochran Cassidy, 'James Brown Scott: A Citizen of the World,' 9 *New York University Law Review* 49（1931－1932）.

37　John Hepp, 'James Brown Scott and the Rise of Public International Law', 7 *Journal of the Gilded Age* 151,170（2008）.

38　同上 at 165－7.

39　Elihu Root, 'The Need for Popular Understanding of International Law', 1 *American Journal of International Law* 1－3（1907）.

40　John Bassett Moore, 'International Law: Its Present and Future', 1 *American Journal of International Law* 11（1907）.在第十一章中我们将具体介绍摩尔。

41　同上 at 11.

42　175 US 677（1900）.

43　同上 at 12.

44　同上.

45　Philp C Jessup, *Elihu Root: Volume I: 1845－1909* 480（1938, New York, Dodd, Mead）.

46　Carl Landauer, 'The Ambivalences of Power: Launching the American Journal of International Law in an Era of Empire and Globalization', 20 *Leiden Journal of International Law* 325,331（2007）.

47　同上 at 327.

48　R. B. C. Howell, 'Life and Times of William Howard Taft', 17 *Tennessee Law Review* 281（1941－1943）［以下简称 Howell］.

49　Robert C Post, 'Mr. Taft Becomes Chief Justice', 76 *University of Cincinnati Law Review* 761,761－2（2007－2008）.

50　Howell, *supra* n 48, at 287,281.

51　Alpheus Thomas Mason, *William Howard Taft: Chief Justice* 40（1964, New York, Simon and Shuster）.

52　Howell, *supra* n 48, at 283－4.

53　同上 at 287－8.

54　Martin David Dubin, 'Elihu Root and the Advocacy of a League of Nations 1914－1917', 19 *Western Political Quarterly* 439（1966）.

55　同上 at 442－50.

56　同上 at 451－2.

57　C Phelps, *The Anglo-American Peace Movement in the Mid-Nineteenth Century* 21－2

(1930，Columbia University Press).

58　'American Society of International Law', 1 *Conference of American Teachers of International Law* 2 (1914).

59　同上 at 3.

60　Elihu Root，'The Sanction of International Law, Address of April 24, 1908', *Addresses on International Subjects by Elihu Root* 25,30 - 1 (R. Bacon &. J. B. Scott eds. , 1916, Harvard University Press).

61　同上 at 25 - 6.

62　同上 at 28.

63　同上 at 31.

64　Bacon &. Scott, 'Introductory Note', *North Atlantic Coast Fisheries Arbitration at the Hague: Argument on Behalf of the United States: By Elihu Root* v, vi (1917, Harvard University Press).

65　Root，'Argument of Elihu Root',同上 at 1,4.

66　G. G. Wilson, *Handbook of International Law* v (1910, St Paul, West).

67　Theodore Marburg, 'Salient Thoughts of the Conference', American Society for Judicial Settlement of International Disputes, *Proceedings of the First National Conference, December* 15 - 17,1910 ix (1911, Baltimore, Waverly Press).

68　'Program',同上 at v-vii.

69　J Gibbons, 'Invocation',同上 at 1 - 2.

70　Scott, 'Address',同上 at 2,3.

71　Carnegie, 'Address',同上 at 68.

72　同上 at 69.

73　Robert J Myers, 'Preface' ,*Ethics and International Relations* vii, vii-viii (Thompson ed. , 1985, New York, Transaction Books).

74　同上 at viii.

75　Choate, *supra* n 16, at 92.

76　Barbara W Tuchman, The Guns of August 71 (1994, New York, Ballantine).

77　Nussbaum, *supra* n 23, at 224; Henry S Fraser, 'Sketch of the History of International Arbitration', 11 *Cornell Law Quarterly* 179,206 - 7 (1925 - 1926).

第九章 伍德罗·威尔逊：
改宗的热情

　　"威尔逊主义"是一个常常与国际法事业、国际组织相联系的词语,但"威尔逊主义"与伍德罗·威尔逊又有什么关系呢? 本章认为,虽然威尔逊对国际法长久以来饶有兴趣,但却并非自始如此。确切地说,威尔逊在初遇国际法时,只是将国际法作为学术研究上的副业,后来关注增多,最后才演变成一种热忱。我们可能对威尔逊的最后一段理想主义时期印象深刻,并且将其对国际法和国际组织的热忱称为"威尔逊主义",但其实伍德罗·威尔逊本人并不是我们所说的"威尔逊主义"信奉者。威尔逊对于国际法的态度转变可能有些迟,但对于这个被他轻视已久的学科而言,他的关注至关重要。虽然威尔逊并没有使美国接受国际联盟的设想,但是却永久地令美国公共意见就国际法本质上是好是坏这个问题产生了分裂。

　　令伍德罗·威尔逊的任何评论者都感到敬畏的是,在美国历代总统中,唯有威尔逊(1856—1924)出身学界。他著述颇丰,也许只有几位总统能够与之媲美(如托马斯·杰弗逊、詹姆斯·麦迪逊、亚伯拉罕·林肯)。似乎他一直都在出版书籍、发表文章、演讲以及撰写书信。加里·威尔斯[1]表示威尔逊将写作而非学术活动放在首位,他"参与学术工作只是为了更好地写作"。¹ 关于威尔逊的二次研究文献不计其数,本章只涉及其中一小部分。尽管如此,我仍希望文中出现的评价既具有代表性又不失公正。

---

〔1〕加里·威尔斯(Garry Wills 生于 1934 年):美国作家、历史学家、新闻工作者。——译者注

在讨论威尔逊之前,我们先来看看几个概念。在其具有深刻见解的书《美国外交政策及其如何影响了世界》(*Special Providence：American Foreign Policy and How It Changed the World*)一书中,沃尔特·拉塞尔·米德(Walter Russell Mead)将美国奉行的四种外交政策进行了区分。简要地说,**汉密尔顿主义者**认为"美国政府的第一要务是促进美国国内外企业的健康发展"。[2] **威尔逊主义者**则认为"美国在道德和实践层面都有义务将其价值观传播到全球"。[3] **杰弗逊主义者**秉持这样一种观点："在这样一个危险的世界中,保护美国民主才是美国人民最迫切的任务且最重要的利益",[4] 而**杰克逊主义者**代表了另一种观点,即"在美国人中有着一种深深植根且广泛传播的平民主义(populist)以及一种以荣誉、独立、勇气和军事自豪感为特征的大众文化。"[5]

米德详述了**威尔逊主义者**的观点,认为威尔逊主义者的首要原则是"民主比起君主制和专制更好、更可靠",[6] "通过民主的推广,威尔逊主义者的下一个目标是防止战争的发生"[7],对我们而言,重要的是,这种反战情绪使威尔逊主义者开始推动"双边仲裁条约,继而是国际联盟、国际法庭以及联合国",[8] 最终,"威尔逊主义者肩负起令美国遵守一个(在其看来)真正的威尔逊主义国际秩序的任务。"[9] 让我们用米德对于"威尔逊主义"的界定作为评价威尔逊本人的标准。

第一节　学者威尔逊

在 1865—1909 年的学术生涯中,威尔逊谈论过很多国际法的问题,但很明显,他没有全身心投入。威尔逊担任普林斯顿大学教授期间,在 1892 年的春天开始讲授一门新的国际法课程。亚瑟·林科[2]在《威尔逊文集》的编者按中评论道,"威尔逊在写给妻子的信中……表明他对国际法课程的准备不过是勉强领先于授课进度"。对威尔逊而言,比国际法课程更重要的是法理学,这似乎才是威尔逊"最用心的一门课"。[10] 威尔逊在"1891—1892 年普林斯顿课程名录"中承诺,每年为最优秀的班级开设国际法选修课,与宪法交替开课。[11] 然而,他的国际法

---

〔2〕亚瑟·林科(Arthur Link, 1920 - 1998)：美国历史学家,教育家。——译者注

授课只持续到了 1894 年,这从另一面表明了他没有乐在其中。[12]

1892 年 5 月 19 日威尔逊拟定的国际法课程期末考试试题并没有显示出他有何前瞻远见:

    1. 一个新成立国家与其母国在契约权利及财产权方面存在何种关系;领土割让行为对出让国缔结的契约、具有权利与义务以及出让国的财产有何影响,对取得领土的国家有何影响?

    2. 合法干预的一般性条件是什么? 什么是干预的充分理由和根据?

    3. 一国外交代表分为多少种类型? 对于接受外交人员、外交代表开展工作、外交代表的权利以及外交代表工作终止有哪些规定?

    4. 武力对抗敌方人员之权利的行使有何限制,对非战斗人员和战斗人员又有何规则?

    5. 该采用什么规则来管理不属于任何国家管辖范围的私人财产?

    6. 战后恢复公民权资格(postliminium)包括哪些方面,相关权利行使有何限制?

    7. 19 世纪对违禁品采取了什么打击措施,根据这项措施,违禁品包含哪些物品?

    8. 为什么格劳秀斯可以对国际法的创生做出如此多的贡献? 哪两个作家先于格劳秀斯进行过系统论述? 格劳秀斯作品的意图和范围是什么? 哪些概念构成了他的哲学基础?

    9. 对比瓦特尔和格劳秀斯的作品、其基本哲学概念及其对于国际法学生的重要性和用处。

    10.《1763 年巴黎条约》以来欧洲的五大国分别是哪些? 维也纳会议对于主要国际协议有什么影响? 请写出大会的日期和召开地点。[13]

威尔逊对国际法兴趣索然,反应冷淡,不过是出于学术需要才涉及国际法的论题,最能体现该观点的例证就是他所撰写的颇受欢迎的大学教科书《国家》(The State)一书。在他卸去教职担任普林斯顿大学校长之前,该书于 1902 年出版了修

订版。威尔逊在书中讨论古代罗马**外事最高裁判官**问题,区分罗马法**万民法**与现代国际法时才首次提到了国际法:

> **外事最高裁判官**(Praetor Peregrinus)——有必要再额外任命一名裁判官,即**外事最高裁判官**(拉丁文全称为 praetor qui jus dicit inter peregrinos)来管理城市中越来越多的外国人或侨民,以应对快速发展的贸易,延伸罗马法的生命力和影响力……他管辖罗马市民和外国人的纠纷、也为罗马管辖范围内不同城市间的市民主持正义。罗马法,即**市民法**(jus civile),由**内事**最高裁判官颁布实施,只适用于罗马人。不能适用罗马法时,则由**外事**最高裁判官宣布应当遵守哪些原则。

> **万民法**——毫无疑问最早担任这个如履薄冰职位的**外事**最高裁判官,在判决中比较武断,凭借简单的对错标准做出判决,或是依据罗马法中恰好可以借鉴的相似案件进行类比并判决……在他们寻求应用法律制度解决纠纷时,出于便利往往采用这些具有共通性的正义概念作为裁决的基础。他们越来越倾向于在个案中寻找一些诉讼双方都认可的法律原则。这些广为接受的一般性原则日积月累,愈来愈多地出现在外事裁判官的实践活动中,从而逐渐形成一种系统的方式,随之产生的法律体系就是罗马人所熟知的**万民法,又称各民族共有之法**(Law of the Nations)——普遍存在于罗马君主可实施管辖之人所属民族的法律。

> **万民法并非国际法**——万民法与我们现在所称的国际法是完全不同的。国际法处理的是国家与国家之间的交往,是**公法**——关于国家、政治以及诉讼之法——中比重最大的一部分。而**万民法**,仅仅是私法和商法规则,且以后者为主,与国家的行为毫无关系,而仅限于调整罗马管辖下不同民族间的个人关系,罗马进行政治政策的决定,而她的外事最高裁判官仅仅就私权定纷止争。[14]

对于国际法更加完整的论述可见于威尔逊《国家》一书对法律本质的探讨,威尔逊特别指出,国际法是软性的且可疑的,并不是"真正"的法律:

国际法——国际法可以被形容成介于道德与实证法之间的、一种无法实施强制性制裁的法律,世界上不存在一种能够让所有国家臣服其下的权力,因此没有一种权力能够对国家间的行为规则下达强制性命令。国际法更多的是基于那些未经编纂、未经制定颁布的原则,这些原则有关正确行为、正义以及被人们所内心所普遍接受的思想,这种普遍接受存在于各地民众的道德判断之中,以至于它们被称为自然法,但相比实证法更加接近于道德戒律。"国际法",在布伦奇利看来,"是一种公认的普遍性自然法,使不同国家共同处于一种人道的法律社会之中,确保不同国家的成员得到相同的法律保护,以享有普遍人权和国际权利"。国际法唯一正式且确切的基础,除却格劳秀斯和瓦特尔等学者对自然法中那些占据首要位置、几乎不证自明的原则的明确论述,体现在两国或多国间缔结的、约束其相互关系的条约和指导其国际活动的准则中,此类准则已经被吸收到那些早已开化之国家的成文法或司法先例中。各类国际性大会越来越多的在条约中将一些权利、平等以及礼让规则确定下来,在国与国之间的交往中得到承认。欧洲国家间的猜忌提防也促使得到接受的原则越来越多。随着欧洲大陆国家在所有关于重大利益的问题上开始采取协调一致的行动,例如 1815 年维也纳会议、1856 年巴黎会议以及 1878 年柏林会议,这慢慢成为一种惯例,这样一来,得到普遍认可的原则也与日俱增。"国际法",布曼里克说道,"是那些逐渐发展起来的、涉及国家间关系的法律规则和机制的总和。"

因此,从严格的术语角度来说,国际法并非法律。就整体而言,它也不代表任何一个国家的意愿,没有任何权力可以凌驾于这些国家。根据布伦奇利的定义,国际法只是规则的组合,由各种族共同的道德判断发展而来,**应当**管辖国家之间的关系。而从布曼里克的角度来看,国际法不过是国家在与其他国家缔结条约时常常要认可的一些笼统性陈述而已,这种先例做法的增多使得国际法逐渐地在"事实上"被接受了。

这些规则涉及战争、外交往来、一国公民在另一国居住时享有的权利以及海上管辖权等等。引渡原则通常由两国之间通过具体协议来确定,商贸安排、捕鱼权以及所有类似的不具有普遍约束力的问题也是如此。即便这样的事例一件件在增加,使各个国家在某些事项上有所趋同,例如,政治犯罪不应被包括在引渡犯罪中,除非其涉及具有恶劣性质的罪行,例如谋杀。[15]

从威尔逊在普林斯顿的授课中,也能看到他对国际法在国际关系中的作用只进行了一种极其有限的描述,而非奥斯丁式(Austinian)的详细分析。一份 1897 年的学生笔记显示,威尔逊在法理学课堂上说,"产生于国家之间且被我们称为国际法的法……一部分是实证道德,一部分是以合同、条约和各国国内法为基础的法律。"[16]两年之后,威尔逊据称在另一节法理学课上说:"国际法没有政府的支持",国际法只不过是"国家的良心和信念"而已。[17]

值得注意的是,米德对"威尔逊主义"的定义与威尔逊对看待国际法视角有所出入。威尔逊并没有提及藉国际法向全世界传播美国民主和道德价值观的观点,也没有提到国际仲裁或希望世界和平。威尔逊认为现代国际法发展的一个事例是出现了解决刑事犯罪引渡问题的统一性适用原则,这在当时根本算不上是国际法狂热追随者最迫切关注的问题。总之,威尔逊对国际法认知完全不同于米德所谓的"纯粹的威尔逊主义国际法律秩序。"作为一名学者和政治学家,比起国际政府,威尔逊对改革国内政府更感兴趣。威尔逊对于国际法未来的考量,完全没有像菲尔德、鲁特、斯科特和塔夫特那般的热情。

鉴于威尔逊不冷不热的平淡态度,在 1907 年发行的**《美国国际法杂志》**(简称为 AJIL)(很快成为美国主要的国际法评论)第一期中没有找到威尔逊的名字也就不足为奇了。考虑到他后来对国际法发挥的重要作用,有人可能会期待他在一战前的《美国国际法杂志》发表国际法论文。威尔逊本可以有此成就。但当时在这份期刊的前四期中发表文章的是一些更有名望的人物,包括美国国务卿伊莱休·鲁特[18]、美国前国务卿约翰·W. 福特[19]、哥伦比亚大学教授约翰·塞特·摩尔[20]、美国陆军军法署署长乔治·B. 戴维斯[21]、印第安纳州大学国际法教授阿莫斯·S. 赫尔希[22]、约翰·霍普金斯大学政治经济教授雅各布·B. 赫兰德尔[23]、威尔逊政府的美国第二任国务卿罗伯特·兰辛[24]、康涅狄格州首席法官和州长西蒙·E. 鲍德温[25]、威斯康星大学政治科学教授保罗·S. 莱因奇[26]、哈佛大学政府学教授阿尔伯特·布什内尔·哈特[27]、乔治·华盛顿大学法学教授詹姆斯·布朗·斯科特[28]、美国海军少将查尔斯·H.斯托克顿[29]。他们的文章引人注目,涵盖了各种话题。回想起来,威尔逊的缺席也许令人出乎意料,但是在那时也很寻常。

威尔逊对于国际法的不甚积极也反映在他与《**美国国际法杂志**》发行商的关系中。威尔逊在 1907 年美国国际法学会建立之初的确加入了这个组织,但无论在普林斯顿大学任教或者在新泽西州担任州长时,又或者担任美国总统期间,他都未进入学会的领导层。与其形成鲜明对比的是威尔逊的前任总统、共和党成员威廉·霍华德·塔夫脱。[30]塔夫脱是美国国际法学会的发起人,从 1907 年开始担任学会副主席。在他四年执政期间(1909—1913),一直担任着美国国际法协会荣誉主席的职务(伊莱休·鲁特一直担任主席)。而担任所谓荣誉主席的塔夫脱在白宫接待了美国国际法学会的成员,也是具有标志性意义的一件大事。[31]当威尔逊在总统选举中击败塔夫脱成为新一任白宫主人之时,塔夫脱放弃了他在美国国际法学会荣誉主席的职位转而继续担任副主席。[32]威尔逊担任总统期间却没有在白宫接待过
美国国际法学会,与后来不同的是,在当时更为支持国际法事业的是共和党而非民主党的领导人。

第二节　政治家威尔逊

威尔逊的政治生涯始于出任新泽西州州长(1909—1913)。这四年间,威尔逊对国际法同样没有给予高度关注。即使面对那些希望听到国际法褒奖之词的人们,威尔逊也吝于赞美该主题。在 1912 年 2 月世界和平联盟的演讲中,威尔逊警告且很明显地批评了听众们对于国际法和国际法庭的有限认识,有报道称威尔逊相信国家在寻求国际和平之前应该先实现国内的和谐:

> 在演讲的第一部分,威尔逊州长表示有必要仔细研究整个问题以确定是否能够确实推动和平。他认为在讨论国际和平这个问题之前,各个国家应当先保证国内的工业和平以及司法秩序。他坚信"战争是愚蠢且残忍的",我们也正在逐渐发展纠正错误的手段,但是在废止战争之前,我们必须慎重地考虑退让和平等的问题。他将和平比作因为完美构造、几乎没有任何摩擦而完美

运行的机器。

整个演讲的基调在于强调纠正错误行为的必要性和保障国内劳动者的权益,唯有如此,才能实现各国的平等与权利,国家间的善意也必定会随此而来。[33]

直至 1913 年威尔逊担任美国总统时,他才开始对国际法产生相对不同的看法。在即将前往华盛顿任职前的几天,威尔逊在和一位普林斯顿好友交谈时曾言:"如果我的政府为处理外交事务疲于奔命,那将是多么具有讽刺性的命运啊。"[34] 这一表述广为流传。出乎威尔逊意料的是,国际法真的成为了他新工作中一个必不可少的部分。作为在一战时期保持中立的美国总统,威尔逊突然之间对国际法十分关心,尤其是违反国际法的行为。在 1914 年 7 月 4 日的演讲中,也就是六月萨拉热窝刺杀事件之后、八月战争开始之前,威尔逊已经在演讲中提到了遵守条约、履行义务的重要性:

> 所以我说爱国有时候是说为了国家荣誉可以放弃物质利益……
>
> 当我做出承诺时,会尽力去信守承诺,国家却没有类似限制。世界上最受人尊敬的国家就是那些即使本国利益受到损害依旧会继续信守承诺的国家。[35]

当欧洲战争爆发后,威尔逊呼吁所有的美国人"在这段考验人类灵魂的时期内,在事实和名义上都保持中立。"[36] 很快,1914 年 8 月 22 日,威尔逊主要的谋士、被威尔逊称为"我的第二重性格……第二个我"的豪斯[3]上校建议他,"德国的胜利终将给我们带来麻烦,我们将不得不放弃现在的这条道路——您将它作为引领后世的标准,以永久和平为最终目标,以一部新的国际道德规则作为引领——并且建立大规模军事机器。"[37] 几个月之后,威尔逊在美国律师协会的演讲中重复了豪斯上校的观点:"我想,作为法律人,我们首先想到的就是国际法,是那些将各国团

---

〔3〕爱德华·M.豪斯(1858—1938):美国外交家,政治家,总统顾问。——译者注

结起来、使国际社会遵守某些行为标准的权利和原则。"[38]

作为教授的威尔逊也许是因为接受奥斯丁的观点才将国际法称为"在严格术语意义上不能算是法律",彼时的他一定会因为自己担任总统后出现了"惠顿式"的观点——国际法不仅重要而且具有法律约束力——而感到惊讶。1914 年 12 月 8 日,他在写给雅各布·亨利·旭夫[4]的信中这样说道:

> 在(向交战国)出售货物的问题上,国际法的先例中已经表达得很清楚,我想除了让这件事情顺其自然之外,没有其他办法。在最近的一个案子中,我清楚地找到了解决的办法。当问题一旦涉及潜水艇的制造、海外装运或者在其他任何地方组装,本着阿拉巴马号仲裁案的精神,似乎我可以行使我的特权,宣布这样的行为是政府所不允许的,据说福尔河造船厂(Fore River Shipbuilding Company)已经取消了之前缔结的合同。[39]

166

威尔逊曾对美国加入第一次世界大战表示深深的怀疑。这与他的前任共和党总统西奥多·罗斯福的观点有所不同。罗斯福倡导美国带领其他中立国家来反抗这场战争中的侵略者——德国,爱德华·格雷爵士[5]在写给罗斯福的信件中甚至认为美国"也许能够终止这场战争"并且可以迫使欧洲国家进行仲裁,前提是"使各国了解到出于侵略目的而动武的行为会使整个世界会与之为敌"。[40]罗斯福所谓的中立国家**"军团"**[41]的设想似乎正是集体安全理念——国际联盟及联合国的核心原则——的先兆。

面对德国 U 型潜艇在跨大西洋海域的袭击,威尔逊以"高度发达的国际法体系"为合法性理由,允许美国人在保持中立的情况下,乘坐盟国船舶航行,因为如果不这样做的话,国际法"可能会在我们手中逐渐瓦解"。[42]然而,这一政策让威尔逊和美国越来越接近战争。1915 年 5 月 7 日,英国客轮**"卢西塔尼亚号(Lusitania)"**

---

〔4〕雅各布·亨利·旭夫(Jacob Henry Schiff, 1847-1920):美国银行家、实业家、慈善家。——译者注

〔5〕爱德华·格雷(Sir Edward Grey, 1862-1933):英国自由派政治家,新自由主义的拥护者。——译者注

在爱尔兰海域被德国潜艇击沉,数千人丧生,其中包括 128 名美国人。[43]

在战争的威胁下,威尔逊终于变成了"威尔逊主义者",他于 1916 年 1 月和 2 月在芝加哥和托皮卡市的演讲中提及国际法时的言语至今看来依旧令人动容:

> 看看美国面临的任务——在一个法律原则已被破坏的世界强调法律原则——不是按照技术性法律原则,而是关乎国与国之间的权利、维护国家间人道主义需要的根本性原则。法律是一个非常复杂的术语,它涵盖了很多无关我们情感的内容。但我们现在要解决的这些问题正是基于人类内心最深处的情感——对生活的热爱、对正义的热爱、对公平行为的热爱、对正义和荣誉的热爱,植根于我们灵魂中的正是我现在所言之法的主旨。[44]

> 一方面,美国可能需要动用武力来维护美国公民的权利,以使其受到国际法的保护,若是我忽视保护美国人的权利,你们一定会责怪我,无论在世界任何地方,每一个美国人都有权利享受国际法的保护,这是在国际法中清楚规定的,并且美国人不会继续容忍这些权利遭到习惯性和持续性的忽视。[45]

1917 年初,战争的步伐逐渐加快。德国政府为了赢得战争而做了一个关键性决策——开始无限制地进行潜艇战。豪斯上校代表威尔逊总统劝告德国收敛攻击行为。但是在 1917 年 1 月,德国大使通知美国国务卿兰辛德国是不会撤销这一决策的。2 月 3 日,威尔逊向国会告知美国将和德国断绝外交关系。2 月 25 日,英国客轮"拉科尼亚号"被德国潜艇击沉,遇难者包括 2 名美国人。3 月 1 日,德国外交部部长在所谓的"齐默曼电报"(Zimmerman Telegram)提议墨西哥和德国站在同一阵营,从美国手中重新夺回德克萨斯州、亚利桑那州和新墨西哥州。此后不久,美国三艘商船被德国 U 型潜艇击沉。3 月 20 日,总统内阁一致通过对德国开战的决议。[46]

第三节　狂热者威尔逊

1917 年 4 月 2 日,威尔逊在国会宣布向德国宣战。至此,他进入了第三个国际法阶段,虽然最短暂但却最具有决定性。此时的威尔逊不再对国际法兴趣索然,也不再仅仅是从总统角度出发表达对国际法的关切。战争时期的威尔逊俨然成为了国际法的狂热参与者。实际上,国际法和国际组织的蓬勃发展是他将美国带入这场血腥、后来令美国民众懊悔不已之战争的最主要的正当理由。

　　若要理解威尔逊后期对国际法的热忱,应该先理解他宣布美国加入这场恐怖 167
的世界大战时的痛苦。若要理解这种痛苦,就要记住威尔逊童年经历过一场可怕的战争,即美国内战。托马斯·诺克(Thomas Knock)记录了这一点:

　　　　托马斯·伍德罗·威尔逊对战争的最早记忆是在四岁,那年林肯竞选总统成功、内战一触即发。他的父亲约瑟夫·拉格斯·威尔逊是佐治亚州最杰出的长老教会牧师之一,尽管有着北方血统,但他同样也是一名热心的南方支持者。威尔逊的父母都是北方人,于19世纪50年代从俄亥俄州搬到了弗吉尼亚州的斯汤顿(也是威尔逊的出生地),最后搬到了佐治亚州的奥古斯塔,也 168
就是在这里,内战的阴影笼罩了威尔逊的童年。在生日之际,他亲眼目睹了上千名邦联军人为了保护城市不受谢尔曼[6]的入侵而在街上进行庄严的行军,他目睹过受伤的士兵在他父亲的教堂里死去,也曾因那些衣衫褴褛的被关在教堂院落的联邦军囚徒而陷入沉思,很快他就看到杰佛逊·戴维斯在联邦军守卫的护送下穿过街道游行,让他回想起他站在"李将军的身边,抬头看他的脸"的瞬间。

　　　　威尔逊曾经评论,"一个男孩永远不会忘记自己的童年,也无法改变那些对他人生产生影响的微小瞬间。"威尔逊的经历十分重要,在这样一个易受影响的年纪,他经历并受到了战争和战争后的影响。[47]

　　在理查德·霍夫斯塔特[7]看来,作为一名长老教会牧师和长老教会牧师女儿的儿子,威尔逊在成长过程中,父母就告诫他"将生命看做不断实现上帝旨意的过

---

〔6〕威廉·特库赛·谢尔曼(1820—1891):美国南北战争北军中地位仅次于格兰特将军的将领,战后担任美国陆军司令。——译者注
〔7〕理查德·霍夫斯塔特(Richard Hofstadter 1916—1970):美国历史学家,公共知识分子。——译者注

程,在充满道德责任的宇宙中将人看作'独特的道德代理人'"。[48]

威尔逊"从来不渴望成为神职人员,他以政治的手段来传播精神启迪,来表达新教徒对于'服务'(service)的强烈意愿。"[49]在第一次世界大战期间,国际法成为了威尔逊的重要使命。

在美国宣战之后的两年,内战以及威尔逊清教徒式的道德责任感所产生的影响逐渐显现。威尔逊前往美国参议院,寻求对《国际联盟盟约》——他在巴黎亲自协商缔结——的建议和支持。威尔逊谈到国会同意将军队送到法国参战时说道:

168

> 让我不要忘记我们这么做的目的——崇高的目的、公正无私的目的——美国借用自己的力量不是为了自己光荣的荣誉而是为了保护人类,我想在人类历史上没有什么比护卫舰队带着成百上万美国士兵出征更能吸引人们的想象了,这些战士都非常热爱自由,为此不惜背井离乡在遥远的战场上战斗,这些战士就如同他们是为了实现美国历史预言而战。

> 那些在内战时代曾是战士的人,赢得了我们如此之深的尊敬,围绕着他们的是多么耀眼的光芒和荣耀啊!他们拯救了这个国家!当这些从法国战场归来的年轻人衰老时,同样也有光环围绕!他们拯救了世界!他们就如同当年内战时期的老兵。我在南方长大,但是我对这些拯救国家的人们满怀敬意。如今,我们又面临一个更伟大的想法——本着和平的精神在各大国间成立一个联盟。这是在法国战场浴血奋战的人们所取得的最重要成果。我可以毫不犹豫地说,美国士兵拯救了世界的自由,这也是对历史的客观解读。[50]

169   我们在这场战争中所做的牺牲究竟是为了什么?在此三年前,威尔逊曾满怀宗教热情地主张国际裁判。

> 我的同胞们,你们都知道如今并不存在国际法庭。我向上帝祈祷,如果这样的战争不导致其他结果,那么至少这场战争会给我们带来一个国际法庭,并能导致世界强国一起共同努力、保证世界和平。[51]

战争开始后,威尔逊更进一步,从倡导建立国际法庭到充满理想主义地推动建立一个无所不包的国际政府,即国际联盟:

> 如果在行动和思想上所有政府都具有同样的目标,对抗德国以及其控制之下的国家,通过即将实施的解决办法能够实现长久和平,那么所有坐在和平的谈判桌旁边的国家都必须准备并愿意付出代价,这唯一的代价就是做好一切准备为世界和平奋斗;同时,也要制定一些强有力的手段来保证和平条约得到尊重和实施。
>
> 这个代价就是在该解决办法的各项内容中保持公平正义,无论这之间有着怎样的利益纠葛。这不仅仅关乎公平正义,还涉及到能否令这些命运攸关的民族满意。[52]

169

威尔逊对于国际法和组织态度的巨大转变是显而易见的,在多年对国际法的犹疑之后,他现在已经投身于国际法乌托邦形式中,致力于建立一个世界政府。认为"国际法已经彻底改变了"[53],威尔逊写道,"直到现在,国际法仍是一种最为奇特的行为法则。除非你能够证明自己的利益牵涉其中,否则不能向任何其他政府提及与国际法有关的任何事宜⋯⋯换言之,目前,我们只能管自己的事情。"[54]但是美国一旦加入国际联盟,就有能力"管别人的事以及所有会影响世界和平的事情,无论其是否是当事方。我们可以要求地球另一端的国家停止在其本国国内进行的、可能影响国家间互信的错误行为,我们可以迫使他们提供依据,说明为何某些救济无法被获取。"[55]这是超国家主义的,是对国家主权彻底的干预,即使现在威尔逊的目标——让美国人管别人的事——已经不是美国人的主流观点,威尔逊却将它真正地变成了"威尔逊主义"的观点。

170

威尔逊对于国际法的赞扬来自于他在 1918 年 1 月 8 日发表的著名的《十四点和平原则》。这篇演讲激情澎湃、有理有据地解释了美国的参战不仅旨在尽快与德国及其他参战的中欧国家恢复和平,也体现了威尔逊希望推动国际关系道德化的进程。我认为,这篇演讲同托马斯·杰弗逊 1776 年的《独立宣言》、詹姆斯·麦迪逊 1787 年的《美国宪法》和亚伯拉罕·林肯 1863 年的《葛底斯堡演讲》可以并称最重要的美国社会文献。请仔细阅读：

> 我们参加这次战争,是因为正义受到侵犯,这使我们感到痛心,除非它们获得纠正而且保证不再在世界上出现,否则我国人民的生活便不可能维持下去。因此,我们在这次战争中所要求的,绝不仅关涉自身。我们所要求的是要使世界适合人类生存和安居乐业;尤其要使它成为一个这样的世界:所有那些像我们一样爱好和平的国家希望依照自己的方式生活,决定自己制度的国家,能够获得正义的保证,并得到世界上其他民族的公平待遇而不致遭受暴力和损人利己的侵略。事实上,全世界各民族都是这一事业的共事者,同时,以我们本身而论,我们看得十分清楚,除非正义施及他人,否则正义也不能独施予我。因此,世界和平的方案,就是我们的方案;而依我们所见,这方案,这唯一可行的方案,应是这样的:

接下来是其最为人熟知的和平方案,让人回想起了边沁、拉德、布里特、菲尔德和希尔:

> Ⅰ. 公开和平条约,以公开的方式缔结,嗣后国际间不得有任何类型的秘密协定,外交必须始终在众目睽睽之下坦诚进行。

> Ⅱ. 各国领海以外的海洋上应有绝对的航行自由,在和平时及战时均然,只有为执行国际公约而采取国际行动时才可以封锁海洋的一部分或全部。

> Ⅲ. 应尽最大可能消除所有同意接受和平及协同维持和平国家之间的经济障碍,并建立平等的贸易条件。

> Ⅳ. 应采取充分保证措施,使各国军备减至符合国内保安所需的最低限度。

> Ⅴ. 关于各国对殖民地权益的要求,应进行自由、开明和绝对公正的协调,并基于对下述原则的严格遵守:在决定关于主权的一切问题时,当地居民的利益应与管治权待决的政府的正当要求,获得同等的重视。

最重要的是：

XIV. 必须根据专门协定成立一个普遍性的国际联合组织，目的在于使大小各国同样获得政治独立和领土完整的相互保证。

就这些从根本上纠正错误和伸张公理的措施而言，我们觉得自己是所有联合一致反对帝国主义者的各国政府及人民亲密的合作者。我们在利害关系和目标上是分不开也拆不散的。我们应并肩合作到底。

我们愿意为了这些安排与协定战斗到底，直至实现这些目标；但是，这只是因为我们希望正义胜利，以及期望一个公正稳固的和平，这一和平只有消弭挑起战争的主要因素才可获得（但这个计划没有消弭这些因素）。我们并不嫉妒德国的伟大，本计划也没有任何内容有损于德国的伟大。我们不嫉妒曾使德国的历史非常光辉可羡的那些在学术或和平事业上的成就或荣誉。我们不愿伤害德国，或以任何方式遏制德国的合法影响或权力。我们不愿意用武力或敌对性的贸易措施来对付德国，如果她愿意在合乎正义和法律以及公平交易的公约中与我们及世界上其它爱好和平的国家联合一致的话。我们希望德国在全世界——我们现在所生存的新世界——的国家中占一平等席位，而不是统治地位。

我们现在所陈述的条款是如此具体，自然不容再有任何怀疑或争论之余地。在我所概述的整个方案里，贯穿着一个鲜明的原则。这就是公正对待所有人民和一切民族，确认他们不论强弱均有权在彼此平等的条件之上，享受自由和安全生活的公平原则。除非这一原则成为国际正义的基础，否则国际正义的任何部分均不可能站得住脚。合众国人民绝不可能依据其它原则而行动；他们为了维护这个原则，愿意奉献出他们的生命、荣誉和所拥有的一切。这场争取人类自由的战争已经来到最有决定性的最后，这也是最高的道德考验。他们准备把自己的力量、自己最崇高的目标、自己的正直和奉献精神，付诸实践。[56]

事实证明，"十四点和平原则"在战争末期意义重大。德国孤注一掷，在1917

年的春天发动了无限制的潜水艇战争，这可能将美国也带进战场，但是也可以在美国军队大规模介入之前，就先击溃英国和法国。1918 年初，当俄罗斯因焦灼的国内革命而退出战争之时，德国则迎来一片光明前景，还将东线部队调往西边前线以此来镇压协约国。7 月，英国和法国的军队在巴黎外坚守阵地。1918 年的秋天，美国加入战争。当协约国突破德国防线，接近德国边线时，德国同意根据威尔逊"十四点和平原则"投降。1918 年 11 月 11 日，一份提前休战协议给这场战争画上了休止符。[57]正如威尔逊所说，这"会是为了人类自由的这场最终战争的道德高潮吗？"

可能由于威尔逊是新一代的国际法与国际组织倡导者，他对传统的国际法卫士们不甚重视。他批评那些比他对国际法方案更有想法的人。在 1918 年 3 月 20 日给豪斯上校的信中，他尖锐地称"这些强制和平同盟会（League to Enforce Peace）是搅局者"，不仅抱怨美国前总统塔夫脱"从不脚踏实地"，还抱怨受人敬重的"巴尔的摩的马格伯先生就是主要的异想天开之人。"[58]英国政府为战后建立国

联精心准备了《菲利莫尔报告》，"威尔逊却说这些建议都让他十分失望，他正在写自己的计划，在适当的阶段他会公之于众"[59]。威尔逊狂热般地将国际法和国际法组织当成个人使命，不接受以往国际法倡导者的智慧，也丧失了他们的支持。

威尔逊对国际法和国际法组织的探索正值国际法学科的关键时刻。许多国际法拥趸因为一战的爆发而对国际法失去了信心。实际上，美国国际法学会决定在 1918、1919 和 1920 年取消召开年会，然而，这正是人们觉得对国际法的探讨和促进更有益处的时期。令人难以置信的是，包括伊莱休·鲁特和詹姆斯·布朗在内的美国国际法学会执行理事会于 1918 年决定：

> 美国国际法学会的执行理事会认为国际法自身问题重重。
>
> 因此年度会议委员会决议不再号召学会成员研究将在年会上讨论的国际法问题，如今国际法唯一的大问题是国际法是否还有必要继续存在下去。[60]

　　1918 年,伍德罗·威尔逊这位过去的国际法怀疑者提出"国际法已经发生彻底改变","为了各国无论国家大小都能保持彼此政治独立和领土完整,在特定的公约条件下应当成立一个普遍的国家联盟",同年,詹姆斯·布朗·斯科特——国际法长久全身心的支持者——也不免抱怨道:"在这样的时刻,我们讨论的事情却是如此无关紧要,确实让我们为人所耻笑。"[61] 在威尔逊呼吁"世界各族人民"加入并和他一起创建持久的和平时,伊莱休·鲁特却嗤笑道,"要知道德国人可是个半开化民族。"[62]

　　1918 年,曾经对国际法几乎不抱希望的威尔逊变成了最狂热的国际法拥护者。布朗和鲁特却因为一战而受到了打击,开始怀疑起这个学科。威尔逊对美国在一战时期遭受巨大损失所背负的个人责任感令他转变为一个狂热地国际法信徒,认为非常有必要改革国际法和国际组织,并且,一战中的种种牺牲皆是因为国际法。亚瑟·林科评论道,"威尔逊对于本国民生和国际社会根本原则的非比寻常的关注有时使他把国际政治中十分复杂的问题过度简单化了。"[63] 1918 年时,对国际法和国际组织作用的过度期待,使得威尔逊终于在最后关键时刻转变为"威尔逊主义者"。

　　前往巴黎试图将"十四点和平原则"付诸现实的正是秉持"威尔逊主义"的威尔逊。这不仅因为他非常自信,还因为他对其总统角色的理解,事实上,这一于 1900 年就阐发过的理念根植于他在普林斯顿的学术生涯,"当外交在一个国家的政治和政策中发挥显著作用时,那么行政部门有必要做好引领工作:必须最先做出判断,率先采取每一步行动,提供信息便于其行动、提出建议并且尽量控制其行为。"[64] 悲哀的是,威尔逊的绝对主义加之他转变为热忱的国际法与国际组织事业的拥护者,却导致这个国家分裂成两条政治路线,破坏了美国人原本具有的一个共识——国际法总体上对这个国家是有益的。

　　威尔逊为法国巴黎和会挑选了五名全权代表,分别是——威尔逊本人、豪斯上校、国务卿兰辛、塔斯克·布利斯上将和外交官亨利·怀特。威尔逊亲自前往巴黎的这个决定被许多人质疑。国务卿兰辛在自己日记中也写到,威尔逊"这个决定是他职业生涯中最大的错误之一,并且一定会损伤他的名誉。"[65] 哈罗德·尼克尔森[8]认为威尔逊应该留在华盛顿协调政见,争取更多政治共识。他出现在巴黎是

---

〔8〕哈罗德·尼克尔森(Harold Nicolson, 1886—1968):英国外交家、作家、政治家。——译者注

"一个严重的错误"[66]。威尔逊在 1918 年 12 月 4 日从纽约起航时,将威廉·霍华德·塔夫脱和亨利·卡波特·洛奇这两位关键的支持美国参战的共和党成员留在国内。威尔逊似乎不太关心是否能取得共和党对国际联盟方案或者国际法的支持。[67]

威尔逊没有意识到拥有共和党的支持无论在欧洲还是美国都将十分有益。许多国家并没有像威尔逊这般热衷国际联盟方案,法国尤为质疑,认为巴黎和会是终结与德国之间的战争、重建欧洲均势的一种途径。法国总理克列孟梭以"威尔逊具有一颗可贵的**天真**之心,这个既可以表达坦白直率又会流露幼稚的词语"批评了威尔逊对国际联盟的信念。[68]法国人为和谈准备了一份日程,但是与国际联盟基本无关,威尔逊拒绝接受。[69]英国首相劳合·乔治则较为拥护,在英国的支持下威尔逊成功将国际联盟放在议程的首要位置。威尔逊本人在 1919 年 1 月 25 日的首次国联会议中担任联盟委员会主席。让很多人感到惊讶的是,威尔逊居然建议委员会在短短 2 周内就制定出国联盟约草案。然而,在 1919 年 2 月 14 日,也就是他起航返回美国的这天,他就已经能够向凡尔赛会议提供国际联盟盟约草案了。[70]

威尔逊在盟约中的重要成就是关于集体安全的第十条:

（立法）

　　联盟成员有义务尊重和维护彼此领土完整,免于外部侵略,尊重联盟所有成员既有的政治独立。发生任何此等侵略或遭受任何此等侵略的威胁时,常设法院应当建议成员国采取措施来履行责任。[71]

第十二条和第十五条法案设计了国际仲裁和裁判方案,正如我们会在第十一章中介绍的,这两条法案呼吁建立常设国际法院。当威尔逊离开巴黎前往布雷斯特[9]乘船回美国时,豪斯上校留意到:"他看上去很开心,他也应该这么开心。"[72]威尔逊成功地确定了一种国际组织和国际裁判形式,圆了 19 世纪美国乌托邦主义者的梦。然而,作为国际法事业的姗姗来迟者,威尔逊对国际法的历史并不熟悉。托马

---

〔9〕布雷斯特是位于法国布列塔尼半岛西端,是布列塔尼大区菲尼斯泰尔省的海港城市。——译者注

斯·诺克富有洞察力地评论道:"作为美国总统,他将其他人对国际纠纷仲裁和裁军的建议以及有关世界联盟的建议吸纳到自己的方案之中。但总体而言,威尔逊对和平运动的影响力超过了和平运动对他本人的影响。"[73]

让和平运动和威尔逊受挫的是,威尔逊未能说服大多数的美国人去相信国际法中新创设的制度机构具有重要意义。回到美国一个月之后,威尔逊开始投入与占主导地位的共和党的斗争,试图说服共和党人国际法和国际组织的必要性。但是,成效并不显著。用一个评论家的话来说,盟约草案"表现出威尔逊在执行外交政策的问题时根本是孤军奋战"[74]。英国人已经开始对威尔逊表示怀疑。最终,这种质疑被证明是正确的,威尔逊既不能代表参议院也没有取得大多数美国人的支持,令其同意美国服从于一个强有力的国际机构。[75]威尔逊于 3 月 14 日返回巴黎,重新陷入国际政治的旋涡。1919 年 4 月 28 日,他在巴黎和会上承诺,国际联盟盟约将获得通过。

1919 年 5 月至 10 月,威尔逊在美国国内为国际联盟游说辩护,积极争取,但还是以失败告终。失去参议院的支持后,威尔逊于 1919 年 9 月 3 日开始全国巡回演讲以寻求民众对《凡尔赛和约》和国联的支持。根据国务卿兰辛的说法,威尔逊对参议院感到"十分愤怒",他要"立即征集群众意见,如果参议院想要开战的话","一定奉陪到底"。[76]威尔逊在 21 天里发表了 40 篇演讲,比之前的任何一次巡回演讲都要多。[77]他感到精疲力竭。

1919 年 9 月 25 日,科罗拉多州的普韦布洛,威尔逊的身体终于扛不住了。这是巡回演讲的最后一站,也是他最后一场漫长的演讲。结束后,威尔逊将之后所有的演讲全部取消,返回华盛顿。1919 年 10 月 2 日,威尔逊中风了,身体日渐羸弱。他的公众生涯基本告终。[78]但患重病的威尔逊依旧非常固执,仍然拒绝向共和党和洛奇妥协。1919 年 11 月 19 日参议院投票否决了《凡尔赛和约》,并且在第二年的 3 月 19 日再一次予以否决。[79]威尔逊对于国际联盟的一腔热情最后化成了泡影,美国"威尔逊主义"国际法从此黯淡。

1　Garry Wills, 'The Presbyterian Nietzsche', *New York Review of Books*, January 16, 1992, at 3. 威尔逊年轻时曾写过大量充满激情的文章,这些文章的主要对象是广大公众。他的五卷本《美国人的历史》撰写于 1890 年代,当时主要供稿于 Harper's 出版社。

Harper's 出版社支付他每篇稿酬 1000 美元,这个价格在当时也是十分骇人的。同上。

2　Walter Russell Mead, *Special Providence: American Foreign Policy and How It Changed the World* 87 (2001, New York, Knopf).

3　同上 at 87 - 8.

4　同上 at 88.

5　同上.

6　同上 at 162.

7　同上 at 165.

8　同上 at 166.

9　同上.

10　7 *The Papers of Woodrow Wilson* 292 (Link ed. 1969, Princeton University Press).

11　同上 at 5.

12　Thomas J Knock, *To End All Wars: Woodrow Wilson and the Quest for a New World Order* 8 (1995, Princeton University Press).

13　7 *The Papers of Woodrow Wilson* 635 (Link ed, 1969, Princeton University Press).

14　Woodrow Wilson, *The State* 150 (1902 rev. edn, Boston, D C Heath & Co).

15　同上 at 604 - 5.

16　Woodrow Wilson, 转引自 'Notes of James Lawson Norris on Woodrow Wilson Lectures, 1897 - 1899', handwritten notes, Jurisprudence Lecture VIII, October 19, 1897, from the archives of the Firestone Library, Princeton University。

17　Woodrow Wilson, 转引自 'Notes of George L. Denny on Woodrow Wilson Lectures, 1899 - 1900', handwritten notes, Jurisprudence Lecture of October 10, 1899, from the archives of the Firestone Library, Princeton University。

18　Elihu Root, 'The Need of Popular Understanding of International Law', 1 *American Journal of International Law* 1 (1907); 'The Real Question Under the Japanese Treaty and the San Francisio School Board Resolution', 1 *American Journal of International Law* 273 (1907).

19　John W Foster, 'International Responsibility to Corporate Bodies for Lives Lost by Outlawry', 1 *American Journal of International Law* 4 (1907).

20　John Bassett Moore, 'International Law: Its Present and Future', 1 *American Journal of International Law* 11 (1907).

21　George B Davis, 'Doctor Francis Lieber's Instructions for the Government of Armies in the Field', 1 *American Journal of International Law* 13 (1907); 'The Geneva Convention of 1906', 1 *American Journal of International Law* 409 (1907).

22　Amos S Hershey, 'The Calvo and Drago Doctrines', 1 *American Journal of International Law* 26 (1907).

23　Jacob B Hollander, 'The Convention of 1907 Between the United States and the Dominican Republic', 1 *American Journal of International Law* 287 (1907).

24　Robert Lansing, 'Notes on Sovereignty in a State', 1 *American Journal of International Law* 297 (1907).

25　Simeon E Baldwin, 'The International Congresses and Conferences of the Last Century as Forces Working Toward the Solidarity of the World', 1 *American Journal of International Law* 565 (1907).

26　Paul S Reinsch, 'International Unions and Their Administration', 1 *American Journal of International Law* 579 (1907).

27　Albert Bushnell Hart, 'American Ideals of International Relations', 1 *American Journal of International Law* 624 (1907).

28　James Brown Scott, 'The Legal Nature of International Law', 1 *American Journal of International Law* 831 (1907).

29　C H Stockton, 'Would Immunity from Capture, During War, of Non-Offending Private Property Upon the High Seas be in the Interest of Civilization', 1 *American Journal of International Law* 930 (1907).

30　*Proceedings of the American Society of International Law*, Vol 1 at 9 - 10, 22 (1907), Vol 2 at 9, 183 (1908), Vol 3 at 10 - 11, 294 (1909), Vol 4 at 10 - 11, 252 (1910). Vol 5 at 11 - 12, 406 (1911), Vol 6 at v-vi, 256 (1912), Ibid., ol 7 at v-vi, 377, (1913), Vol 8 at v-vi (1914), Vol 9 at v-vi, 211 (1915), Vol 10 at v-vi (1916), Vol 11 at vii-viii, 212 (1917), Vol 12 at v-vi, 97 (1918), Vol 13 at v-vi, 97 (1919).

31　同上 at Vol 1 at 9 (1907), Vol 3 at 10 (1909), Vol 4 at 110 (1910), Vol 5 at 116, Vol 6 at v (1912).

32　同上 at Vol 7 at v (1913).

33　Woodrow Wilson, 'A News Account of an Address in Philadelphia to the Universal Peace Union', February 19, 1912, 24 *The Papers of Woodrow Wilson* 181, 182 (Link ed, 1978, Princeton University Press).

34　Arthur S Link, *Wilson the Diplomatist* 5 (1957, Johns Hopkins Press)

35　Woodrow Wilson, 'A Fourth of July Address', July 4, 1914, 30 *The Papers of Woodrow Wilson* 248, 253 (Link ed, 1979, Princeton University Press).

36　Woodrow Wilson, 'An Appeal to the American People', August 19, 1914, ibid at 393, 394.

37　转引自 Richard Hofstadter, 'Woodrow Wilson: The Conservative as Liberal', *The American Political Tradition and the Men Who Made It* 308, 340 (1974 edn, New York, Vintage).

38　Woodrow Wilson, 'Remarks to the American Bar Association', October 20, 1914, 31 *Papers of Woodrow Wilson* 184 (Link ed, 1979, Princeton University Press).

39　Woodrow Wilson, 'To Jacob Henry Schiff', December 8, 1914, 31 *The Papers of Woodrow Wilson* 425 (Link ed, 1979, Princeton University Press).

40　'Sir Edward Grey to Mr Roosevelt, Thursday, October 20, 1914', *Grey of Fallodon*, *Fallodon Papers* 145 (1926, Boston, Houghton Mifflin).

41　Sir Edward Grey to Mr Roosevelt, December 18, 1914', 同上 at 147.

42　Hofstadter, *supra* n 37, at 345.

43　Diplomatist, *supra* n 34, at 56.

44　Woodrow Wilson, 'An Address in Chicago on Preparedness', January 31, 1916, 36 *The Papers of Woodrow Wilson* 63, 67 (Link ed, 1981, Princeton University Press).

45　Woodrow Wilson, 'An Address on Preparedness in Topeka', February 2, 1916, 36 *The Papers of Woodrow Wilson* 87, 92 (Link ed, 1981, Princeton University Press).

46　Knock, *supra* n 12, at 105 - 17.

47　Knock, *supra* n 12, at 3.

48　Hofstadter, *supra* n 37, at 308.

49　同上.

50 *Woodrow Wilson's Case for the League of Nations* 20 - 21 （H Foley ed，1923，Princeton University Press）

51 Woodrow Wilson，Speech in Des Moines，Iowa，February 1，1916，转引自 James Brown Scott，*An International Court of Justice* ii （1916，Oxford University Press）。

52 Woodrow Wilson，'Address in New York'，September 27，1918，in *Woodrow Wilson's Own Story* 284，285 （D Day ed，1952，Boston，Little Brown）.

53 Wilson's Case，*supra* n 50，at 103.

54 同上 at 103 - 4.

55 同上 at 104.

56 45 *The Papers of Woodrow Wilson* 536 （Link ed，1984，Princeton University Press）.

57 Diplomatist，*supra* n 34，at 106 - 8.

58 Woodrow Wilson，'Letter to Edward Mandell House，March 20，1918'，47 *The Papers of Woodrow Wilson* 85 - 6 （Link ed，1984，Princeton University Press）.

59 Margaret Macmillan，*Paris* 1919 87 - 8 （2003，New York，Random House）［以下简称为 Macmillan］；Knock，*supra* n 12 at 199 - 204.

60 12/13 *Proceedings of the American Society of International Law* 14 （1918/1919）.

61 同上 at 15 - 16.

62 同上 at 19.

63 Diplomatist，*supra* n 34，at 18.

64 Woodrow Wilson，*Congressional Government*：*A Study in American Politics* 22 （15th edn，1900，Boston，Houghton Mifflin）.

65 转引自 Harold Nicolson，*Peacemaking* 1919 73 （1965，New York，Universal Library）。

66 同上 at 69 - 74.

67 Macmillan，*supra* n 59，at 5 - 6.

68 同上 at 23.

69 同上 at 55.

70 同上 at 83 - 91.

71 Diplomatist，*supra* n 34，at 120.

72 Knock，*supra* n 12，at 226.

73 同上 at 12.

74 John Milton Cooper，Jr，*Breaking the Heart of the World*：*Woodrow Wilson and the Fight for the League of Nations* 54 （2001，Cambridge University Press）.

75 Nicolson，*supra* n 65，at 205 - 7.

76 Cooper，*supra* n 74，at 152.

77 同上 at 158 - 9.

78 同上 at 189 - 98.

79 同上 at 234 - 375.

第十章　霍姆斯：国际法
与美国联邦制

　　我们对美国的联邦制已经有所了解。州权与奴隶制作为我们"特有的制度"，令整个联邦在 19 世纪分崩离析就国际法与外国法在美国法中的地位挑起了一场智识与法律论争。南北战争后，州权与美国例外主义仍然主要围绕着种族关系而再次引发了国际法与外国法对美国法有何影响的激烈争论。我们将回顾**密苏里诉霍兰德案**(*Missouri v Holland*)，最高法院于 1920 年对该案的判决至今仍旧引起不断争议。就在威尔逊的国际联盟方案使美国民众对是否在外交事务中赖于国际法与国际组织而争论不休时，**密苏里案**也激化了他们对国际法适用于国内法的意见分歧。

第一节　霍姆斯与密苏里州诉霍兰德案

　　密苏里诉霍兰德案[1] 是美国联邦最高法院做出的关于国际法最重要的判决之一，然而小奥利弗·温德尔·霍姆斯(Oliver Wendell Holmes)判决意见却出奇地短小精炼。从表面上来看，此案事关鸟类迁徙，但事实远不止于此。霍姆斯大法官的意见指向了争论长达数个世纪的问题——即联邦政府和州的国际地位。每一代美国民众都必须面对联邦主义的问题。美国独特的(我们是否敢称其为"非同寻常的"?)宪法体系诞生于华盛顿与现有五十个州之间众多的主权权力冲突中，并从始至终伴随着一个问题：美利坚合众国究竟是根本上**融合**(*united*)的**一体**，还是只是众州的集合？这一无时不在的联邦主义冲突在美国试图通过复杂的宪法体系解决与其他国家间摩擦时会影响美国的判断，为国际法埋下了诸多困境，也常常激怒外国政府。

作为一个兼具美国联邦制与国际法问题的典型案例，**密苏里州诉霍兰德案**已经得到充分细致的讨论。本书第十章并不能取代对霍姆斯判决的众多描述。但本章能够实现的目标有三：首先，解释与案件发生最密切相关的背景，说明**密苏里州诉霍兰德案**在捕猎迁徙鸟类具有政治争议的年代何以发生。其次，挖掘此案的历史与法律环境，将其置于美国联邦政府一个多世纪来与他国、与各州的交往之中，南北战争时期它们的关系最为恶劣。小奥利弗·温德尔·霍姆斯担任最高法官时依旧要面对这种冲突；它还讲述了该案的后续发展以及此后的几十年中，**密苏里州诉霍兰德案**如何成为政治博弈尤其关涉人权的一个战场。

首先，来看案件的直接背景。在 19 世纪 80 年代，美国人的环境意识空前高涨，担忧屠杀信鸽在内的迁徙鸟类将导致物种灭绝。捕猎问题随着武器技术的进步与对于被捕猎鸟类的经济需求而愈加凸显。鸟类不仅可以作为食物，而且能够用于时尚需求，尤其是作为女士帽子的羽毛装饰。鸟类观察者、依赖鸟类除虫的农夫以及将狩猎作为运动的人士全都加入了新成立的各种环保人士组织。其中最有名的是成立于 1886 年的奥杜邦协会（Audubon Society），旨在反对那些需对迁徙鸟类数量锐减负责的"市场型猎人"和"贪婪游戏者（game hogs）"。[2] 这一问题在一名"贪婪游戏者"的书《打猎生涯 20 年，1867—1887》中被坦然且自豪地描述了出来："这些鸟（沙锥鸟）明显是迁徙类鸟，它们只是路过（路易斯安那州），并且只会在国内停留一小段时间，所以我对它们并不会心生怜悯，我往往把目之所及的所有鸟都射下来。"[3]

环保人士取得的首个胜利是敦促州法使涉及被捕猎鸟类的交易困难丛生或归于违法。他们在州层面获得的胜利被 1896 年的**吉尔诉康涅狄格州案**（*Geer v. Connecticut*）[4] 予以确认，此案中美国最高法院维持了康涅狄格州禁止被保护鸟类从本州出口至其他地方的法案效力。[5] 讽刺的是，吉尔案不久却成为了环保人士的绊脚石。怀特大法官认为，根据美国宪法，康涅狄格州对于短暂停留其州内的迁徙鸟类具有至高无上的治安权，这将会威胁到联邦对同类鸟进行专属管辖的合宪性。

由于候鸟迁徙非常短暂,拼接各州的保护方案可能不够,意识到这点后,环境保护主义者决定推动全国性的保护立法。首先出台的是 1900 年《雷斯法》(Lacey Act),[6] 它规定鸟类产品或是部分鸟类肢体产品的外包装都必须贴上标有内容和原产地的标签。随后是 1904 年《席拉斯法案》(Shiras bill),该法案旨在由联邦对狩猎候鸟活动进行全面管辖,但却一直未被国会通过。最终,《威克斯-麦克莱恩法》(Weeks-MaLean Act)于 1912—1913 年获得通过,该法主张捕杀候鸟由联邦专属管辖。[7] 32 个环保组织在参议院和众议院农业委员会的听证会上表示支持。[8]

可即使在法案的支持者中,也不乏对《威克斯-麦克莱恩法》效力持续性的质疑。该法案之所以能够被成功推翻,是因为它构成了联邦对州权的侵犯,从而违反了宪法的精神。曾任麦金利[1]和西奥多·罗斯福两任总统战争部长的伊莱休·鲁特,后成为罗斯福总统内阁的国务卿。与此同时,他还是一名杰出的国际法学者以及美国国际法学会的第一任主席。我们在第八章中介绍过他,当时他的身份是来自纽约的联邦参议员。可以确定的是,鲁特第一个提出,如果有美国缔结之对外条约的支持,《威克斯-麦克莱恩法》就具备了合宪性。1913 年 1 月,鲁特在参议院提出了一项决议,但未获通过。决议中写道:"总统应向其他北美各国的政府提议商讨订立共同保护候鸟的国际公约。"该条约本是为了避免给有意否决《威克斯-麦克莱恩法》的威廉·霍华德·塔夫脱总统落下口实。然而,事实证明此时的条约并无必要,因为 1913 年 3 月 4 日塔夫脱总统似有疏忽地在他任期的最后一天匆忙签署了包括《威克斯-麦克莱恩法》在内的一系列议案,这着实令人费解;但后来他却坚称自己根本没有这样做。[9]

对于那些环保人士来说,幸运的是,新总统伍德罗·威尔逊比塔夫脱总统更热衷于保护候鸟。威尔逊政府担心法院会认定《威克斯-麦克莱恩法》违宪,于是早在 1913 年 4 月就开始寻求与墨西哥、加拿大商谈缔结国际候鸟协约的可能性。与此同时,反对《威克斯-麦克莱恩法》的州权人士从法律上对该法的合宪性提出质疑。[10]

由于尚未缔结协约,环保人士不得不按照当时的情形,积极维护《威克斯-麦克

---

〔1〕威廉·麦金利(1843—1901):美国第 25 任总统。——译者注

莱恩法》。他们立即发起了支持法案合宪性的宣传活动。1913年11月,美国狩猎保护协会法律顾问华特·S.哈斯科尔对美国鸟类学家协会发表演说,称已"就此问题与数位美国联邦最高法院大法官进行探讨,得知法院将支持该法案。我并不想预言如果诉诸最高法院会有何结局。我们并不希望提起诉讼,但如果我们遭到攻击,一定会得到法院的支持。"[11]

1914年3月,另一位环保人士威廉·霍纳戴[2]抨击了那些质疑《威克斯-麦克莱恩法》的人:

> 如今美国的狩猎人正在成立常设组织,设立活动资金,每月发表刊物,为的就是恢复并且保护他们去捕杀的特权!

179 在对抗的初期,对方大部分都是公民个人,因此应对起来并不太难。但如今那些目无法纪的人——肆意狩猎者与利欲熏心者——开始联合起来,募集大笔资金,雇用律师和说客来对付在拯救野生动物过程中取得重要成果的自然环境保护者们。那些市场型猎人、猎物贩子、宾馆和饭店的老板、女帽进口商和那些自动、半自动猎枪制造商现在知道想要保住他们猎杀的特权,必须贡献财力。对他们来说这是生意,商人在生意面临威胁时会投钱挽救,他们也是如此。[12]

然而不久之后,下级法院就推翻了《威克斯-麦克莱恩法》,宣布其违宪。1914年,在**合众国诉沙沃尔案**(*United States v. Shauver*)中[13],被告成功地辩驳了检方对他违反《威克斯-麦克莱恩法》进行狩猎的指控。联邦地区法院特莱伯(Trieber)法官判决,根据**吉尔诉康涅狄格州案**,"野生动物,被称为猎物,归州所有,州并不作为所有人,而是在辖权范围内代表州内所有人的共同利益"。[14]如果是为了便利国会管理与候鸟相关的活动,法官认为"那么公民自己就可以修改宪法了","宣布法案无效……是法院职责所在。"[15]同样,在1915年**美利坚合众国诉麦库拉夫案**

---

〔2〕威廉·霍纳戴(William Hornaday,1854—1937):美国动物学家,环境保护者,动物标本制作师,作家。——译者注

（*United States v McCullagh*）中，美国地区法院波拉克法官（Pollack）做出有利于堪萨斯州的被告的判决："一州境内野生猎物的所有权以及对狩猎活动的排他控制权属于该州而非国家。"[16]

环保人士终于意识到，在缔结条约前，**沙沃尔案**或是**麦库拉夫案**最好都不要由联邦最高法院审理。与伊莱休·鲁特一样，他们开始相信将法案与国际条约"捆绑"在一起是确保联邦法规合宪性的最好方法。与加拿大的协商进展顺利。1916年8月29日，经参议院通过、威尔逊总统批准，首个候鸟条约生效。[17]《纽约时报》对此报道，"过去的四十年中，候鸟的数量减少了一半以上，相关条约和国内法的首要目的均在于防止候鸟灭绝，并且保护这些能帮助农民减少农作物虫害的候鸟。"[18]国会通过了实施该条约的《授权法》（Enabling Act），并经威尔逊总统于1918年7月3日批准生效。[19]新法将全国的狩猎季节限制在三个半月内，且努力平均各州的狩猎机会。[20]

现在，是时候去检验具有条约支持的联邦候鸟管理规则是否合宪了。让我们回到**密苏里诉霍兰德案**。1919年6月2日，美国地方法院的范·沃肯伯格（Van Valkenburgh）法官在初审法院对该案作出了判决。[21]乔治·L.桑普思（George L Samples）和W. C.拉普（W C Lapp）被诉在密苏里境内狩猎并杀死候鸟，违反了新通过的条约《授权法》。桑普思、拉普与密苏里州对这项起诉提出抗辩，认为该法是联邦对州至高无上权力的介入，从而违反了宪法。范·沃肯伯格法官遵循**吉尔诉康涅狄格州案**、**沙沃尔案**以及**麦库拉夫案**的判例，判决"在没有条约的情况下，联邦政府并未被授予至高无上的权力。"[22]因此，"在没有条约的情况下，该法案是违宪的，因为它超出了国会的立法权限。"[23]重要的是，范·沃肯伯格法官判定，美国与加拿大订立的候鸟条约扭转了该法的宪法地位："缔约权是各州根据宪法授予联邦政府行使的最高层级的权力，这不容置疑。"[24]作为专属性联邦权力，该法的有效性仅仅"取决于该条约是否有效实施了宪法授予联邦的权力"。[25]因此一项条约只要不与宪法相抵触，"只要是由两国或多国，为了促进他们共同的利益、保护其民众利益而达成的协议"，即有效。[26]既然美国与加拿大都从保护候鸟中得益，那么"该条约就在合理的缔约权限内。"[27]要求驳回起诉的动议遭到驳回。在范·沃肯伯格法官看来，该《授权法》是合宪的。[28]

1920 年 4 月 19 日,即九个月之后,助理法官小奥利弗·温德尔·霍姆斯作出了美国联邦最高法院对**密苏里诉霍兰德案**[29]的判决。霍姆斯法官的意见书只有 5 页纸。第一页阐述了案件的背景,之后霍姆斯法官指出了关键争议点:"这是个很常见的问题,即干涉由各州保留之权利的条约与法案是否有效。"[30]霍姆斯法官从宪制框架出发开始作答:

> 要回答这个问题,仅仅援引宪法第十修正案所提到的"州保留一切没有授予联邦的权力"是不够的。因为根据第二条第二款,缔约权被明确授予联邦;根据第六条,根据合众国权力所缔结的条约、宪法和依宪法所制定之合众国法律皆为全国最高法律。此外,如条约有效,则不得质疑第一条第八款规定的法案有效性,这是为执行政府权力所必要且恰当的方法。宪法中关于条约至高无上性的规定是很笼统的,而摆在我们面前的问题则具体到探讨当前所举例外情况的原因。

接着就是霍姆斯法官意见中最具争议的部分了。霍姆斯法官将**沙沃尔案**、**麦库拉夫案**与本案区分开来,因为那两个案件均不涉及基于缔约权的立法。而本案新的依据正是伊莱休·鲁特提出的解决方案。此外,它是范·沃肯伯格法官在初审法院认定的整个案件中新出现的重要环节。霍姆斯法官的区分方法如下:

> 根据规定,如果一份条约与宪法相抵触,那么条约无效,因此缔约权有限制条件;限制条件之一就是国会的法案不得损害由州保留的权力,条约也不能损害州权。国会之前的一部法案试图单凭该法案来管理州境内捕杀候鸟的行为,而弃遵循条约之于不顾,该法案在联邦地方法院被裁定无效。**沙沃尔案**(*United states v Shauver*, 214 *fed. Rep.* 154)和**麦库拉夫案**(*United states v McCullagh*, 221 Fed. Rep. 288)的依据是候鸟归州所有,各州为了州内公民的利益,对候鸟行使主权权力,而根据类似**吉尔诉康涅狄格州的案件**(美国联邦法典第 519 卷),国会无权代替州去调整捕杀候鸟的行为。同样的道理也适用于此。

但是无论这两个案例的判决正确与否,它们都不能作为检验缔约权的标准。只有当国会的法案遵循宪法制定,它才是最高法;同样,只有当条约根据合众国权力缔结时,该条约才是国家最高的法律。但合众国权力是否局限于规定缔约事项的正式法案,这未有定论。我们并非想暗示缔约权没有限定条件,只是必须通过另一种方式来加以明确。显然,为了国家福祉,可能会存在异常紧急情况,以至于国会法案无法处理而条约却能解决,并且,当需要全国性行动时,可能无法找到"一种必须属于且存在于每个文明政府的权力"。**安德鲁斯诉安德鲁斯案**(188 U. S. 14,33.)中所述有关州权的表述同样适用于州无法单独应对的情况下的国家权力。我们尚未谈及面前这个具体案子,而只是考虑这一检验标准的有效性。据此,我们不得不说,当我们处理如《美国宪法》这类宪法性文件的文字时,我们必须意识到这些语言也会经历一番发展,而当时写下这些文字的最优才华的立法者也大多无法预见此后的发展。考虑到这点,那些制宪者在立法时足以认为或是希望自己已经创造出了一个有机体。其继承者们通过了一个世纪呕心沥血的努力才证明,当年这些元勋们创造了一个国家。该案必须要从我们整个国家的历程来考虑,而不能仅考虑到一百年前的言论。受到质疑的条约并未与宪法中的任何条款相抵触。唯一的问题就是第十修正案的宽泛性规定是否能够发散出某种隐形的限制,从而禁止该条约。我们在得出第十修正案保留了何物的结论前,必须思考整个国家在这之间的发展与变革。

值得注意的是,不同于鲁特和范·沃肯伯格法官,霍姆斯大法官从美国历史的角度将制宪者所处的年代与他所处的时期区分开来,从"他们的后人通过了一个世纪呕心沥血的努力才证明,当年开国元勋们创造了一个国家"一句中便可窥见一斑。最后,霍姆斯大法官话锋一转,提到了当前这个候鸟案:

> 我们已经对本案中的这个州很熟悉了,该州称从成文法中找到了依据,证明其对候鸟具有排他的所有权。毫无疑问的是,就一州与位于该州的人或物而言,州确实可以管理捕杀以及买卖候鸟,但这并不表示该权力即为排他且

至高无上的。州宣称的所有权是毫无可靠依据的,有如依靠在摇摇欲坠的纤细芦苇杆上。野生鸟类不为任何人占有,而占有则是所有权的开端。此项州权的依据是候鸟出现在该州的境内,然而候鸟却行踪不定,昨天可能尚未进入该州境内,明天就可能飞去他州,不出一个星期则可飞到几千英里之外。

……毋庸置疑,私人关系大多会落入州的管辖范围,但条约却可能优先于州的管辖权。我们无需为此援引宪法的后续发展……早前在涉及法定时效的**霍普柯克诉贝尔案**(*Hopkirk v Bell*,3 Cranch,454),更早期涉及征用问题的**韦尔诉希尔顿案**(*Ware v Hylton*,3 Dall. 199)都已确认。

本案中涉及几乎最重要的一类国家利益,一国只有与他国协力配合才能保证这种利益不受损害。此案中的争议物,即候鸟,只在州境内片刻停留并且在州内并无永久栖息之所。但无论条约还是法案,很快就会出现无鸟可管的情形。[3] 宪法中并无条款强迫联邦政府在食物断供或是森林与庄稼遭受毁坏时袖手旁观。仅仅依赖于各州的保护是远远不够的,这样的依赖是徒劳的,换言之,问题的关键在于中央政府是否被禁止作为。我们认为,必须维持条约与法案的效力。[31]

第二节　关于联邦制的争议

若想理解**密苏里诉霍兰德案**,只讨论 1880—1920 年围绕候鸟展开的政治分歧是不够的。霍姆斯大法官的意见建立在一个更意义深远、更令人不安的政治背景中。在美国走向独立的过程中,关于州与联邦政府的权力平衡的分歧从未间断,有时甚至演化为暴力冲突。它也是导致 1861—1865 年爆发内战的根本原因之一。而且重要的是,霍姆斯大法官亲身经历了这场州之间的战争,作为拥护国家统一的

---

〔3〕在州法不禁止捕猎候鸟的情况下,又不允许条约和联邦法规的介入,可想而知,候鸟数量锐减的结果,就是无鸟可管。——译者注

北部联军军官,与南部邦联的州权捍卫者兵戈相见。

美国这十三个渴望独立的州的领土最初为英国、荷兰、法国、瑞典和西班牙联合殖民统治。但到 1775 年,自北向南,从新罕布什尔州到乔治亚州全部成为了英国的殖民地。部分由英国创立的州,如弗吉尼亚州、马萨诸塞州,以及荷兰建立的新荷兰州(后成为纽约州)已有 150 多年的历史了。各州都有自己的社会、政治以及法律传统。它们的主导教派也不同,有英国国教、公理教、罗马天主教和贵格会等等。使它们团结起来的首要因素在于共同反对英国的控制和税收政策。1775年在列克星顿和康科德战役中,马萨诸塞州成为第一个反抗英殖民统治的州,同时十三个州的代表在费城集会,多少有些类似一个国际联盟。也许,决定任命弗吉尼亚州的乔治·华盛顿来领导军队是一个至关重要的决定,他将十三个州结成的国际联盟转变成一个统一的联邦国家。十三个州的一举一动众人瞩目,可能这是一种自我保护的方式,同时也是建立国家的一种尝试。本杰明·富兰克林有这样一句名言:"我们必须共同上战场,否则就得分别上刑场。"[32]

正如富兰克林和其他开国元勋为了新的美利坚合众国鞠躬尽瘁,九十年后霍姆斯法官和数百万美国年轻人也竭尽全力地保卫这个强调中央政府的合众国。约三十六万人为合众国的建立而捐躯,另有二十万人在试图建立各州主权优先的邦联过程中白白牺牲。[33]小奥利弗·温德尔·霍姆斯是著名的剑桥诗人、医生奥利弗·温德尔·霍姆斯的儿子。1861 年 7 月 23 日刚刚毕业于哈佛大学,年仅二十岁的他便加入了马萨诸塞州第二十志愿军团。马萨诸塞州第二十志愿军团由来自该州各地的男性组成,不仅包括霍姆斯这样的"名门望族出身",还有许多德国和波兰裔等移民军官,军团以这两类人为主。虽然鲜有军官是真正为了摆脱奴隶的枷锁而战,但至少他们大多是为了联邦基业而战,霍姆斯属于那少部分,对其来说反抗奴隶制同等重要。[34]

1861 年至 1865 年期间,马萨诸塞州第二十志愿军团参与了巴尔斯布拉夫战役、费尔奥克斯战役、安蒂特姆战役、弗雷德里克斯堡战役、钱瑟勒斯维尔战役、葛底斯堡战役和莽原战役。对于霍姆斯来说,他熟知马萨诸塞州第二十志愿军团里的每位军官,大多是霍姆斯的朋友,还有一些与他有亲属关系。在战役中牺牲的有威廉·普特南(William Putnam)、费迪南德·德雷赫尔(Ferdinand Dreher)、查尔斯·洛威尔(Charles Lowell)、威廉·巴特勒特(William Bartlett)、内森·赫沃德(Nathan Hayward)、查尔斯·卡伯特(Charles Cabot)、保罗·里维尔(Paul Revere)、亨利·洛浦(Henry Ropes)、萨姆纳·佩因(Sumner Paine)以及霍姆斯的挚友,也是使霍姆斯最为悲痛的人——亨利·艾伯特[4]。霍姆斯本人三次负伤,两度与死亡擦肩而过。一次是在1861年11月的巴尔斯布拉夫战役中被击中胸部,另一次是在1862年9月的安蒂特姆战役中被击中颈部。[35] 1864年艾伯特在莽原战役中牺牲之后,霍姆斯写下"军团中几乎我认识、在意的所有军官都牺牲或受伤了"。[36]如此看来,时隔五十六年,霍姆斯法官在**密苏里诉霍兰德案**中写的"那些制宪者在立法之时足以认为或是希望自己已经创造出了一个有机体。他们的后人通过了一个世纪呕心沥血的努力才证明,当年这些开国元勋们创造了一个国家"还难以理解吗?

第三节　密苏里案的余波

现代人对**密苏里诉霍兰德案**的争议大多围绕着人权问题,特别是与美国例外主义中的窘境——种族关系——有关,之后才是对自然环境保护——案件的直接背景,或对战争与和平问题——案件历史背景的关注。难以判断霍姆斯大法官是否预见到了结局,但从某种意义上来说,这样的判决是恰当的。霍姆斯大法官在美国内战中结束兵役,这场战争关乎美国奴隶制的未来,检验着美国废奴主义者与州权奴隶主何方将处于上风。1865年虽然国家主义者赢得了内战,但州权运动并未就此停止。主张实行差别对待政策的州权,虽然在南方州广受谴责,却足以抗衡联邦关于平等权利的立法,并且在此后的一个世纪里,继续为美国的政治和法律史添上了浓墨重彩的一笔。**密苏里诉霍兰德案**被认为是对主张州权的分立主义者的一大威胁,也由此成为双方对阵的战场。

在正式的法律学说中,**密苏里诉霍兰德案**的地位很快定格:成为了支持国家条约优先于州法的主要司法先例。1920年,钱德勒·安德森在《美国国际法杂

---

〔4〕亨利·艾伯特(Henry Abbott, 1842－1864):美国南北战争时期联邦陆军少校。——译者注

志》中写道,**密苏里诉霍兰德案**表明"缔约权是**国家**权力而非**联邦**权力,这一区分意味着国家权力的管辖权不同于国会基于所谓"保留权力"而行使之管辖权。"[37] 1924 年,美国联邦最高法院在**朝仓诉西雅图案**(*Asakura v City of Seattle*)中遵循了**密苏里诉霍兰德案**的判决,基于一部与日本签订的双边条约,推翻了一部有歧视性的市政条例,该市政条例剥夺了一名申请美国公民资格失败的日本移民的当铺执照。[38] 1937 年**合众国诉贝尔蒙特案**(*United States v. Belmont*)中,关于一项接收俄国的国有化财产的条约,法院裁定不再适用纽约州的公共政策:

> 谈及所有国际谈判、协约以及我们普遍的外交关系时,州界线便不再存在。鉴于此,纽约州不复存在。在合众国的权力范围内,合众国合法从事的任何事项都必定能够完成。当借助司法权威帮助完成时,州宪法、州法及州内政策都不再是被考量、做决定的要素。不允许它们中的任意一项妨碍联邦宪法权力的有效运行。参阅**密苏里诉霍兰德案**(252 US 416)、**朝仓诉西雅图案**(US 332,341)。[39]

由于**密苏里诉霍兰德案**确认了国家的缔约权,它迅速被视为在联邦政府与州的权力天平中倾向前者的一种可行方法。有些人非常支持这种可行性。1924 年,《密歇根法律评论》中一篇文章写道,既然劳工规范已经成为国际协议的常规话题,**密苏里诉霍兰德案**如今使联邦有权管理、调整劳工的工作环境。否则,根据美国宪法,这种做法是违宪的。[40]

然而,以**密苏里诉霍兰德案**维护国家主义立场的可能性并不被看好。肯塔基大学的一位法学教授发表文章,从不同角度看待**密苏里诉霍兰德案**,文章的标题成了亮点:"密苏里诉霍兰德"——通向专制主义之路的司法路标。[41]

弗利斯特·里弗·布莱克(Forrest Reeve Black)教授认为,霍姆斯大法官的裁判"会给主张无限权力的拥趸者以支持和温床。"[42] 布莱克教授认为法官们过度使用缔约权的做法可能会不"美国化":"最专业、最受敬仰的法官是那些经常接触其他国家政府的做法、对国际先例了如指掌的人。无论它们的渊源来自君主专制,苏维埃制还是共和制国家。"[43]

1934 年,国际法学家彼得曼·波特(Pitman Potter)进行了同样激烈的反驳:

> 国际法的权威性高于国家宪法,后者不得与前者相抵触;国家的缔结条约权源于国际法而非国内法……很难想象这样的一个结论会被那些狂热支持国家主义的宪法学者,或者笼统来说被那些极端国家主义者所接受。但是无论从国内法还是国际法的角度,该结论都具有坚实的理论基础和重要的社会意义。[44]

二战后,新国际人权条约酝酿出台之际,**密苏里诉霍兰德案**引发的国家主义者与州权者间的争论更为激烈。州权主义者担心国内法将执行新的人权条约,或者联邦法院将裁定这些新的人权条约在美国自动生效。无论是上述的哪一种情况,一些州在废除奴隶制和奴隶法规后,维持种族间差别对待的做法——隔离但平等原则——都会面临威胁。

时任美国律师协会会长的弗兰克·霍曼(Frank Holman)是当时**密苏里诉霍兰德案**判决意见最重要的反对者。1949 年,霍曼撰文严厉批判了"所谓的人权",称这一说法"经常使用但却缺少一个完整或被公认的定义。"[45] 1947 年联合国经济及社会理事会颁布了人权草案,霍曼批判其为"所谓的人权宣言,所谓的人权公约"[46];人权草案在人权委员会主导下起草,霍曼批评人权委员会主席艾利诺·罗斯福(Eleanor Roosevelt)"是未经专业法案起草训练之人,但他首先是个社会变革者。"[47]因此,霍曼感到,"(公约的)模棱两可,后半部分内容为包括我们在内的世界各国人民建立了一个集体政府的概念。"[48]"国际权利法案的全部内容"都没有采纳权利是"个人的且不可分割的"美国式理论,而是"基于一种非美国式理论——基本权利可以由立法行为创设,并且我们公民的社会和经济福祉、连同基本权利均可以被国际宣言所界定、维持和限制。[49]

霍曼不仅认为《联合国人权宣言》"企图为包括我们在内的全世界人民建立一个集体主义的政府理论"[50],还认为《人权宣言》是破坏美国种族隔离的一大威胁。他抨击该宣言的第 16 条,即"男性和女性应有不受种族、国籍或宗教的任何限制结为夫妇并成立家庭的权利",因为这就意味着"允许种族间的通婚,毫不考虑禁止种族间通婚的州或国家的法律或政策。"[51]

同样,霍曼也对联合国人权项目的另一部分《防止及惩治灭绝种族罪公约》[52]提出抗议,他认为这要求"公职人员与公民个人都被迫对国际法庭的这些模棱两可、界定模糊的'种族灭绝'行为——只要造成某个集体中的成员'受到精神创伤'或串谋此等行为即属'种族灭绝'[53]行为——负有责任"。他给出了例子,例如对"进入(美国)国民警卫队的有色人种新兵"进行种族隔离,镇压底特律的黑人、新奥尔良的意大利人以及西海岸的日本人发起的种族暴乱等。[54]话题从非洲裔美国人、意大利人和日本人对美国国内安宁的威胁转向条约在美国法律中的地位,霍曼指出美国几乎是唯一允许条约自动生效的国家:"因此,如果一部公约,比如《防止及惩治灭绝种族罪公约》被批准成为条约,它将高于所有市县条例、州法和州宪法。"[55]霍曼的观点在美国律师协会中具有代表性,据记载美国律师协会对《联合国人权宣言》与《防止及惩治灭绝种族罪公约》均持反对态度。[56]

对**密苏里诉霍兰德案**中国家缔约权的最为著名的抨击来自 1953 年《布瑞克宪法修正案》(Bricker Amendment)。俄亥俄州参议员约翰·布瑞克[5]抱怨道:**"根据密苏里诉霍兰德案**中所解释的缔约权,参照宪法第六条(相比第五条规定的更为复杂的修宪方法,人们会倾向于选择第六条)即可找到修改宪法的方法。"[57]

布瑞克参议员的修正案提案如下:

第一款　条约中与本宪法相抵触的条款无效。

第二款　只有藉由条约未出现时依旧有效的立法,条约才能作为美国国内法而产生效力。

第三款　国会有权规范与他国或国际组织缔结的所有行政性条约和其他协定。所有此类协约应受本条对条约施加之限制的约束。[58]

布瑞克议员支持霍曼与美国律师协会的观点,同样谴责《防止及惩治灭绝种族

---

〔5〕约翰·布瑞克(1893—1986):美国参议员,共和党人,曾任第五十四任俄亥俄州州长。——译者注

罪公约》。他称："美国律师协会对于《防止及惩治灭绝种族罪公约》的分析显示出，'言论及出版自由与被指控犯罪者权利面临巨大威胁'。"[59] 当然，布瑞克宪法修正案的第二款与**密苏里诉霍兰德案**的判决相悖。[60]艾森豪威尔总统内阁的国务卿约翰·福斯特·杜勒斯指出，推翻**密苏里诉霍兰德案**的判决将会导致"外交上的无人区"。布瑞克议员对此并不认同，他写道："**密苏里诉霍兰德案**的判例出现前，美国长期以来在外交方面如鱼得水，故判例并没有促进外交。"[61]他认为布瑞克宪法修正案的第二款很有必要，因为"正如**密苏里诉霍兰德案**中所解释的，宪法第六条规定的最高效力条款授权国会可依据条约剥夺州根据宪法所保留的权力。"[62]

唐纳德·理查伯格（Donald Richberg）也加入了霍曼与布瑞克议员的阵营，他哀叹道："不幸的是，在霍姆斯大法官就**密苏里诉霍兰德案**的判决意见中，1920 年的美国联邦最高法院显然毫无限制地认可了几乎所有条约的有效性。"[63]同样，他认为人权条约是可以预见的威胁：

> 对不同形式的世界政府的拥趸们发现，可以利用近年来因行政行为和联邦最高法院判决和意见书而扩大的缔约权，这令他们欢欣鼓舞。其中一种世界政府的政体是采纳国际法等通过联合国而不断提出的法律文件（例如《联合国人权公约》和《防止及惩治灭绝种族罪公约》）来运转。[64]

理查伯格批判了"对霍姆斯大法官判决意见——第十修正案的宽泛性规定是否能够发散出某种隐形的限制，从而禁止条约生效——的讽刺性分析"。[65]理查伯格更加嘲讽地写道："用普通人的智慧和理智来分析霍姆斯大法官的观点，得出的推论是在宪法明文规定，合众国政府非经宪法授权没有其他权力，其他政府权力由各州保有，除非遭到民众反对。除此之外，并无'隐形'之含义。"[66]理查伯格总结道："美国人民应何去何从？是保留合众国宪制政府？还是不作为地看着我们的政体逐渐毁灭，而任由国际法自然而然替代国内法来治埋美国人民呢？"[67]

然而，布瑞克的宪法修正案提案遭到了共和党潮水一般的反对。反对者除了国务卿杜勒斯，还有纽约著名律师阿瑟·迪恩，他是杜勒斯（与作者都）曾任职过的沙利文·克伦威尔律所的合伙人，是一位非常有影响的共和党人。迪恩十分清楚霍尔曼、布瑞克和理查伯格关于种族问题的弦外之音，他根据已经获得公认的"宪法效力高于一切条约"的规定，指出：

> 过去的一两年中，在(布瑞克和相关的)修正案提案背后的最大力量，或许是该遭人误解但又广为传播的观点：与宪法"相冲突"的条约已经凌驾于宪法之上，而且美国最高联邦法院允许，或是极有可能允许宪法通过条约而非通过常规修宪程序予以修改。然而，美国联邦最高法院从未允许利用条约修改宪法的可能。[68]

189

迪恩认为："纵观我们整个政体的发展历程，美国联邦最高法院绝不可能允许通过条约来修正宪法。"[69]谈及**密苏里诉霍兰德案**，迪恩说，《候鸟法》"显然没有僭越或违背第十修正案。"[70]总之，迪恩认为，围绕此案的风波毫无法律依据可言：

> 许多媒体对布瑞克宪法修正案提案的评论似乎认为**密苏里诉霍兰德案**是一群狡诈之徒让某些陌生的外来恶魔降临到了一个安乐的国度。显然，事实并非如此，该案在现今与在过去并无二致，该案的判决的确符合对政府划分为立法机关、行政机关和司法机关的考量。[71]

艾森豪威尔政府在一封1955年的美国政府部门函件中确认了迪恩对**密苏里诉霍兰德案**的维护：

> 缔结条约应保证外国政府以对美国有利的方法履行条约，以此促进美国的国家利益。条约绝不应成为影响国内社会变革或试图规避对国家至关重要的宪法程序的工具。[72]

190

在路易斯·亨金教授〔6〕看来,"说服艾森豪威尔总统与国务卿杜勒斯反对布瑞克修正案"并且最终挫败其提案,比起发展人权事业,更加有助于保护**"密苏里诉霍兰德"案**的判决原则:"人权运动的胜利代价巨大。为了帮助推翻布瑞克修正案,艾森豪威尔总统政府承诺美国绝不会加入国际人权公约或协约。[73]

最终,对布瑞克宪法修正案的推动由于国内两方面重大发展而偃旗息鼓。首先,可能也是最重要的是,国内打击种族隔离和种族问题的力量日渐增长。它不仅体现在美国联邦最高法院的判决中,其中最有名的就是**布朗诉教育委员会案**[74],而且体现在行政机关的决策中,例如艾森豪威尔总统决定将第 101 空军师派到阿肯萨斯州的小石城来执行废除学校内种族隔离的任务[75];又例如国会决定通过 1963 年《民权法案》[76]。国家司法、行政以及立法机关反对种族隔离的行动将州权战争从国际事务转向国内事务。其次,1957 年美国联邦最高法院对**里德诉科沃特案**(*Reid v. Covert*)[77]的判决也化解了相当一部分反对**密苏里诉霍兰德案判决**的州权势力。

里德诉科沃特案中,两名美国妇女在海外军事法庭受审,被控谋杀其作为军人的丈夫。在科沃特案中,涉及到"一份……美英两国签订并生效的行政协议,允许美国的军事法庭对在英国境内的美国士兵及其家属行使独立的管辖权。"[78]四位大法官支持了布莱克大法官的意见,美国联邦最高法院做出以下判决:

> 即便军事法庭不能给予被告人陪审团审判以及其他权利法案规定的保护内容,政府仍认为《统一军事司法法典》(UCMJ)第二条第十一款——对在英、日境内军人家属进行军事审讯——属于"必要且适当"履行美方与英、日两国订立的国际协约义务的立法。当然,法院对此最直截了当、最一锤定音的回答是与外国缔结的任何协定都不得授予国会或联邦政府任何其他机关权力,使其免受宪法的约束。[79]

---

〔6〕路易斯·亨金(1917—2010):美国当代最具影响力的国家法及美国外交政策学者,曾任美国国际法协会会长。——译者注

法院确认了"宪法高于条约"[80],将**密苏里诉霍兰德案**作下述区分:

> **密苏里诉霍兰德案**(252 U. S. 416)的判决中没有任何与"宪法高于条约"
> 的立场相悖之处。本院注意到本案中涉及的条约与宪法所有条款内容都并无
> 抵触。本院考虑到第十修正案中规定州或人民保留一切未授予联邦政府的权
> 力。美国能够有效缔结条约,在于人民与州将他们的权力授予了联邦政府,第
> 十修正案对此并未有所禁止。[81]

里德诉科沃特案与民权运动的成功看似结束了国家主义者与州权围绕布瑞克
宪法修正案提案和**密苏里诉霍兰德案**的争论,之后四十载再无争议。但 20 世纪
90 年代,在美国联邦最高法院包括**纽约诉合众国案**[82]、**合众国诉洛佩兹案**[83]以及**伯
尔内诉弗洛雷斯案**[84]在内的数个判例中,一个更加强大的州权法学重新出现,因此
有人建议:考虑到现代条约法的重要性,是时候考虑推翻**密苏里诉霍兰德案**的判
决了。1998 年柯蒂斯·布拉德利教授论述道:

> **密苏里诉霍兰德案**判决形成于国际习惯法而非条约占国际法主导地位之
> 时。然而,自此之后,条约数量极具上升,同时,多边条约也不断增加,如此一
> 来条约"就成为国际体系中制定法律的主要工具"。这一从习惯到成文法的转
> 变意味着如今国际法更为具体,调整的事项也更为广泛。正如马克·杰尼斯
> 教授观察到的那样,"人们的每个行为从某种程度上来说都是条约的管辖客
> 体。"因此这些转变已然实质地提升了条约在国家内部的影响地位。[85]

布拉德利教授同以往的州权支持者们一样,尤为关注"意在调整国家与该国公
民之间关系的国际人权法。"[86]他举例说,国家主义者可能将宗教宽容[87]、儿童权
利[88]、妇女权利[89]、维权运动[90]、《防止及惩治灭绝种族罪公约》[91]以及死刑[92]的标准套
用在州的标准上。布拉德利支持"推翻**密苏里诉霍兰德案**[93]的部分推论",他写道,
"我们必须做出选择。""'国际新政'的本质依旧如此",我们必须决定联邦制是否值
得被保留。如果答案是肯定的,那么国家主义者对缔约权的观点就必须转变。[94]

现代州权主义者对**密苏里诉霍兰德案**的抨击激起了国家主义者对此案的强烈维护。最著名的是大卫·格勒弗教授回应布拉德利教授时,捍卫了**密苏里诉霍兰德案**的历史和理论基础:[95] 格勒弗教授用另一种方式回应了布拉德利教授对于州权或国家主义的"抉择"问题:

> 密苏里案的重要性远不止揭示了宪法在外交事务中的作用。正如霍姆斯大法官认识到的那样,缔约权引发的问题令我们重新审视国家的根本特性对国家统一地位的认可。来之不易,但还是成功地在战场上形成了。制宪元勋们可能相信"如果我们要在所有方面都成为一个国家,显然也必须面对其他国家。"美国人民经历了一场内战才做到这点。对国家身份的认同是个了不起的成就,应当悉心培育。核心在于处理与他国关系时国内的团结。如果挥霍这样的国家统一,付出的代价无疑是对我们聚合为一国之初衷的质疑。[96]

美国宪法本身体现了州权与联邦主义之间的冲突与选择,这也是为何美国国内对于以**密苏里诉霍兰德案**所标志的一系列事件展开了看似永无休止的争辩。意义非凡的是,美国联邦最高法院关于外交事务权力的近期判决可以用来支持国家主义立场。**克罗斯比诉国家外贸委员会案**(*Crosby v National Foreign Trade Council*)中,美国联邦最高法院法官全体一致同意维持地区法院法官原判以及上诉法院的一致判决,裁定马萨诸塞州的一部试图惩罚与缅甸专制政府进行生意往来之公司的法律[97],即《马萨诸塞州-缅甸法》无效。苏特大法官这样说道:

> 由于该州法案条款与国会授予总统的弹性权力相冲突,与对有限范围内诉讼与法案的有限制裁相抵触,与根据联邦法案发展全面的多边战略相抵触,根据宪法最高效力条款,该法案违宪。[98]

克罗斯比案及随后联邦最高法院审理的案件是否可以完全解决州权与联邦之

间的固有宪制冲突,尚未可知。即使**密苏里案**使国际法免于五十个州各自的管辖,对联邦政府权力可谓大获全胜,但美国司法实践一次又一次表明州权仍是一个强有力的实际权力。在布瑞克宪法修正案时期,艾森豪威尔政府有时出于法律原因或政治原因,不愿意将国际规则用于那些具有州行使统治权传统的领域。美国政府有时拒绝按照国际协议行事而遵从州权,其他国家认识到这一点时自然会被激怒。

然而,**密苏里案**确立的司法先例是,当国家政治意愿强烈到足以采用缔约权来 *193* 执行不利于州的国际规则时,只要条约没有违反宪法中的明文规定,并且是"国际"合理的关注议题,那么美国联邦最高法院以及宪法就会允许这样做。这不仅是从**密苏里诉霍兰德案**的直接政治背景——候鸟——中得出的结论,也是从美国惨痛的政治历史经验尤其是内战中得出的结论。内战一劳永逸地确立了政体等制度,用霍姆斯大法官的话来说就是我们每个人流了"太多的血汗来证明(我们已经)创造了一个国家。"

1   252 US 416 (1920).

2   Kirkpartrick Dorsey, The Dawn of Conservation Diplomacy: *U. S. -Canadian Wildlife Protection Treaties in the Progressive Era* 167 - 91(1998, University of Washington Press)[以下简称为 Dorsey]。

3   转引自 John G Phillips, *Migratory Bird Protection in North America* 5 - 6 (1934, American Committee for International Wildlife Protection) [以下简称 Phillips]。

4   161 US 519 (1896).

5   Dorsey, *supra* n 2, at 177 - 8.

6   16 USC § § 3371 et seq.

7   Dorsey, *supra* n 2, at 178 - 91.《威克斯-麦克莱恩法》被公认为是"候鸟条款",它是1913 年 3 月 4 日《农业部拨款法案》的一部分,37 Stat. 828,847, c. 145。

8   Dorsey, *supra* n 2, at 9.

9   同上 at 187 - 8; Phillips, *supra* n 3, at 11 - 13.

10 Dorsey, *supra* n 2, at 192 - 201.

11 'Defends Federal Bird Law,' *NY Times*, November 14,1913, at 8.

12 'The Seamy Side of the Protection of Wild Game', *NY Times*, March 8, 1914, at SM3.

13 214 Fed. Reporter 154 (E D Ark. 1914).

14 同上 at 157.

15 同上 at 160.

16 221 Fed. Reporter 288,294 (D Kan. 1915).

17 Dorsey, *supra* n 2, at 200 - 1; Phillips, *supra* n 3, at 13 - 20.

18　'Saving the Birds', *NY Times*, September 2,1916, at 6.

19　Phillips, *supra* n 3, at 20.

20　'Win Fight to Save Birds: House Passes Treaty Enabling Act for Protection of Migratory Game', *NY Times* June 7,1918, at 13.

21　258 Fed. Reporter 479 (E D Ark. 1919).

22　同上 at 481.

23　同上.

24　同上.

25　同上 at 482.

26　同上.

27　同上 at 484.

28　同上 at 485.

29　252 US 416(1920).

30　同上 at 432.

31　同上 at 432 - 5.

32　Benjamin Franklin, 'Remarks at the Signing of the Declaration of Independence (July 4,1776)' , in John Bartlett, *Familiar Quotations* 348 (E Morrison Beck et al eds, 15 th edn, 1980, Boston, Little Brown).

33　南北战争的死亡人数总计有 55 万之多,大大超过美国参与的任何战争。伤亡率——包括死者和伤者——数倍高于其他战争。较之伤亡率更"寻常"的独立战争之 5.3%、第二次世界大战之 6.6%、越南战争之 2.4%,南北战争的伤亡率达到了骇人的 25.1%。US Civil War Center, 〈http: //www. cwc. lsu. edu〉(November 2006)。

34　Mark DeWolfe Howe, *Justice Oliver Wendell Holmes: The Shaping Years 1841 - 1870 80 - 6*(1957, Harvard University Press)[以下简称 Howe]; Silas Bent, *Justice Oliver Wendell Holmes: A Biography 73 - 124* (1932, New York, Vanguard Press).

35　Howe, *supra* n 34, at 80 - 175; G Edward White, *Justice Oliver Wendell Holmes: Law and the Inner Self 49 - 86* (1993, Oxford University Press).

36　同上 at 79.

37　Chandler P Andersen, 'The Extension of Congressional Jurisdiction by the Treaty-Making Power', 14 *American Journal of International Law* 400 (1920).

38　265 US 332,341 (1924).

39　301 US 324,331 - 2,57 S. Ct. 758,81 L. Ed. 1134(1937).

40　'Labor Legislation Under the Treaty Power', 22 *Michigan Law Review* 457,457 - 63 (1924).

41　Forrest Revere Black, 'Missouri v Holland—A Judicial Mile-post on the Road to Absolutism', *25 Illinois Law Review* 911 (1930 - 1931).

42　同上 at 916.

43　同上 at 921.

44　Pitman B Potter, 'inhibitions Upon the Treaty-Making Power of the United States', 28 *American Journal of International Law* 456,473 - 4 (1934).

45　Frank E Holman, 'International Proposals Affecting So-Called Human Rights', 14 *Law and Contemporary Problems* 479 (1949) [以下简称 Holman].

46　Universal Declaration of Human Rights, UNGA Res. 217A (III), UN Doc A/810, at 71 (1948).

47 Holman, *supra* n 45, at 479.

48 同上 at 480.

49 同上 at 481.

50 同上 at 482.

51 同上 at 482 – 3.

52 Convention on the Prevention and Punishment of the Crime of Genocide, January 12, 1951, 78 UNTS 277.

53 同上 at 486 – 7.

54 同上 at 487.

55 同上.

56 Norbert C. Brockman, 'The History of the American Bar Association: A Biographic essay', 6 *American Journal of Legal History* 269, 280 – 81 (1962).

57 John W. Bricker, 'Making Treaties and the Other International Agreements', 289 *Annals of the American Academy of Political and Social Science* 134, 136 (September 1953).

58 同上 at 136 – 7.

59 同上 at 138.

60 同上 at 139.

61 同上.

62 同上 at 140.

63 Donald R Richberg, 'The Bricker Amendment and the Treaty Power', 39 *Virginia Law Review* 753, 756 (1955).

64 同上 at 760.

65 同上 at 760 – 1.

66 同上 at 761.

67 同上 at 764.

68 Arthur H Dean, 'Amending the Treaty Powers', 6 *Stanford Law Review* 589, 594 (1954).

69 同上 at 594.

70 同上 at 599.

71 同上 at 600.

72 Department of State Circular No 175, December 13, 1955.

73 Louis Henkin, 'Comment: U. S. Ratification of Human Rights Conventions: The Ghost of Senator Bricker', 89 *American Journal of International Law* 341, 348 – 9 (1995).

74 347 US 483 (1954).

75 Robert Burk, *The Eisenhower Administration and Black Civil Rights* 174 – 203 (1984, University of Tennessee Press).

76 PL99 – 352; 28 USCS § 1447; USCS § § 1971; 1975a – 1975d, 2000a – 2000h – 6.

77 354 US 1 (1957).

78 同上 at 15.

79 同上 at 16.

80 同上 at 17.

81 同上 at 18.

82 505 US 144 (1992).

83 514 US 549 (1995).

84 521 US 507 (1997).

85 Curtis A Bradley, 'The Treaty Power and American Federalism', 97 *Michigan Law Review* 390, 459 – 60 (1998).

86 同上 at 396.

87 同上 at 401.

88 同上 at 402.

89 同上 at 402 – 3.

90 同上 at 403.

91 同上 at 403 – 4.

92 同上 at 404 – 6.

93 同上 at 460.

94 同上 at 461.

95 David M Golove, 'Treaty-Making and the Nation: The Historical Foundations of the Nationalist Conception of the Treaty Power', 98 *Michigan Law Review* 1075 (2000).

96 同上 at 1314 – 5.

97 530 US 363 (2000).

98 同上 at 388.

第十一章 大战后的国际法

威尔逊促使美国加入国际联盟的方案失败，从 1919 年到 1939 年的二十年间，美国国际法学者为之所扰。从某种意义而言，这种困扰至今仍未消退。一战、威尔逊和洛奇以及凡尔赛会议都撼动了美国社会长久以来的共识——国际法与生俱来有益。自此，国际法成为美国政治中一个常常引起分歧的话题。

194

第一节 洛奇和国际联盟

我们已经看到，伍德罗·威尔逊曾试图将一战的胜利和《凡尔赛和约》和平解决争端机制的建立转化为民主党和他个人的荣耀。他设立的公众信息委员会（Committee on Public Information）旨在说服"全世界民众"：

> 1. 美利坚不可能被击败……
>
> 2. 美利坚是自由、民主的沃土；因此美国能够被委以重任……
>
> 3. 由于威尔逊总统对新世界秩序的构想以及实现该构想的能力，协约国军队的胜利将会翻开和平与希望的新篇章……[1]

至少在国内，这项计划失败了。1918 年 11 月 5 日，就在停战协议前几日，威尔逊领导下的民主党失去了六个参议院席位和三十个众议院席位；共和党由此成为新的国会多数席位党。[2] 保罗·肯尼迪（Paul Kennedy）曾写道，"如果美国当时的国会议员组成是威尔逊所希望看到的,那么他也不会代表美国出席"次年的巴黎和会。³ 后来的事情众所周知,颇具悲剧色彩,威尔逊拒绝任何优秀的共和党人一同出席和谈。同样众所周知且具有悲剧性的是,亨利·卡伯特·洛奇(Henry Cabot Lodge,1850 - 1924)及其同僚们此时成功地发动了反击。

亨利·卡伯特·洛奇 1850 年生于马萨诸塞州波士顿,家族显赫,是伍德罗·威尔逊国际联盟计划的主要反对者。洛奇少年时,对英国支持美国南部邦联的做法愤怒不已,他提起**阿拉巴马号仲裁案**时称这是即使"1500 万美元的赔款也不能抹去的记忆"。⁴ 洛奇少年随家人旅居欧洲,从哈佛学院(Harvard College)和哈佛法学院毕业后执业,担任过州议员。1886 年,洛奇以微弱优势获得众议院马萨诸塞州议员代表席位。⁵1893 年,洛奇成功当选马萨诸塞州的联邦参议员,在职三十一年直到去世。⁶1897 年他被任命就职参议院外交委员会,后担任委员会主席。⁷

洛奇和威尔逊围绕《凡尔赛和约》以及国际联盟的斗争,对国际法在美国历史中的地位转变至关重要。在美国近两百年里,几乎所有政治理论和意识形态观念都默认国际法与生俱来的益处:从富兰克林、杰弗逊、麦迪逊、汉密尔顿、杰伊、马歇尔、斯托里、肯特、惠顿、道奇、伍斯特、拉德、伯里特、利伯、菲尔德、沃顿、鲁特、布朗、卡耐基、希尔、布雷斯到塔夫脱。然而,战后围绕《凡尔赛和约》和国际联盟的政治冲突使得公众对国际法的认识有了新的变化。最初只是威尔逊和洛奇间的个人矛盾逐渐扩大为一项普遍性议题,有人"支持"美国的国际主义,另一部分则表示"反对"。当然,每个人都可以有不同意见,但基本立场的分野一旦形成,则将持续存在。

洛奇在 1918 年 11 月 26 日致西奥多·罗斯福的信中写到:

> 我知道您正竭尽全力地支持着我们,您的帮助对于我们至关重要。这个和平联盟非常危险。呐喊口号很简单,每个人都渴望和平长存;但是其中的细节更为重要。我认为美利坚不需要也不应加入任何一个可能会操控我们移民法或关税法、决定门罗主义或干涉我们在自己半球的活动、亦或掌控我们陆军或海军的国际组织。现在威尔逊正大力宣传国际联盟,也许其终极目标是成

为联盟主席。[8]

前总统罗斯福也有同感。他对联盟的最终看法在其去世不久后,于 1919 年 1 月刊发出来:

> 总之,需要特别明确指出的是,我们不打算成为国际社会中那个"爱捣乱的玛蒂"。美国民众不希望卷入任何一场国际战争,除非有相当合理的原因或情势所迫。我们不愿将我们英勇的青年人送上形势不明朗的战场,看着他们死在巴尔干半岛或者中欧,抑或任何一场我们并不想参与的战争。[9]

不久,威廉·劳伦斯(William Lawrence)致信洛奇:"我认为真正的美国人绝不会支持第十条。"[10]洛奇回信道:

> 您诚挚的提醒给了我最大支持,我很高兴得知您对于联盟的态度。现在的首要任务是进行全面充分地权衡,我们应当知道现在正面临的问题事关重大,每一个美国人都应当明白这一点……威尔逊总统试图不经参议院的商议,强行推动变革,就像他缔结条约的行为一样,不亚于摧毁宪法。[11]

1919 年 2 月 28 日,威尔逊从巴黎回国,推动联盟方案的谈判进程,对此,洛奇在议会发表长篇演说,逐条反驳了总统的联盟提案[12],并且在结尾时激动地将威尔逊和国际联盟描述为与俄国激进主义有染的反美代表:

> 是什么阻碍了与德国恢复和平?正是因为商讨成立国际联盟,别无其他。让我们即刻就拥有和平,就在 1919 年的荣光之下。这是迎来世界和平的第一步,下一步将是确保我们的世界能在 1950 到 2000 年继续欣享和平。让我们与德国干戈化玉帛,让我们年轻的战士们回家吧。
>
> 重塑世界和平是当下非常紧迫的任务,但现在摆在我们面前的是一个涉及联盟宪章的问题,其棘手程度远盖过其他。我们竟首次被要求放弃华盛顿

的外交策略。我们竟受邀背离乔治·华盛顿的理念,加入到他的对立面——国际主义领导者托洛茨基的阵营。

我们国家的政府民有、民治、民享,有世界上最为自由也是最优秀的政府。

与此相反,俄国正处于秩序混乱、政府无序之中,试图侵略世界上所有和平的国度。而我们正是防御它的伟大堡垒。为了林肯的民有、民治、民享政府,我们必须在国内很多体现出民有、民治和民享政府理念的关键问题上发挥作用。请在迈出这关键一步之前暂停下来,深思熟虑。我并不认为崇尚有序自由和文明的国家不会达成任何在未来可能确保和维持世界和平的协议;但是目前为止,我们并没有看到这样的协议。我们不应该因为一个毫无价值的建立永久和平的尝试就抛弃用战争血泪赢来的一切。我们也不应架起任何使俄国的混乱秩序有可能波及美国式自由的桥梁。我们必须确保,已经展示强劲生命力的美国民主,不会在国际社会主义和无政府状态的土壤中,由于一些徒有其名的超国家政府机构做出的草率错误或制造的迷人幻想而受到拖累。我真诚地希望人类每一个种族都能拥有和平,我为永不破碎的和平祈祷,愿这样的和平光照世界每一个角落。但在我心中,美利坚及其人民的福祉永远居于首位,除此之外,我绝不认同其他没有将我至爱的人民——我也作为其中的一份子——美利坚合众国子民的福祉和最高利益放在首位的方案,不管这种方案

的外表看起来多么公平正义。[13]

劳伦斯戏称威尔逊是一个感性的"爱尔兰凯尔特苏格兰人",和他相比,洛奇就是理智的"盎格鲁撒克逊人":

历史上曾经记录过这样的时刻吗? 盎格鲁撒克逊人——真正的英国人——与苏格兰爱尔兰长老教会信徒,如赞美诗中所言,"惺惺相惜,以为甘甜,在上帝的殿中同行"。

现在我们可以理解对这两个不同种族的代表委以重任的缘由、由此产生的不幸和荒谬,其中一人是领导着一个伟大国家的苏格兰爱尔兰裔领袖,但这个国家是以盎格鲁撒克逊法及其传统为基础:两人都宣誓如果伟大的祖国正

经历危机,势必要在所不惜地帮她度过难关。"神的操控玄奥难测":他的旨意往往出其不意。[14]

相比之下,共和党人对威尔逊国际联盟方案有可能削弱美国国家主权的质疑少了些修饰性辞藻,甚至更加掷地有声:

> 保护国家主权与成为国际联盟成员并不相容。国家主权对于任何一个国 197
> 家而言都是至高无上、绝对的和不容干涉的权力。它是衡量一国之所以为国
> 的不可分割的一种特性……
>
> 为了建立国际联盟,就必须创建一些机构,并赋予权力的衣衫,使之不仅
> 仅能够制定规则,也必须能够执行规则。筹备中的联盟考虑成立某种形式的
> 国际法院,确定成员国的权利、义务、责任以及外交政策,并且作为解决成员国
> 间一切争端的最终裁决机构。与此同时,还应对被法庭认为尚无资格进入联
> 盟的国家予以监护。有人提议,国家在加入联盟时可对某些国内政策做适当
> 保留,但是我们应明白,所有的保留都迟早会成为被联盟最高权力的蚕食对
> 象……
>
> 如果代表联盟的国际法院判决能够约束其成员国,那么美利坚合众国将
> 不得不卷入欧洲的每一场混战。联盟的职责是终止任何一场成员国间的纠
> 纷,如此,拥有世界上最伟大工业化资源、最和平团结国度的我们,将不得不服
> 从于联盟的命令。
>
> 正如上个世纪那样,与诸如英、法这样已经历启蒙的国家就纠纷进行仲裁
> 足以解决未来的棘手问题。与其他国家之间的仲裁也会更加有效,因为一直
> 以来,战争的恐怖和英、法、美三国所主导的文明共同体都是仲裁制度的驱动
> 因素。但是世界上任何两个国家之间,或国家组织间都难有一个相同的利益,
> 任何组织都不能完全杜绝战争。显而易见,试图依靠武力来避免战争发生,是
> 徒劳的。心怀美利坚精神的忠实子民在深思熟虑后定会拒绝加入联盟。他们 198
> 不愿卷入错综复杂的联盟。[15]

美国外交政策上的分歧在 1919 年 3 月更加严重,甚至有人向威尔逊代表团的成员提出:

> 显而易见,卓有成效的国联和孤立主义的国家政策水火不容。美国人民正面临的问题就是,如果选择其一就必须放弃另外一方。[16]

没有任何人能如亨利·卡伯特·洛奇那样精辟又充满嘲讽地反驳威尔逊。事实上,洛奇也熟知威尔逊追求的事业。在 1919 年 8 月 12 日的一次参议院发言中,洛奇从专业角度抨击了威尔逊的联盟计划。[17]他先回顾了以往数个国际联盟的命运:"通过成立一个国家联合体来维护世界和平并不是什么新点子"[18],随后他详细介绍了 1713 年法国人圣·皮埃尔提出的欧洲联盟计划、乌得勒支条约、1791 年奥地利提案、1804 年俄国提案、1815 年巴黎条约和 1818 年神圣同盟。[19]洛奇称神圣同盟就如威尔逊的国际联盟,都是为了稳定现状而生;神圣同盟维护现有的政治体制,镇压激进变革——它"对人类自由而言是如此危险"。[20]洛奇拒绝接受美国在一国国内冲突尚未平息的情况下,就负有参战的法律义务——他举出若干可能出现的鲁莽参与案例,比如庇护波兰境内的犹太人和其他民族,帮助阿拉伯半岛国王——"关于瓦哈比派[7]教徒(the Wahibis)、伊本·撒文德(Ibn Savond)[8]以及阿卜杜拉一世(Emir Abdullah)[9],我知之甚少,这些名字对美国民众来说几乎没有任何意义"。[21]对于其他国家面临的侵略战争也是如此。如果中国是"为了夺回被非法割让出的领土(即山东)而与日本交火",为何美利坚合众国要与中国开战。[22]简言之,"不要把我们的子民送往战场,除非美国宪法要求,除非美利坚人民有如此意愿。"[23]

正如前所述,1919 年,参议院听取了洛奇的意见,拒绝批准威尔逊的联盟提

---

〔7〕瓦哈比派:近代伊斯兰教复古主义派别。该派自称"认主独一者",因其创始人瓦哈卜的名字而得名,是近代伊斯兰教复兴思潮和运动的先驱。——译者注

〔8〕伊本·沙特(1880—1953):沙特阿拉伯王国国王,伊斯兰教瓦哈比派现代国家的开拓者。——译者注

〔9〕阿卜杜拉一世(1882—1951):外约旦的埃米尔(阿拉伯国家的贵族头衔),后成为国王,1950 年时改称约旦国王。——译者注

议。联盟之争又延续到了 1920 年的总统大选。两位在 1918 年最有胜算的总统候选人均于次年出局：1919 年，西奥罗·罗斯福逝世，伍德罗·威尔逊因中风丧失行动能力。1920 年大选中格外突出的是，共和党候选人、俄亥俄州议员沃伦·哈丁以及民主党候选人、俄亥俄州州长詹姆斯·考克斯[10]。这两人先前在国内毫无名气，更不用是什么国际社会的风云人物。比起哈丁和考克斯，罗斯福与威尔逊都是更加坚定的国际主义者。

　　哈丁的竞选纲领围绕孤立主义，反对联盟，主张"回归常态"，认为组建联盟是一场"彻底且无法挽救的失败"。[24] 他以压倒性优势获得胜利，得到超过百分之六十的普选票数，领先对手的选票差额在近一个世纪之内都无人超越。威尔逊

的食言——未能帮助爱尔兰人从大英帝国独立——令爱尔兰裔美国人恼怒。而德裔美国人向来对美国帮助英法与德国对立不抱好感，帮助共和党人赢得了以往的民主党选区。仅有十一个深南州[11]仍对共和党发动的南北战争充满怨念，选择支持考克斯和民主党人。民主党的闪光点在于考克斯的副总统提名人选富兰克林·德拉诺·罗斯福深得人心。罗斯福在 1928 年当选纽约市长，之后四次——1932 年、1936 年、1940 年、1944 年——被选为美国总统。但是总体而言，1920 年的总统大选就像 1924 年卡尔文·柯立芝和 1928 年赫伯特·胡佛当选的情况一样，共和党最终获得胜利，这给国际联盟和国际法事业的发展带来了噩耗。许多共和党人（尽管不是全部）认可倡导美国孤立主义的外交政策。正如哈丁总统在他 1921 年 4 月 12 日发给国会的函件中所言：

　　　　现在的国联会具有管辖世界的超级权力，美国在其中将不再举足轻重。不能有错误解读，也不能背弃美国民众在近期大选里的审慎表达；作为我们自己的选择，只有对全世界宣告，特别是对我们的盟友们宣告：我们不支持国际联盟。[25]

---

〔10〕詹姆斯·考克斯（1870—1957）：美国政治家民主党人，曾任美国众议院议员和俄亥俄州州长。——译者注

〔11〕深南州：指美国东南部，墨西哥沿岸的南部各州，包括路易斯安那，密西西比，阿拉巴马，佛罗里达等。这一带传统上属于美国最保守的地域。——译者注

十年过去了,共和党的孤立主义理论得到进一步提炼。1924 年,亨利·卡伯特·洛奇仍然担任共和党外交事务首席发言人,他在面对民主党批判"执政的共和党根本没有外交策略而且在外交领域一无是处"时,流畅地论述了孤立主义:

> 我认为美利坚合众国可以最好地服务于世界,但首先应该积蓄自己的实力、维系自身的文明体系,这是当今文明世界和无政府主义之间的最大鸿沟,我认为美国可以与欧洲体系相分离,独立地、自由地、以自身的方式帮助他们,全面充分地实现人道主义。罗马的建成并非一日之功,彻底地消弭战争需要相当长的一段时间,我们不可操之过急。美国和欧洲差异迥然,所有状况情形都大不相同。他们的很多人来到此地就是为了摆脱欧洲;有些人是为了以他们自己的方式向神祝祷,并且用自己的方式来运转政府。他们摆脱了欧洲常年战乱的局势。他们在北部有个同宗同源的邻居,其愿景和美国人民所渴望的几乎一样。欧洲有战乱冲突的遗迹——那些历经多个世纪的战争。我们无法体会战争和仇恨所造成的痛苦。随着一代代人在美利坚这片土地上安居乐业,那些存在于欧洲的或好或糟的过往感觉都已经远去。我们如今身处欧洲之外,正是因为这个非常重要的原因,如果我们保持独立,避免纠葛于我们无法体察而只有欧洲国家才领受过的困境与冲突,我们就可以更好地造福于世界和平与福祉,对我而言,这是最好的方式。
>
> 就让这个生于欧洲、属于欧洲的联盟,在欧洲发展,在那里欣欣向荣。我们希望它安好,但是我们拒绝永久性地结盟,正如华盛顿曾经告诫过我们的,我们将用自己的方式,客观且不受欧洲势力摆布地去帮助欧洲,竭尽全力用我们自己决定的方式去处理欧洲事务。我们既不是为了得到土地,也不是为了得到财物,更不是为了得到战争赔偿,让我们自行决定政策的内容和施行的时间吧。在美国过去三年的外交史中,我认为我们有充分确切的证据表明这项政策的合理性。[26]

请注意洛奇的孤立主义表述中所包含的关键信息。首先是我们所熟知的美国例外主义："美国和欧洲差异迥然,所有状况情形都大不相同。"第二点是他坚信美国按照自己的方式行事,才会对世界和平作出最大贡献："如果我们保持独立,避免纠葛于我们无法体察而只有欧洲国家才领受过的困境与冲突,我们能够更好地造福于世界和平与福祉,对我而言,这是最好的方式。"第三点是得出结论,那国际联盟以及所有的国际组织和国际法对美国都是不利的："就让这个生于欧洲、属于欧洲的联盟,在欧洲发展,在那里欣欣向荣。我们希望它安好,但是让我们按照自己的方式形式,拒绝永久性地结盟,像华盛顿曾经告诫过我们的那样"。

200

第二节　摩尔与休斯:乌托邦之后

对于仅有的一些美国国际法拥护者而言,第一次世界大战的血腥屠戮让他们乌托邦的理想黯然无光。这场战争可怕地提醒着人们,人道主义既能百尺竿头,也可能倒行逆施。正如1914年查尔斯·斯托克顿(Charles Stockton)在他的国际法基础教程中写的:

> 在书写本文之际,那场糟糕透顶的战争仍在继续,持续蔓延在世界上最大的三块大陆,制造了许多复杂的国际法问题,使得国际法陷入岌岌可危的状态。根据权威信息,在第一次世界大战前六周里出现的棘手的国际法问题比整个拿破仑时期的还要多。[27]

201

1916年,甚至鲁特也感到彻底地沮丧:

> 战争带来的变故深深地影响着国际法的深层根基,以至于目前国际法学生在讨论具体规则时深感不满。无论爱德华·卡尔森先生在他最近的一次言论中提到国际法已经被毁是否言过其实,很显然,国际法的架构已经被粗暴撼动。三个世纪以来各国政要和法学家们一直力图用现代文明的标准来限制并引导各国间的交往。但是这场几乎牵连全世界所有军事力量并且决定着

几乎除美国以外的所有文明国度命运的战争使他们的计划遭受了巨大的阻力。[28]

很快，一个新的重构世界秩序的美国方案在传统国际法领导者——前任共和党总统塔夫脱和哈佛大学校长 A. 劳伦斯·洛厄尔的领导下浮现出来。强制和平同盟会成立于 1915 年 6 月 17 日，联盟的纲领是：

> 美国希望加入一个在以下方面约束签约国的国际联盟：
>
> 第一条，签约国间协商不能解决的司法争端都应当提交给一个公正的法庭进行审理，既基于争端的实体问题，同时也须符合管辖权规定，条约另有规定的除外。

> 第二条，签约国间不能协商解决的所有其他争端，应当交由和解委员会（Council of Conciliation）考量并提供建议。
>
> 第三条，在将出现的问题按照前述条款处理之前，签约国应当立即联合使用经济、军事力量来制裁任何准备对其他成员发动战争或者对其他成员有任何敌对行为的成员。
>
> 第四条，签约国间应当定期举行会议来制定、编纂国际法规则，第一条所述的法庭应据此做出裁决，某些缔约国在规定期限内提出异议的除外。[29]

当我们在第九章提到"强制和平同盟会"时，威尔逊总统抨击他们是"搅局者"。[30]但事实上，威尔逊才是真正的"搅局者"。"强制和平同盟会"的成员不仅仅有塔夫脱和洛厄尔，还有众多长久以来国际法的乐观主义者，比如西欧多尔·马尔堡。[31]正如我们所看到的，威尔逊只是后来才投身于国际法及国际组织事业。塔夫

脱在 1919 年 3 月与威尔逊共同出席召开于纽约大都会歌剧院的会议时，表现出了"真正的勇敢"。塔夫脱是为数不多的愿意支持威尔逊国际联盟方案的共和党高层之一。言及他长久以来对国际法和国际组织的支持，塔夫脱打趣道，他曾经领导美国政府这一事实被威尔逊"早已遗忘"。[32]

大部分美国国际法学者并非威尔逊那样自以为是、非黑即白的道德主义者，他

们因国际法在第一次世界大战中被弃如草芥而不免自轻。1917年普林斯顿大学助理教授菲利普·马歇尔·布朗哀叹道：

> 必须承认，在许多人看来，国际法已经被大战的进行方式所严重摧毁。某些交战国公然违反规范战争行为的法律规则，这表明国际法几乎不受尊重；它萎靡得像一片单薄的芦苇，不过是"一堆纸屑"。[33]

布朗认为"国际法应当规制战争这个想法本质上自相矛盾并且毫无根据"，他建议重新定义该学科。[34]"国际法真正的作用不是控制战争而是避免战争。"[35]那如何实现呢？布朗拒绝接受威尔逊的道德主义，提出国际法应当减少说教布道，更加贴合实际：

> 形成于格劳秀斯的国际法，似乎一直以来在道德上反对当今的国际无政府主义状态，一直以来扮演着布道者、说教者、改革者、道德理想主义者的身份，而没有成为法律专家、立法者和从事事务的政治家。[36]

美国国际法学者群体中新出现的谦逊态度在其国家拒绝加入《凡尔赛和约》以及威尔逊的国际联盟计划后更加明显。哈丁在1920年的选举纲领中尖锐批判了国际联盟，突出了美国的孤立主义转向。而对国际法的信徒们而言，只有美国服从新的国际法院的领导，才具备政治可行性。正如密歇根大学杰西·里夫（Jesse Reeves）教授在1921年所提出的，尽管"国际组织对于国际法的存在至关重要……但建立一个藉由司法途径解决国际争端的组织，由国际法院裁断法律权利和义务的需求，同样显而易见。"[37]

凡尔赛会议在1919年《国际联盟盟约》第14条中规定设立常设国际法院：

> 理事会应筹拟设立常设国际法院之计划并提交联盟各成员国采用。凡各方提出属于国际性质之争议，该法院就有权审理并判决。凡有争议或问题经理事会或大会咨询，该法院亦可发表意见。

1920 年 2 月，国联理事会成立法学家咨询委员会（Advisory Committee of Jurists)协助执行第 14 条。1920 年 6 月 16 日,咨询委员会成员于海牙举行第一次正式会议。初始成员有日本的安达峰一郎（Minéitcirô Adatci)、西班牙的阿尔塔米拉（Altamira)、巴西的贝维拉丘娃（Bevilaqua)、比利时的德尚（Deschamps)、英国的菲利莫尔、意大利的里奇·布萨蒂（Ricci-Busatti)以及美国的鲁特。[38]选择鲁特加入该咨询委员会一事尤为引人关注。首先,鲁特并没有被伍德罗·威尔逊列入出席凡尔赛会议的美国谈判团成员名单。其次,鲁特曾经是国防部长、国务卿、纽约州参议员,[39]是一位出色的共和党人——《国际联盟盟约》未在美国参议院获得通过的主要阻力正是来自于共和党。最后,鲁特成为出席咨询委员会的唯一非联盟成员国家代表;事实上,他代表着一个永远不会批准国联盟约或常设国际法院规约的国家(事实也的确如此)。

尽管如此,鲁特在咨询委员会中仍扮演着重要角色。用柯吉斯（Kirgis)教授的话来说,常设国际法院甚至有时候被称作"鲁特法院",因为鲁特在设计并巧妙地呈现法官遴选方式的过程中举足轻重,他的方案能够满足各国利益,无论大国还是小国。[40]然而鲁特并没有被选入咨询委员会的领导层。委员会任命德尚为主席,罗德尔（Loder)为副主席,德·拉培德雷（de Lapradelle）作为联系人（Rapporteur)。[41]

仅仅在六周之内,咨询委员会便起草了一份后来被称为常设国际法院的组织、管辖权和程序草案。草案历经成员国听证和修改,于 1920 年 8 月国联第一次大会时被提交给国联理事会。多次修改后,国际联盟最终于 1920 年 12 月 13 日通过草案,即《常设国际法院规约》。1920 年 12 月 16 日,各国陆续进入签约程序。[42]

1921 年 9 月时,已经有二十七个国家批准了《常设国际法院规约》。1921 年 9 月 14 日,理事会和大会同时举行选举活动。十一名法官当选:西班牙的阿达尔米拉（Altimara)、意大利的安齐洛蒂（Anzilotti)、巴西的巴博萨（Barbosa)、古巴的布斯塔曼特（Bustamonte)、英国的芬雷（Finlay)、瑞士的胡伯（Huber)、瑞典的罗德尔、美国的摩尔、丹麦的尼霍姆（Nyholm)、日本的织田万（Oda)和法国的维斯（Weiss)。另有四名助理法官:挪威的巴赫曼（Beichmann)、罗马尼亚的尼古拉斯哥（Negulesco）、中国的王宠惠和南斯拉夫的雅万维奇（Yovanovich）。1922 年 1 月至 3 月间,常设国际法院在海牙和平宫召开会议,起草并正式通过了程序规则。[43]

约翰·巴塞特·摩尔（John Bassett Moore,1860‒1947）是首位在常设国际法院担任法官的美国人（1921—1928 年）,这生动地说明两次世界大战间隔期,美国国际法学者中的实用主义占得上风。摩尔生于特拉华州,毕业于弗吉尼亚大学。当选常设国际法院法官之前的六十年内,摩尔在国际法领域已经成绩斐然,学术研究和公职服务上均表现杰出——他自 1891 年任教于哥伦比亚大学。摩尔的谨慎保守主义同时赢得了共和党和民主党的肯定。1885 年,他受聘于国务院担任弗朗西斯·沃顿助理,并且协助沃顿编写**《国际法汇纂》**(1886)。[44]二十年后,即 1906 年,摩尔出版了自己的**《国际法汇纂》**。1898 年,他作为美国代表团秘书参与起草与西班牙的和平条约。1913 年,摩尔入选常设仲裁法院。[45]

204

摩尔的突出之处在于他对所耕耘领域及美国在国际政治中的作用期望较低。他生性谨慎。1898 年他反对美国从西班牙手中获得菲律宾,却以失败告终。[46]作为威尔逊执政期间的美国国务院咨询顾问,摩尔倾向于赞同国务卿布莱恩的不干涉主张,而不支持威尔逊先后发动或参与在墨西哥和欧洲的战争。据说摩尔曾言"我见布莱恩越多,就越发认同他的想法;而我对威尔逊却恰恰相反。"[47]摩尔区分了国际法院自愿适用国际法和国际联盟根据第十条得出的强制性政治决定,前者他完全支持,后者则彻底反对。国际政府成了国家政府的唯一替代者,在所有的政府类型中,这是最糟糕的。[48]

查尔斯·埃文斯·休斯(1862—1948)是接任摩尔常设国际法院职位的第二位美国人。他和鲁特、塔夫特并列 20 世纪早期美国国际法领域的三巨擘。他们三人都在国际法乐观主义时期成长,一直保持着对国际法的炽热。如果用一种更加含蓄的表达,他们应当是一战后国际法学科的支持者。尽管此时威尔逊带领美国加入国际联盟的尝试最终失败,而且大部分共和党人以及该党派本身也拒绝批准美国加入国际机构。我们在第八章中了解了鲁特和塔夫脱。休斯的职业生涯同样也与众不同。

205

休斯 1862 年出生于纽约州北部,父亲是威尔士浸礼会牧师。他先后从布朗大学和哥伦比亚法学院毕业,随后二十多年里一直是一名成功的华尔街律师,期间有两年于康奈尔大学教授国际法。1905 年,他领导了广受好评的纽约公共设施调查,1906 年击败出版商威廉·伦道夫·赫斯特成为纽约州州长。1910 年塔夫脱总统任命休斯担任美国最高法院大法官。1916 年他辞去了大法官的职务,打算在总统竞选中与伍德罗·威尔逊一较高下,但最终以选举人团票数 254 对 277 的微弱差距憾负——如果加利福尼亚州再增加几千张普选选票就可以扭转局势。休斯在威尔逊第二任期内重返薪资丰厚的纽约律师界,但 1921—1924 年间又先后在哈丁总统和柯立芝总统手下任国务卿。此后,他再次回归实务,甚至于代表美国出任常设国际法院的第二任法官期间(1928—1930 年)也没有中断。休斯再次被任命为美国最高法院大法官时,辞去了常设国际法院的工作。这次胡佛总统任命休斯为首席大法官,接任另一位国际法院的乐观主义支持者威廉·霍华德·塔夫脱。[49]

将这两次世界大战间隔期间的共和党首席大法官——塔夫脱和休斯——与两位最近晚近时期的共和党首席大法官伦奎斯特和罗伯茨对国际法的热忱进行对比,结果十分有趣。在塔夫脱和休斯身上,我们看到了他们沁润其中的 19 世纪国际法乌托邦理念,同样,伦奎斯特和罗伯茨则体现出 20 世纪对国际法充满质疑的声音。这或许正是一战期间及战后人们对国际法学科的认识发生急剧变化的有力佐证。

作为共和党的资深政要,休斯是两次世界大战期间国际法的虔诚信徒。奥古斯都·汉德(Augustus Hand)[12]在休斯的纪念仪式上讲到:

哈丁当选总统后,休斯担任国务卿并在该职位上经历了哈丁总统的简短任期以及柯立芝总统的第一届任期。他因在 1920 年竞选演说中公开支持国际联盟、选举后无法再继续支持国联方案而饱受批评。但我认为共和党在这个问题上的处理上并不得人心,这并不是鲁特、塔夫脱或者休斯等希望明确支

---

[12] 奥古斯都·汉德(1869—1954):美国法学家,曾任美国纽约州南区联邦地方法院法官。——译者注

持联盟之人的错误。一股不可逆转的洪流席卷全国，周遭遍布"回到常态"，"一切如常"，"避免外国势力纠缠"等标语口号。这些行为极端愚蠢自私，只有那些布道理想却忽视了现实可能性的改革者会将联盟构想的失败归咎于休斯。[50]

第三节　美国的远离

大战带来了毁灭性的后果，与此同时，国际社会对美国拒绝加入威尔逊倡导的国际联盟表露失望，这无疑是对美国国际法学者的双重打击，使其在两次世界战争之间的二十年里黯然失色。美国的国际法倡导者不再像从前那样盲目乐观或者夜郎自大。1925年，时任美国国际法协会主席的休斯谨慎地在学会年会上发言，认为国际法"不是唯一或充分的解决方案，而是一种纠正给我们带来痛苦的罪恶的重要措施"。[51]四年后，依旧担任美国国际法协会主席的休斯在反驳那些对国际法过于悲观或过于乐观的人时，采取了格劳秀斯学派的观点，他说：

"倡议理性发展总是受挫于两类人，他们持有截然相反却同样令人尴尬的观点。第一类人旨在探索国际法的发展完善，他们将国际法视为全然不实际之物所以希望由国内政策更大限度地主导国际法的发展。第二类群体的范围更广，他们对国内法十分熟稔而推崇立法。在其看来，制定法律是人类的主要目标。但在国际范围内，我们在建立和平体系的过程中不能满足于仅有立法程序，尽管立法是必需的。"[52]

美国已经比以往更加疏离国际法事业，国际法学院（Académie de Droit Institutional）的活动就是一例。该学院由美国卡耐基基金会拨款设立。学院坐落在常设国际法院的所在地海牙和平宫（同为卡耐基捐赠设立），但与美国的联系并不紧密。学院将法语选为其夏季课程和讲座的语言。第一期的作者是科尔夫（Korff，逃亡到美国才四年的俄裔）、菲利莫尔（英国上议院高级法官）、特里佩尔

（来自柏林的德国教授）、威尔逊（来自哈佛大学的美国教授）、罗林（Rolin，来自根特的比利时教授）、斯特利索乌尔（Strisower，来自维也纳的奥地利教授）、费尔舍·威廉姆斯（Fischer Williams，英国出庭律师）、曼德尔斯塔姆（Mandelstam，俄国外交官）、韦斯（Weiss，来自巴黎的法国教授）、拉巴尔（De la Barra，墨西哥前总统）和波雷尔（来自日内瓦的瑞士教授）。毫无疑问，这是欧洲人的阵容。唯一的美国人威尔逊，选择（或被要求）做关于"国家领土邻近水域问题"的演讲，这应该不是学院在创始初年最令人激动的话题。[53] 接下来一年的阵容同样以欧洲为中心。25 场演讲中只有 3 场来自欧洲之外的学者，分别是密歇根的里夫斯、普林斯顿的布朗和委内瑞拉的大使普拉纳斯·苏亚雷斯（Planas-Suarez）。同时，仅法国一国就有五人获卡耐基基金资助。德国和英国各有三人，俄国、瑞士、比利时和意大利各有两人，其中这两名俄国人均为移民，荷兰、希腊和前捷克斯洛伐克各有一人。[54] 即使将夏季课程设在海牙常设国际法院附近是十分明智的，但欧洲人对夏季课程的偏见显而易见。

207　　　美国的疏远还表现在国际法会议上美国人的态度变化。在 19 世纪，拉德、伯里特、菲尔德和希尔等美国人在国际会议上积极推动国际法的发展和国际法院的建立，但现在，美国人对这些乌托邦方案的怀疑大于期望。例如，1924 年国际法协会围绕《常设国际法院规约草案》的争论就能充分说明这一点。[55]

　　1924 年国际法协会在斯德哥尔摩举办第 33 次会议时，距设立已有五十余载。正如我们在第八章中提到，1873 年成立的国际法协会在很大程度上是源于美国人对第三方公正解决国际争端的理想抱负，这种热情正是因 1872 年**阿拉巴马号仲裁案**被非常圆满地完结而释放出来。人们希望国际法和国际法院被适当的塑造和推动后，可以作为替代战争的和平解决方式。之后的五十年里，国际法协会开始关注商事问题，但政治问题却也始终是学会的研讨对象。一战中巨大的牺牲使得人们对战争的恐惧更加真实。鉴于国际法协会的最初宗旨以及上一届会议即 1922 年于布宜诺斯艾利斯举行的第 32 次会议上提出的若干迫切事宜，本届国际法协会决议："设立国际刑事法院对维护正义十分必要，会议亦认为该问题十分急迫。"国际法协会的一位英国成员休·白洛特，被任命起草法院的规约草案。[56] 1924 年召开的斯德哥尔摩会议上，白洛特的规约草案被呈交到国际法协会，并引起了一场热烈的争论。[57]

有人对斯德哥尔摩会议上的争论具有不同寻常的解读。[58]尽管当时参加斯德哥尔摩会议的代表们并不知道二战中会出现更严重的暴行,国际法学者还是富有前瞻性地争论了是否应该设立第三方国际司法程序来威吓和惩罚战犯(虽然这没有发挥实际作用)。

白洛特的规约草案提议设立一个由 25 位成员组成的国际刑事法院:15 位法官和 10 位助理法官,由国际联盟大会和理事会选举产生,任期九年。[59]此时正是以国家为中心的实证主义发展最为鼎盛的时期,白洛特却认为个人也可以是国际法主体。个人不仅可作为国际法院的被告,也可作为原告:"国际法院的大门应面向每个国家的公民,无论各方是交战中还是居于中立,无论战时还是战后。"[60]然而,他们必须获得"本国……的正式同意"。除了个人,"每个国家都有权代表国家或其公民提起诉讼"。[61]

同样具有标志性意义的是,个人可成为国际刑事法院的判决对象。法院的对"所有违反战争法或惯例的诉讼或指控具有管辖权,这些法规和惯例被普遍认可具有约束力、或载于国际公约或见于国家间条约,且原被告分属缔约国公民"。[62]更有甚者,规约草案规定"国际法院对所有反人道法、违反公共良心的行为具有管辖权"。[63]这实际上是一个广泛的审判管辖权。国际刑事法院有权自行决定所有管辖权的问题。[64]所适用的实体法与彼时新设立的国际常设法院相同:(1)国际惯例,(2)国际习惯,(3)被文明各国认可的一般法律原则,(4)"辅助方法",即司法判决和各国最权威公法学家的学说。[65]

规约的起草者休·白洛特(1860—1928 年)首先发言。白洛特在 1916 年成为国际法协会的名誉秘书长,一战后被任命到一个调查战俘待遇的英国政府委员会工作。当他所在委员会的报告被官方压下时,有人形容白洛特对此"备感失望"。而且,该委员会对一战中违反战争法行为的调查结果手稿也促使白洛特更加积极主动地为国际法协会起草国际刑事法院规约草案。[66]

发表评论的四位美国人中,查尔斯·亨利·巴特勒(Charles Henry Butler, 1859－1940)首先发言。巴特勒曾就读于普林斯顿大学,是美国司法部长本杰明·巴特勒(Benjamin Butler)的孙子。在 1902 到 1916 年间,巴特勒是美国最高法院判例汇编员,1907 年作为美国代表出席第二次海牙和平会议。在斯德哥尔摩会议召开时,巴特勒是在华盛顿特区的私人执业律师。他曾主张 1898 年美国有国际法权利来干涉古巴对西班牙反抗活动,因为"一国干涉另一国事务的权利在于人道主义和防止暴行和野蛮行为的文明开化"。[67]巴特勒还表示有利于国际法院建立的布宜诺斯艾利斯原则应当重新考虑。[68]

接下来发表评论的霍利斯·R. 贝利(Hollis R. Bailey, 1852-1934),哈佛大学及哈佛法学院毕业生,一名来自波士顿的律师,美国立法促进统一委员会主席,国际法协会美国分会的第一任主席。[69]贝利强调,在美国,律师委员会经常为"四十八个享有主权的州"起草统一性法律;他建议将白洛特的规约草案呈递给一个委员会。[70]贝利以一种不那么自然的语气称赞白洛特:"他给了我们一些具体切实的东西:现在我们能知道它的样貌,不再以一种模糊不清的方式而是具体直观地呈现出来;我们能更清楚地了解这东西,尽管令人反感,但如若没有白洛特,恐怕迄今为止我们还不知道它如此令人反感。"[71]

不久,巴特勒解释道,他"强烈反对现在设立此类法院"。[72]巴特勒认为"国际法院的原则应当是,并且我认为它应该也是美国所持的原则,即管辖权应限于国家之间的争端,事实上个人应当完全没有机会成为诉讼一方"。[73]巴特勒感到,"无论如何设计,人道主义法和公共良心的规定与表达都太过模糊及不确定,以至于无法作为任何法院的指导",这也是根本问题所在。[74]

巴特勒说他曾作为美国出席 1907 年第二次海牙和平会议的代表,认为阻挡当时提议设立的国际捕获法院的"绊脚石"是关于法院"有权根据公平正义之原则裁决案件"的规定。这导致美国拒绝批准国际捕获法院条约。[75]提议设立的国际刑事法院由于只是没有上诉权的初审法院,"没有给予犯罪嫌疑人以几乎各国法律和刑事诉讼程序都提供的保护,相反,它使犯罪嫌疑人更难被无罪释放,相比正义之法所要求的结果,他使犯罪嫌疑人更容易被定罪"。[76]

留待规约草案的辩论时间所剩有限之际,英国代表菲利莫尔大法官提议,"本次会议没有对设立国际刑事法院的可行性和收益提出更深层次意见,建议由一个律师委员会商讨白洛特博士的报告,考察设立该法院的计划是否成立。"[77]第三位发言的美国代表是亚瑟·巴拉特(Arthur Barratt),他同意延期设立该法院。[78]巴拉特是离婚方面法律的专家，既是纽约州律师协会又是英国律师协会的成员。[79]

第四位美国人是约翰·辛克利(John Hinkley)，一名来自巴尔的摩律师协会成员，曾任美国律师协会秘书长。[80]尽管他同意"违反国际法的犯罪应当由一个公正的法庭审判"，但是感到"设立国际刑事法院的时机还未到来"。[81]辛克利认为设立国际法院有三个关键问题。第一，他认为不可能存在主权国家不作为被告的国际犯罪。第二，他认为绝无可能制定规制国际刑事行为的法律。第三，他认为无法创设权威来执行法院判决。[82]他的反对意见得到许多"喝彩"。[83]像其他所有美国人一样，尽管对国际法十分感兴趣而参加国际法协会的斯德哥尔摩会议，但是辛克利不愿看到国际刑事法院的成立，也不欢迎一个可能干涉美国主权的国际刑事法院。

那么国际刑事法院的进程有何发展？在 1926 年维也纳举行的国际法协会会议上，正如斯德哥尔摩会议所决议的，白洛特的《国际刑事法院规约草案》被递交至国际法协会中的一个委员会，最终该委员会将其作用略微弱化，但增加了许多细节。[84]稍经修改后，国际法协会版本的《国际刑事法院规约草案》最终被采纳。[85]1924年与会的美国人中——巴特勒、巴拉特、贝利和辛克利——没有一人，事实上根本没有美国人参与 1926 年维也纳会议就此问题的辩论，这也是美国孤立主义的又一证据。[86]

十年后，二战前夕，哈佛大学教授曼利·哈德逊写了一篇六页的简短评论归纳当时的国家局势。[87]他用一句话概括了 1922 年、1924 年和 1926 年的三次国际法协会会议，并为每年国际法协会的报告都作了脚注阐释。[88]哈德逊将国际法协会归为"非官方组织"，在 20 世纪 20 年代比各国政府显现出对国际刑事法院的更多热情。[89]哈德逊总结到，1934 年南斯拉夫国王亚历山大一世和法国外交部长一起遭遇刺杀后，各国政府对国际刑事法院展现出更多的兴趣。[90]最终这种来自政府的兴趣促成了 1937 年起草《预防和惩治恐怖主义公约》和《设立国际刑事法院公约》。[91]但是哈德逊不确定这两份公约是否生效。[92]由于次年二战爆发，两份公约均没有生效。二战之后，各国政府再次展现出对设立国际刑事法院的热忱。又过了四十年后，国际刑事法院的构想终于开花结果，在冷战之后得以宣布成立，然而当时美国又一次表示质疑，仍旧拒绝加入新的国际刑事法院。[93]

在美国这样一个幅员辽阔的大国，始终会有对国际法不一致的观点，有人对它寄予厚望，也有人不屑一顾。然而，如果阅读斯德哥尔摩会议的记录，就能发现美国人的观点似乎有一个重要的变化。做个或许过于简单的对比，看看那些在 1815 年至 1914 年间热衷于国际法院的美国人——道奇、伍斯特、拉德、伯里特、希尔和布雷斯。这些乌托邦主义者由衷地相信国际法能够减少国家间的战争，法庭能够取代战场。19 世纪美国的乌托邦主义者为 20 世纪的国际法院描绘了蓝图。现在，看看他们在 20 世纪继承者们——巴特勒、巴拉特、贝利和辛克利。这些都是唱国际法反调的人，都是质疑国际法、国际法院实用性和重要性的人。20 世纪 20 年代时，甚至在那些愿意出席斯德哥尔摩国际法会议的美国代表中也出现了变化。

第四节　新信徒

一些幻想破灭的美国国际法热衷者最终重拾信心，从威尔逊主义和新设立的国际机构中得到慰藉。印第安纳大学阿莫斯·赫尔歇（Amos Hershey）教授——最受欢迎的国际法教科书之一的作者——于 1927 年重新回归国际法信徒的行列：

> 对 1912 年首次出版之《国际公法精要》的全面修订或许已经期待许久了。迟迟未能修订的原因之一是，作者尚不确信国际法的效力，缺乏有力的证据证明这个在欧洲废墟中缓慢建立起来的世界新秩序足够稳定。
>
> 《日内瓦公约》和《洛迦诺公约》的签署迎来了国际法的黎明，此时作者才拥有了强大的决心来承担起修订的任务。他不仅相信世界新秩序有了相当坚实的基础作为保障，更重要的是，因为国际联盟的出现，国际法正在经历其发展史上最重要的阶段。国际争端的和平解决、持续进行的国际合作、立法（通过缔约权）和国际组织等更是取得了巨大进步。
>
> 为了强调这一发展，这本著作的书名从《国际公法精要》更改为《国际公法

和国际组织精要》。[94]

赫尔歇已经知晓在国际法和国际伦理道德之间做出重要而清晰的区分：

> 尽管国际法很大程度上是基于人类的公平正义，但国际道德在各个方 *212*
> 面都有别于国际法；因为后者无力指责某些践踏公正和人权的实践和规则
> （例如征服权），而前者的许多规则并非基于道义，而是发展自我利益，找寻
> 便利。[95]

奥斯丁学派的实证主义者批评国际法缺乏立法机构和法庭，而并非真正的法律，但现在的国际联盟和常设国际法院使得赫尔歇愈加相信能够建立更多的国际组织。[96]他对于缺乏国际制裁的事实并不那么乐观，并且也不愿承认：将战争作为"国际法真正且主要的制裁方式"总是适宜的。[97]

摩尔作为常设国际法院的首任美国籍法官时，"致力于恢复被第一次世界大战摧毁的理性思维和法律、历史视角。"[98]他感到这场被称为世界大战的战争动摇了格劳秀斯关于"交战人员和非交战人员之间的区别……（这也是）现代战争法中最重要的原则。"[99]"很难相信，整个世界已经开始准备承认，在'下一次的战争'中，对 *213* 交战军队的首个合法制裁方式是轰炸或者摧毁食品供应商和其他一直被视为非战斗人员的辅助性群体；如果不再区分战斗人员和非战斗人员，那么这项制裁在法律上就是公平的，在战略上是正确的。"[100]很不幸，摩尔错了："下一场战争"实际上对于非战斗人员而言，更具毁灭性。

摩尔与赫尔歇不同，他对于宏大的计划充满质疑：

> 但有人劝告我们悬崖勒马，放弃过往站不住脚的权宜之计，放弃这些让
> 主张和平的人们受到戏弄、陷入泥沼的措施。预言家们只是记得罗斯福主
> 义中激情澎湃的"乌托邦还是地狱"，却彻底遗忘了一个重要事实：地狱总是
> 存在，乌托邦却从不会到来。他们只是预测一种新的制度性质，而没有理论
> 上的创新，这告诉我们：我们不应该在国际法上继续浪费时间，因为国际法

声称要用法律来规制战争，但同时又缺乏制裁措施。我们也不应该再浪费时间重塑和改善规则，不得不遗憾地指出，这些规则终将被毁坏；我们还不应该浪费时间在国际法院上，因为它们的判决缺乏效力，现在或将来都不能被执行；但是我们必须宣布战争行为非法，并且设立一种制裁措施并予以贯彻执行。[101]

如同以往的国际法信徒，摩尔最终的总结不免宗教口吻：

> 现在充满机遇，并且所有机遇都是责任······我们日复一日地在世界大战带来的黑暗与迷茫中寻求答案······对格劳秀斯和瓦特尔的信念仍在。我们是否应该重新发扬它并且带着它继续前行？我们是否应该像意念坚定的使徒一样，不仅仅弥补过往的缺憾不足，同时也做出更进一步的努力？[102]

世界大战的冲击使教会不得不面对突如其来的结构性调整。19世纪，教会更倾向于把促进世界和平的使命交给个人，但在大战之后许多人认为教会本身也应该承担起国际职责。[103]不同教会派别的合作不断增加，共同促进和平解决国际争端。[104]1924年英国伯明翰举行的超宗派（interdenominational）国际会议表明，维护世界和平是一项道德责任，这一观点遭到了伦敦《泰晤士报》的批评。[105]1930年，一项对两百余个教会在过去十年间的教会声明的研究表明，他们基本一致地认为，应该废除战争。[106]卫理公会派认为战争是不光彩的、无法解决问题、耗费资源，与基督教精神相违背。浸礼会和一位论派称战争是"巨大且毁灭性的社会罪恶"，美国基督教联合委员会（Federal Council of Churches）将其视为"大规模的屠杀"。[107]支持建立常设国际法院的教会声明已经"多到不能一一列出"。[108]

就政治层面而言，尽管鲁特、塔夫脱和休斯也纷纷表达了自己的观点，但是国际法在更大程度上仍是民主党的关注，就如威尔逊对它的重设一样，只是大部分民主党人并不如威尔逊那样热心："世界大战最后表明一旦现代战争爆发，它将无法被控制。一旦战争蔓延开来，那么所谓的国际法将失去效力。"[109]即便如此，民主党在两次世界大战期间对国际联盟依旧热忱笃定。1924年，民主党人指出，共和党人"对于外国势力介入、丧失主权的惧怕"应随着"时间消失，随着事态的发展而不复存在。国际联盟在过去四年中富有成效的运转表明，国际联盟根本不是伍德罗·威尔逊反对者口中的令人惧怕之物。"[110]

政治家有时也将国际法当成一项事业。1928 年 8 月 27 日，美国和德国、比利时、法国、英国、意大利、日本、波兰、捷克斯洛伐克共同加入《凯洛格·白里安协定》(Kellogg-Briand Pact)。[111]协定各方谴责"为解决国际争端发动战争，决定放弃将战争作为处理成员国之间关系的外交政策的工具。"[112]他们同意"各成员国之间的争端或者冲突的解决都应当采取和平的方式，无论其本质或者根源为何。"[113]《凯洛格·白里安协定》不仅具有公共性，也有个人根源。其纲领由卡耐基国际和平基金会历史和经济学分会主任詹姆斯·T. 肖特维尔(James T. Shotwell)[13]教授提供给白里安。[114]

《凯洛格·白里安协定》具有很强的宗教基础。作为公理会的领导，沃尔特·范·柯克(Walter Van Kirk)在 1934 年写道：

> 《巴黎非战公约》宣布放弃使用战争手段，无论在国际事务上受重视程度如何，仍然是我们以及其他六十一个国家的法律。教会旨在强调这一事实。因此，爱国主义和维护和平可视为同义词。它得到了无数教徒的认可和传播。[115]

柯克描述了美国基督教联合委员会执行委员会(Executive Committee of the Federal Council of the Churches)修改后的 11 点"和平行动方案"。除此之外，联合委员会提议一项"多边反侵略协定"，建议美国禁止侵略者入境，政府全面控制国内军需生产，销毁杀伤性武器，并遵从国际常设法院。[116]

回想起来，《凯洛格·白里安协定》似乎至多只是雄心壮志，允许各国保卫领土与利益的问题上仍旧有诸多保守之处。[117]在当时，大部分国际法学者都对此格外谨

---

〔13〕詹姆斯·T. 肖特维尔(1874—1965)：美国历史学教授，对国际劳工组织的创设和《联合国宪章》的人权内容具有卓越贡献。——译者注

慎。休斯对《凯洛格·白里安协定》评论道,"除非各成员国有意愿适用国际法程序,否则单纯立法反对战争不足以维护和平。"[118] 或许是因为《凯洛格·白里安协定》并非一项法律责任而仅仅是一种政治或道德上的倾向性。总之,20 世纪 30 年代,《凯洛格·白里安协定》在德国、日本、意大利的公然侵略面前毫无抵抗之力,只让国际法看起来更加软弱无力。

215
　　更具现实意义的是,两次战争之间的努力将美国带入了常设国际法院。共和党国际法学者在这个问题上分成了两派,像鲁特、塔夫脱和休斯这样的强硬派共和党人是国际法院的积极支持者。1924 年共和党党纲是支持国际法院的:"我们认可常设国际法院,支持美国遵守法庭判决,就像柯立芝总统对它的认可一样。"[119] 鲁特在 1925 年写道:"美国参与支持常设国际法院的提议对所有倡导废除战争的人士而言,无疑是一种令人欢欣的机遇。"[120]

　　常设国际法院最著名的美国支持者是曼利·欧·哈德森(1886—1960)。他生于密苏里州并在那里接受教育。1910 年他从哈佛法学院毕业。作为一位法学教授,在 1912 年至 1919 年他曾担任密苏里州和平协会的秘书长。1919 年,哈德森开始在哈佛法学院任教,并于 1923 年受任比密斯国际法讲席教授(Bemis Professor of International Law)。哈德森教授一直活跃于哈佛,直至 1960 年去世。[121]

　　哈德森对国际法院的支持言论相当著名:

216
　　　　虽然不是无法避免,但至少也是十分自然地,一个像哈德森一样致力于不断研究国际法院的人,往往会担任起该领域领袖的角色。他在这个角色中,展现出了伟大的勇气和毅力,正如他在记录国际法院活动时表现出的一丝不苟的精神。美国没有加入国联,但他勇挑重担,向美国政府、法学家和美国民众解释加入国际法院的重要性。为了修改《国际法院规约》,克服美国拒绝加入公约所提出的诸种理由,他兢兢业业解释着规约修改的每一个复杂的步骤。[122]

　　除了他在国际法领域取得的学术成就及其对国际法的倡导,哈德森还在 1936 到 1946 年间任职于国际法院,只是这个法院很长一段时间内都无所作为。第二次世界大战后,哈德森未能在新的国际法院中连任,但1948年他当选为联合国国际法委员会(United Nations International Law Commission)主席。[123]两次世界大战间隔时期,尽管美国意志坚定地拒绝加入国际联盟,但哈德森一直乐观地认为美国可能会接受并加入常设国际法院:

> 如果在过去的半个世纪里,美国外交政策有一个不变的特征,那就是对于设立常设国际法院的狂热支持······很明显,这个新的国际法院和我国在麦金利(Mckinley)、罗斯福、塔夫脱和威尔逊担任总统时提出的想法非常一致。当时对这一机构的普遍支持似乎足以说明它体现了美国人的愿望。[124]

然而,哈德森并没有暗示国际法院能够确保世界和平,这在当时也十分常见。这仅是"其中一种途径,在诉诸战争前可以试图求助的一个机构。"[125]就此而言,美国国际法协会主席休斯也同意哈德森的看法:

> 当协商解决无效时,避免战争的另一个办法,从某种程度上而言,是以某种仲裁的方式······在最行之有效的保障下,设立一个常设法院。现在至少已经有这样一个机构来保障权利。但我们不应对其期望太高。[126]

在两次世界大战期间的最初几年,哈德森、休斯、鲁特、斯科特、塔夫脱和摩尔这样的国际法院支持者仍然信心满满,但使国会批准加入国际法院的道路却愈加曲折,最后功亏一篑。1923年,哈丁总统就美国加入国际法院并遵守《国际法院规约》,寻求参议院的批准。直到1926年1月27日柯立芝总统上任,仍有五项存在争议的保留意见。1929年,新的国际法院议定书出台。胡佛总统在1930年寻求参议院的同意。然而,1932年富兰克林·罗斯福上任之后,参议院才真正进入投票表决程序,并于1935年1月29日最终表决。52票赞成、36票反对的结果远远低于美国宪法的规定——总统仅可在三分之二的参议员建议与认可后方能批准条约。[127]

第五节　国联的没落

如果说一战后第一个十年内美国对国际法的推动令人气馁，那么后十年更可谓每况愈下。《凡尔赛条约》规定国联"设立的基础在于美国不仅仅是缔约方还是积极的执行方"。[128]不幸的是，或者换一种说法，如一位法国人表述的那样，"奇怪的矛盾之处是"，[129]美国参议院从未批准同意加入《凡尔赛条约》，美国将独立于自己制定的维护和平的计划之外。

1920 年到 1930 年的十年间，总部设在日内瓦的国联虽然在运作中没有美国和前苏联的参与，但是仍然为国际法、世界健康、保护弱势群体以及解决国际争端等方面作出了切实贡献，例如 1925 年和平解决了希腊和保加利亚之间的冲突。[130]之后的十年对国联而言是灾难性的。转折点正是 1931 年 9 月 18 日日本侵华，国联对此无力阻止。[131]联盟最终在 1933 年 2 月 24 日谴责日本占领满洲，而一个月后日本就轻松退出了联盟。[132]国联虽然致力于防止侵略，却只能眼睁睁地看着意大利于 1934 年侵略埃塞俄比亚，1936 年到 1938 年间德国进军莱茵兰[14]、奥地利和捷克斯洛伐克。[133]当 1939 年德国和俄国进攻波兰时，英国和法国终于采取行动，但为时已晚。波兰沦陷了，接着是法国，随后整个欧洲陷入了 20 世纪的第二场世界大战。

1939 年时，国联在很大程度上已经是一个被人遗忘的机构。波兰、法国和大不列颠不再努力让国联参与到新的世界大战中。[134]国联官员在日内瓦工作了一年，被国联常务副秘书长称为"不正常的常态"。[135]在 1940 年夏天和秋天，国联官员因畏惧德国、意大利入侵而离开了日内瓦，寻找更安全之处。大部分秘书处成员驻扎在普林斯顿大学。[136]讽刺地说，这恰到好处地"曲解"了伍德罗·威尔逊关于国联起源的观点。

20 世纪 30 年代末，美国的孤立主义达到顶峰。以耶鲁法学院埃德温·鲍查

---

〔14〕莱茵兰：旧地区名。今德国莱茵河中游，包括今北莱茵-威斯特法伦州、莱茵兰-普法尔茨州。——译者注

德·霍奇基斯(Edwin Borchard Hotchkiss)教授为例。鲍查德在1938年美国律师协会一次会议的发言中,激烈攻击了所谓的"新国际法"。[137]鲍查德批评道:"大众幻想可以通过'集体安全'、'防止战争'、'国际合作'等具有欺骗性的名称来保障和平,'制裁'等诡计本质上其实是怀有敌意的、好战的。"[138]与奥斯丁类似,鲍查德认为"它忽略了国内法和更加粗糙的国际体系之间的根本区别,前者由一个广受认可的具有实现社会强制属性机制的机关制定,而后者由平等主体之间的习惯和条约发展而来,没有更高级别的立法者,没有授权的执行机构,也没有解除成员国武装的能力"。[139]在谴责国际法的同时,鲍查德强烈要求美国保持中立立场,他说:"如今,避免战争比1917年4月6日美国放弃中立立场时更加困难。"[140]

218

鲍查德驳斥了国际法能维护和平这一"幻想":

> 必须加以区分国际政治和国际法。只有在政治完成了它的任务之后才轮到法律上场。例如,1919年的条约不是由国际法形成的,它们是政治的产物。国际法不能控制国家和政治家的所有政治行为,他们的行为常常受到生理因素、历史环境和心理冲动及怨恨的影响。国际法也不能控制一国的国内政策,比如陆军、海军的规模和关税壁垒等,这些政策与国际政治关系的基础紧密相关。因此,许多国际行动植根于不受强制力或法律控制的原始冲动。此外,法律必须具有人性和国家性,而且只能规制那些国际习惯和国际条约业已证明,通过具体规则规范的部分国家行为。这包括很多领域,例如国家间管辖权的界定、国家在条约的制定和缔结过程中的日常外交往来、对海外公民的保护、争端的解决以及战争和中立的规则等。

219

> 然而,法律不能决定国内政策,也不能控制国家间固有的对于威望和权力的强烈渴求。换句话说,大部分导致冲突的因素都是政治性的。若使国际法控制这些活跃的政治力量,就是误解了政治力量的本质,也误解了法律的本质。国际法一直以来围绕着那些公认的容易发生纷争的主权民族国家运转,尽力使更广阔领域的国际行为摆脱纯粹的政治范畴,而纳入法律的领域,在引渡、国际行政和仲裁等方面我们已经取得了许多成功。但是这个过程,往往是

自愿的,以说服为主,需要国家间的信任以及合作精神。正如我们所看到的,上一代人没有加强这种信任和诚挚合作。[141]

保持中立并非是国际法上的错误理念,反而正是鲍查德主张的美国外交政策成功之路[142]:

> 近年来中立作为一种哲学思想和实践行为已经不可阻挡,这应当与它威望的恢复不无关联。那些对国家演变和国际关系发展进行长时段分析的人从未对此有过多疑问。确切地说,保持中立不是解决战争之道,也从未声称有此功能。但它使不干涉外国战争具有了法律基础,有助于削弱战争的持续性和残暴性、缩小冲突领域、维护世界大部分地区和平等,还有助于制定合理的和平条约。在一个各国竞争此消彼长的世界中,这算不上是什么大成就。但无论我们多么努力地消除冲突的成因,多么努力地寻找国际合作的方式和解决争端的和平方法,削弱中立的重要性都是错误的。美国尤其如此,它的发展与从中立理念和实践获得的优势紧密相关。[143]

鲍查德可能没有意识到他对国际法的批判与伍德罗·威尔逊曾经的学术观点是如此之相似。与威尔逊总统一样,鲍查德教授坚持认为,美国应该驻足在中立的小角落中。美国孤立主义将中立视为国际法的对立面,而忘了中立本身就是国际法的特征之一,并且中立也需要依靠武力和法律来获得保护。1918 年德国发动无限制的潜艇战时,威尔逊的中立理论被打破了,他被迫参战。美国的孤立主义者们无法阻止 1941 年 12 月日本对珍珠港的袭击。美国的中立承诺再次落空,它被迫参与了一场原本可以避免的战争。事实证明,一味否定国际法和国际组织只会徒劳无功又危险至极。当美国开始加入这场更危险的第二次世界大战时,美国人已经准备好抛弃两次战争间采取的孤立主义,再次燃起对国际法的些许(如果不是全部的话)希望。

1　James R Mock and Cedric Larsen, *Words that Won the War*: *The story of the*

Committee on Public Information, 1917－1919 247（1939），转引自 David M Kennedy，*Over Here：The First World America and American Society*353（2004 edn, Oxford University Press）。

2　同上 at 232－3,241.

3　同上 at 349.

4　William Lawrence，*Henry Cabot Lodge：A Biographical Sketch*13（1925，Boston，Houghton Mifflin）[以下简称 Lawrence].

5　同上 at 14－44.

6　同上 at 54－5.

7　同上 at 78－9.

8　Henry Caboti Lodge，'Letter to Theodore Roosevelt, November 26，1918'，2 *Selections from the Correspondence of Theodore Roosevelt and Henry Cabot Lodge：1884－1918*546,547（1925，New York，Charles Scribner's Sons）.

9　Coloncl Roosevelt's 'Last Public Utterance on League of Nations'，*Charlotte Observer*，January 14,1919, at 3.

10　Lawrence，*supra* n 4，at 181.

11　同上.

12　Henry Cabot Lodge，'Speech made in the Senate on February 28,1919'，Henry Cabot Lodge，*The Senate and the League of Nations*227－61（1925，New York，Charles Scribner's Sons）.

13　同上 at 260－1.

14　Lawrence，*supra* n 4，at 167－8.

15　Jonathan Bourne，'Sovereignty and a League of Nations'，*Bellingham Herald*（Washington），January 8,1919, at 4.

16　'Letter from John W Davis to White, March 24,1919'，David Hunter Miller, 1 *The drafting of the Covenant*368,369（1928，New York G P Putnam's Sons）.

17　Henry Cabot Lodge，'Speech of August 12,1919'，*Treaty of Peace with Germany* 3－16（1919，Washington DC，General Printing Office）.

18　同上 at 3.

19　同上 at 3－5.

20　同上 at 5.

21　同上 at 6－7.

22　同上 at 7.

23　同上 at 13.

24　'League of Nations is Irredeemable Failure Asserts Senator Harding'，*Olympia*（Washington）*Daily Recorder*，August 28,1920,at 1.

25　Warren Harding，'Messages of the President of the United States to Congress，Messages of April 12，1921'，US Department of State, 1 *Papers Relating to the Foreign Policy of the United States* vii，xvii-xviii（1936，Washington DC，Government Printing Office）.

26　Henry Cabot Lodge，'Foreign Relations of the United States，1921－1924'，3 *Foreign Affairs* 525,538－9（1924）.

27　Charles H Stockton，*Outlines of International Law*v（1914，London，George Allen & Unwin）.

28   Elihu Root, 'The Outlook for International Law', 10 *American Journal of International Law* 1 (1916).

29   Martin David Durbin, ' Elihu Root and the Advocacy of a League of Nations, 1914 – 1917', 19 *Western Political Quarterly* 439,443 (1966)[以下简称 Durbin].

30   Woodrow Wilson, ' Letter to Edward Mandell House, March 20, 1918', 47 *The Papers of Woodrow Wilson* 85 – 6 (Link ed, 1984, Princeton University Press).

31   Durbin, *supra* n 29, at 442 – 3.

32   Robert C Post, 'Mr. Taft Becomes Chief Justice', 76 *University of Cincinnati Law Review* 761, 768 – 70 (2007 – 2008).

33   Philip Marshall Brown, *International Realities* 1 – 2 (1917, New York, Charles Scribner's Sons).

34   同上 at 3.

35   同上 at 6.

36   同上 at 7.

37   Jesse S Reeves, 'International Society and International Law', 15 *American Journal of International Law* 361, 374 (1921).

38   Secretariat of the League of Nations, *League of Nations: Ten Years of World Co-Operation* 125 – 6 (1930, London, Hazell, Watson & Viney)[以下简称 Secretariat].

39   我们已在第十章中讨论了鲁特曾提出，某法案因有相关条约的规定而合宪。

40   Frederic L Kirgis, *The American Society of International Law's First Century 1906 – 2006* 67 (2006, Leiden, MartinusNijhoff).

41   Secretariat, *supra* n 38, at 126.

42   同上 at 126 – 8.

43   同上 at 129 – 31.

44   我们已在第七章中讨论过沃顿和他的《国际法汇纂》。

45   Frank E Hinckley, 'John Bassett Moore, a Member of the Permanent Court of International Justice', 10 *California Law Review* 103 – 10 (1922).

46   Edwin Borchard, 'John Bassett Moore', 32 *American Bar Association Journal* 575, 578 (1946).

47   同上 at 579.

48   同上 at 581.

49   William G Ross, *The Chief Justiceship of Charles Evans Hugbes 1930 – 1941* 1 – 13 (2007, University of South Carolina Press); Richard P Friedman, 'Charles Evans Hughes as International Lawyer', 90 *American Society of International Law Proceedings* 143, 144.

50   Augustus N Hand, *In Memory of Charles Evans Hughes* 128, 133 (1950, Washington, DC, US Supreme Court).

51   Charles Evans Hughes, 'The Development of International Law', 19 *American Society of International Law Proceedings* 1, 2 (1925).

52   Charles Evans Hughes, 'The Development of International Law', 23 *American Society of International Law Proceedings* 1, 2 (1929)[以下简称 Hughes].

53   1 *Hague Recueil* (1923).

54   2,3,4,5 *Hague Recueil* (1924 Ⅰ, Ⅱ, Ⅲ, Ⅳ).

55   The International Law Association, *Report of the Thirty-Third Conference Held at*

the Ruddarhuset and at the Riksdagshuset, *Stockholm, September 8th to 13th, 1924* (1926, London, Sweet & Maxwell)[以下简称 1924 Report].

56 同上 at 75.

57 同上 at 75‑111.

58 1924 年斯德哥尔摩会议有时仍被提及。例如,国际法委员会的特殊报告起草员 D. 蒂亚姆为了介绍他的 1983 年国际刑事法院规约草案,在提及 1926 年于维也纳通过国际法协会版本的规约草案时说到了斯德哥尔摩会议。'First Report on the Draft Code of Offences Against the Peace and Security of Mankind', *Yearbook of the International Law Commission, 1983*, Vol Ⅱ (1), at 139 & n 6。

59 Arts 3 & 4, 1924 Report, *supra* n 55, at 76.

60 Arts 24,同上 at 81.

61 同上.

62 Arts 25,同上 at 81.

63 同上.

64 同上.

65 Arts 26,同上 at 82.

66 W A B [Wyndham AnstisBewes], 'Hugh H. L. Bellot, D. C. L', 14 *Transactions of the Grotius Society* 1928 xi‑xiv (1928).

67 'Right of Intervention – Charles Henry Butler Quotes Writers on International Law in Defense of It,', *New York Times*, April 9, 1898。

68 1924 Report, *supra* n 55, at 92.

69 Edwin M Bacon, *The Book of Boston* 419 (1916); Charles Warren, *History of the Harvard Law School and Early Legal Conditions in America* 353 (1908, New York, Lewis).

70 1924Report, *supra* n 55, at 98‑9.

71 同上 at 99.

72 同上 at 101.

73 同上.

74 同上.

75 同上.

76 同上 at 103.

77 同上 at 105.

78 同上.

79 'Testify Regarding American Divorce: J A Barrett and R N Crane: Appear Before an English Commission', *New York Times*, June 12, 1910; J Arthur Barratt, 'The Divorce Reports from an American Standpoint', 13 *Journal of the Society of Comparative Legislation*, No 2, at 186 (1913).

80 John Hinkley, 'Reminiscences of the American Bar Association', 21 *American Bar Association Journal* 452 (1935).

81 1924 Report, *supra* n 55, at 107.

82 同上 at 108.

83 同上.

84 International Law Association, *Report of the 34th International Law Association Conference held at the Imperial Palace and at the Chamber of Commerce*, *Vienna*, *August 5th to August 11th. 1926* 106 - 225, 279 - 309 (1927, London, Sweet&. Maxwell).

85 同上 at 142 - 309.

86 同上.

87 Manley O Hudson, 'The Proposed International Criminal Court', 32 *American Journal of International Law* 549 (1938).

88 同上 at 550.

89 同上 at549 - 50.

90 同上 at 551.

91 同上 at 552.

92 同上 at 554.

93 Vespasian V Della 'Towards an International Criminal Court', 44 *American Journal of International Law* 37 (1950); John J Parker, 'An International Criminal Court: The Case for Its Adoption', 38 *American Bar Association Journal* 61 (1952); George A Finch, 'An International Criminal Court: The Case Against Its Adoption', 38 *American Bar Association Journal* 644 (1952); Leila Nadya Sadat and S Richard Carden, 'The New International Criminal Court: An Uneasy Revolution', 88 *Georgetown Law Journal* 381 (2000); William A Schabas, *An Introduction to the International Criminal Court* (2001, Cambridge University Press).

94 Amos S Hershey, *The Essentials of International Public Law and Organization* viii (1927 rev. edn, New York, Macmillan).

95 同上 at 3.

96 同上 at 9 - 10.

97 同上 at 10 - 11.

98 John Bassett Moore, *International Law and Some Current Illusions and Other Essays* vii (1924, New York, Macmillan).

99 同上 at vii-xi.

100 同上 atxi.

101 同上 at 35 - 36.

102 同上 at 39.

103 Gordon, 'La fonctioninternationale de Christianisme', 2 *L' esprit international* 232 (1928)[以下简称 Gordon].

104 Church Peace Union, *Record of Twenty Years: 1914 - 1934* (1935, New York, Union).

105 Gordon, *supra* n 103, at 234.

106 Abraham Cronbach, 'The Peace Ideal of Churches', 10 *Journal of Religion* 232 (1930).

107 同上.

108 同上 at 242.

109 Norman H Davis, 'American Foreign Policy : A Democratic View', 3 *Foreign Affairs* 22,23 (1924 - 1925).

110 同上 at 32.

111 条约规定了放弃战争作为外交政策的工具，46 Stat. 2243，T. S. No 796，2 Bevans 732，94 L. N. T. S 57（1928 年 8 月 27 日于巴黎签署，1929 年 7 月 24 日生效）.

112 同上，art I.

113 同上，art II.

114 John Epstein, *The Catholic Tradition of the Law of Nations* xiv（1935, Washington, Catholic Association for International Peace）.

115 Walter W Van Kirk, 'The Churches and World Peace', *International Conciliation*, No 34（November 1934）, at 349 - 350.

116 同上 at 353 - 70.

117 J Fawcett, *Law and Power in International Relations*, 26 - 8（1982, University of British Columbia Press）.

118 Hughes, *supra* n 52, at 6 - 7.

119 Theodore E Burton, 'American Foreign Policy: A Republic View', 3 *Foreign Affairs* 35,39（1924 - 1925）.

120 Elihu Root, 'Steps Toward Preserving Peace', 13 *Foreign Affairs* 351,355（1925）.

121 Erwin N Griswold, 'Manley Ottmer Hudson', 74 *Harvard Law Review* 209（1960）. [以下简称 Griswold].

122 Julius Stone, 'Manley Hudson: Campaigner and Teacher of International Law', 74 *Harvard Law Review* 215,217 - 8（1960）.

123 Griswold, *supra* n 121, at 210 - 211.

124 Manley O Hudson, *The Permanent Court of International Justice and the Question of American Participation* 182（1925, Harvard University Press）.

125 同上 at 261.

126 Charles Evans Hughes, 'Some Observations on Recent Events', 1 - 20 *Proceedings of the American Society of International Law* 1,7（1926）.

127 Manley O Hudson, 'The United States Senate and the World Court', 29 *American Journal of International Law* 301,301 - 7（1935）.

128 Harold Nicolson, *Peacemaking 1919* 207（1965 edn, New York, Grosset and Dunlap）.

129 Claude-Albert Colliard, *Institutions internationals* 50（3rd edn, 1965, Paris, Dalloz）.

130 Eric Drummond, *League of Nations: Ten Years of World Co-operation*（1930, London, Hazell Watson& Viney）；参见 the biography of Drummond by James Barros, *Office Without Power: Secretary-General Sir Eric Drummond 1919 - 1933*（1979, Oxford University Press）。

131 F P Walters, *A History of the League of Nations* 465 - 99（1960 edn, Oxford University Press）.

132 同上 at 494.

133 同上 at 623 - 783.

134 同上 at 802.

135 同上 at 804.

136 同上 at 809 - 10.

137 Edwin Borchard, 'Neutrality', 48 *Yale Law Journal* 37,39（1938）.

138 同上 at 38.

139 同上 at 39.

140 同上 at 41.
141 同上 at 41 - 2.
142 同上 at 45 - 53.
143 同上 at 53.

索引

A

Abdy, J. T. , J·T·阿布迪,50n

Abu Ghraib,阿布格莱布监狱,71

Academie de Droit Institutional,国际法学院,206 - 07

Achaean Confederacy,亚加亚模式的邦联政体,34

Adams, Charles Francis,查尔斯·弗朗西斯·亚当斯,132

Adams, John,约翰·亚当斯,24,25,38,40

Adams, John Quincy,约翰·昆西·亚当斯,80,124

Adolphus, Gustavus,古斯塔夫·阿道夫,66

Adoption Rule,吸收规则,51

Afghanistan,阿富汗,87,139

Africa (also African),非洲(非洲人),90,94,95,96,97,100,102,111,122

African (see Africa),非洲人(非洲)

African Americans,非裔美国人,101,104,106,110,111,187

Agrippina,阿格里平那号,133

Alabama,阿拉巴马州,107

Alabama Arbitration (also Geneva Arbitration),阿拉巴马号仲裁(日内瓦仲裁),v,80,91,120,123,131,132 - 33,133 - 34n,134,136,137,138,140,144,166,195,207

Albany Law Journal,奥尔巴尼法律杂志,123,135,137

Alexander,亚历山大,66

Alleyne,阿莱恩,97

Ambassadors,大使,3,7,8,25,36,53,72,80,94,109

Ameers of Scinde,新德岛,87

America (see United States of America),美国(美利坚合众国)

American Advocate of Peace,《美国和平倡

导者》,79,80

American Antiquarian Society,美国古文物社会,86

American diplomacy (also US diplomacy),美国外交(美利坚合众国外交),24,37,40,70,71,125

American exceptionalism,美国例外论,92,100,107,113,113n,114,115,176,184,200

American Insurance Company v. Canter,美国保险公司诉肯特案,112

American international court movement (also American movement for international Courts,美国国际法庭运动,79,90,144,207,209,211,216 – 17

American Journal of International Law (AJIL),《美国国际法杂志》,129,141 – 42,149,150 – 52,163 – 64,185

American movement for international courts (see American international court movement),美国国际法庭运动

American peace advocates,美国和平倡导者,134 – 35

American Peace Society,美国和平协会,79,80,85,86,90,90n,131,135,144,144n,149

American Society for Judicial Settlement of International Disputes,国际争端司法解决美国协会,149,155

American Society of International Law

(ASIL),美国国际法学会,138,144,149,150 – 52,153,156,163 – 64,172,173,178,206,216

Amphictyonic Confederacy,雅典近邻模式的邦联政体,34

Anglo-French War,英法战争,39

Antelope,安特勒普案,42,43

Appleton, Jesse,杰西·阿普顿,79

Apostle of Peace,和平的使徒,80

Argentina,阿根廷,119

Aristotle,亚里士多德,69

Arkansas,阿肯色州,110

Arminians,阿米尼乌斯派,65

Arminius,阿明尼乌,57

Armitage, David,大卫·阿米蒂奇,27n,28n

Asakura v. City of Seattle,朝仓诉西雅图案,185

Ashburton, Alexander Baiting,亚历山大·贝汀·阿什伯顿,84

Asia (also Far East),亚洲(远东),122,147

Asiento Convention,《阿西恩托协议》,96

Association for the Reform and Codification of the Law of Nations (see International Law Association),国家法律改革和编纂协会(国际法协会)

Atlantic Ocean,大西洋,52

Austin, John,约翰·奥斯丁,1,15,15n,16,17,19,49,61,61n,62,63,63n,64,69,127,154,166

Province of Jurisprudence Determined，《法理学的范围》，15

Austinian，奥斯丁学派，121，162，212，218

Austria，奥地利，37，89，122，148，157，198，217

Austro-Hungary，157，奥匈帝国

Avery，Margaret E.，玛格丽特·E. 艾弗里，28n

B

Bacon，Francis，弗朗西斯·培根，45

Bahama，巴哈马号，133

Bailey，Hollis R，霍利斯·R. 贝利，209，210，211

Balaou，巴拉乌号，41

Baldwin，Simeon E.，西蒙·E. 鲍德温，155，163

Banner，J. M，J. M 班纳，75n

Baptism，浸礼会，78

Barbeyrac，Jean，让·巴贝拉克，3，24

Barratt，Arthur，亚瑟·巴拉特，210，211

Bartram v. Robertson，巴特拉姆诉罗伯森案，48n

Beales，A. C. F.，A. C. F. 比尔斯，74n，76n，79n，83n，86n，88n，89n，90n

Beckwith，Rev.，尊敬的贝克维斯，87

Beitzinger，A. J.，A. J. 彼金格，26n

Belgic Confederacy，贝尔吉卡模式的邦联政体，34

Belgium，比利时，46，135，157，207，214

Brussels，布鲁塞尔，89

Bellia，Anthony J.，安东尼·J. 贝利亚，43n

Bellot，Hugh，休·白洛特，207，208－09，210

    Draft Statute（ICC），规约草案（国际刑事法庭），207，208－10，208n

Bentham，Jeremy，杰里米·边沁，1，2，2n，9，10，11，12，13，14，15，15n，16，17，18，19，20，20n，21，22，23，28，29，29n，30，51，51n，59，62，63，73，73n，83，116－17，120，121，122，127，130，146，170

    A Comment on the Commentaries，《关于评论的评论》，2n，10，10n，11，11n，51n

    A Fragment on Government，《政府片论》，2n，10，10n，11，51n

    A Plan for an Universal and Perpetual Peace，《普遍与永久和平计划》，17n，19

    Introduction to the Principles of Morals and Legislation，《道德与立法原理导论》，12，12n，13n，14，15，15n，16，17，17n，18，20n，22n，50n，63n

    Objects of International Law，《国际法的目标》，18，19

    Of Laws in General，《论一般法律》，15，16n，17，18

    The Limits of Jurisprudence Defined，《法理学界限之限定》，16

Bishop，William W.，威廉·W. 毕晓普，32n

Black Hand,黑手党,157

Blackstone, William,威廉·布莱克斯通,1,
2,3,4,4n,5,5n,6,7,7n,8,9,9n,10n,
11,11n,14,14n,20,22,22n,23,24,26,
30,31,32,43,51,51n,52,59,60,81,
109,111,121

Commentarirs,《英国法释义》1,22*n*,3,5,
7,8,9,10,11,29,32*n*,50,50*n*

Bliss, Tasker,塔斯克·布利斯,173

Bluntschli, John Kaspar,约翰·卡斯帕·
布伦奇利,120,120n,146,161,162

Bodin, Jean,让·博丹,108

Bond of Universal Brotherhood,《世界同胞
情》,86

Borchard, Edwin,埃德温·鲍查德,
218－19

Bosnia,波斯尼亚,157

Boston Christian Register,《波斯顿基督教
纪录报》,84

Boston Convention of the Friends of Peace
(see First Universal Peace Conference),
波士顿和平之友集会(见"第一次世界和
平大会")

Boulognesur-Mer,波洛格内市,v

Bourguignon, Henry J.,亨利·J.布吉尼
翁,24n

Bowdoin College,鲍登学院,79

Bo wring, John,约翰·宝宁,15,17n

Brace, Charles Loring,查理斯·洛林·布
雷斯,138－41,195,211

Brazil,巴西,132,135

Bredin, J.,J.布雷丁,23n

Bricker, John,约翰·布瑞克,187－88,189

Bricker Amendment,《布瑞克宪法修正案》,
187,188,189,190,191,193

British Association for the Promotion of
Social Science,英国社会科学促进协
会,120

Brock, P.,P.,布鲁克,74n,75n,78n,91n

Brown v. Board of Education,布朗诉教育
委员会案,190

Brownell, Herbert,赫伯特·布劳内尔,41n

Brownlie, Ian,伊恩·布朗利,46n

Bryan, William Jennings,威廉·詹宁斯·
布莱恩,148,157,204

Buddhism,佛教,128,141

Bulmerincq, August von,奥古斯特·冯·
布曼里克,161－62

Burlemaqui, Jean-Jacques,让-雅克·布拉
玛奇,25,45

Burge,伯奇,105

Burritt, Elihu,伊莱休·伯里特,72,79,80,
85,85n,86,88,88n,89,89n,90,90n,91,
91n,122,134－35,140,170,195,
207,211

Bush doctrine (also doctrine of pre-emptive
war),布什主义(先发制人的战争理
论),71

Butler, Charles Henry,查尔斯·亨利·巴
特勒,209,210,211

Buvrt v. Barbut,比沃诉巴布案,3,14

Bynkershoek, Cornelius van,科尔内利斯·范·宾刻舒克,3,45,67

C

Cadwalader, John L.,约翰·L.卡德瓦拉德,126n

Calhoun, John C.,约翰·C.卡尔霍恩,80

Calumet,《烟斗》,79

Calvinism,加尔文派,57,58

Calvo, Charles,查尔斯·卡尔沃,136

Camp,坎普,86n,88n,89n

Campbell, John,约翰·坎贝尔,107,107n,108,109,114,115

Canada,加拿大,39,134,178,180

Canon law,教会法,6,127

Carnegie, Andrew,安德鲁·卡耐基,147,155,156,195

Carnegie Endowment for International Peace,卡耐基国际和平基金会,150,156,214

Carnegie Foundation,卡内基财团,63n,206,207

Caribbean,加勒比海,44

Casablanca,卡萨布兰卡案,147

Catholic (see Catholicism),天主教徒(天主教)

Catholicism (also Catholic, Catholic Church),天主教("天主教徒"、"天主教会"),56,57,59,65,66,78,100,127,156,183

Medieval Catholic Confederacy,中世纪的天主教邦联,53

Catholic Church (see Catholicism),天主教会(天主教)

Catron, John,约翰·卡特伦,108,108n,109,115

Censorial jurisprudence,审查性法学,12

Central American Court of Justice,中美洲法院,148

Chair of Jurisprudence at the University of London,伦敦大学法理学教席的占有者,61

Channing, William Ellery,威廉·艾莱瑞·钱宁,84,85,85n,86

Charming Betsy,迷人的贝特西号案,44,44n

Charming Betsy rule (*see Murray v. Charming Betsy*),迷人的贝特西原则(见"穆雷诉迷人的贝特西案")

Chemerinsky, Erwin,埃尔文·莫林斯基,99n

China (also Chinese),中国(中国人),87,139,140,141-43,141n

Chinard, Gilbert,吉尔伯特·奇纳德,25n

Chinese (see China),中国人(中国)

Chitty, Joseph,约瑟夫·奇蒂,54n

Choate, Joseph H.,约瑟夫·H.乔特,155,157

Christian（see Christianity），基督徒（见"基督教"）

Christendom，基督教世界，49，56n，71，76，84

Christian Citizen，《基督公民》，86

Christian Community of Nations，基督教国家共同体，49，53，60，68

Christianity（also Christian），基督教（基督徒），52，53，54，55，56，57，59，60，64，65，66，67，68，70，70n，71，72，73n，76，77，78，80，83，84，87，89，90n，94，95，98，122，125，127，128，138，139－42，143，156－57

　Christian missionaries，基督教传教士，141－42

Church Peace Union，教会和平联盟，156－57

Cicero，西塞罗，67，69

Civil Code（see Code Napoleon），《法国民法典》。见"《拿破仑法典》"

civil law（see municipal law），市民法（见"国内法"）

Clark，Bradford R，布拉德福·R. 克拉克，43n

Clay，Henry，亨利·克莱，124

Cockburn，Frederic Sclopis，弗雷德里克·斯克罗皮司·科伯恩，132

CodeNapoleon（also Civil Code），《拿破仑法典》。亦可见"《法国民法典》"，117

College of William and Mary，威廉玛丽学院，25，26n，40

Columbia University，哥伦比亚大学，21，24，36n，50，74n

Comrt，彗星号，44

Common Court of Judicature，普通裁判法庭，19

Common Law，普通法，1，3，6，7，14，23，32，34，52，54，59，60，109，111，112，143，156

Communism，共产主义，88

compacts（see mutual compacts），协定见"共同协定"

Confederacy of nations，国家联盟，77

Confederate government（see Southern Confederacy），邦联政府（见"南部邦联"）

Conflict of laws，冲突法，21，22

Congregationalism，公理会主义，78，183，215

Congress of Berlin，柏林会议，161

Congress of Nations，国际议会，72，78，83，88，89

Congress of Paris，巴黎会议，151，161

Congress of Vienna，维也纳会议，95，151，161

Connecticut，康涅狄格州，44，74，75，78

　Hartford，哈特福德市，80，86，131

　New Britain，新不列颠市，85，91

Constellation，部队，44

Constitutional law，宪法，41，105，189，192

Continental Congress，大陆会议，25

Convention for the Pacific Settlement of

International Disputes,《和平解决国际争端公约》,145,145n

Convention for the Prevention and Punishment of Terrorism,《预防和惩治恐怖主义公约》,211

conventional law (see positive law),协约法（见"实体法"）

Coolidge, Calvin,卡尔文·柯立芝,199,205,215,217

Coues, Samuel,塞缪尔·科兹,90,90n

Court of Nations,国际法庭,72,80,82,83,89,144n

Cox, James,詹姆斯·考克斯,199

Crimea,克里米亚,89

Crimean War,克里米亚战争,90n

Crosby v. National Foreign Trade Council,克罗斯比诉国家外贸委员会案,192 - 93

Currie, David,大卫·克里,99

The Constitution in the Supreme Court,最高法院的宪法,99

Curti,柯蒂,86n,88n,89n,91n

Curtis, Benjamin Robbins (also Curtis doctrine),本杰明·罗宾斯·柯蒂斯（柯蒂斯所遵循的法律原则）,101,104,108,109,110,110n,111,112,113,114

Curtis doctrine (see Curtis, Benjamin Robbins),柯蒂斯所遵循的法律原则（本杰明·罗宾斯·柯蒂斯）

Customary international law (see International customary and conventional law),习惯国际法（见"国际法和国际惯例"）

D

D·Aguesseau, Henti Francois,亨利·弗朗西斯·阿格索,12,13,13n

D·ltajubd, Baron,伊塔雅布男爵,132

Dana, Richard Henry, Jr. ,小理查德·亨利·达纳,63n

Daniel, Justice Peter,大法官彼得·丹尼尔,105,106,107,110,114,115

Danish (see Denmark),丹麦人。见"丹麦"

Danish St. Thomas,丹属圣托马斯岛,44

Davis, George B. ,乔治·B. 戴维斯,163

Davy, Serjeant,高级律师戴维,97

Dean, Arthur,阿瑟·迪恩,189 - 90

de Lapradelle,德·拉培德雷,203

De Longchamps,德·隆尚案,31,32

Democratic Republicans,民主共和党,38

Denmark (also Danish),丹麦（丹麦人）,28,44,89

Denny, George L. ,乔治·L. 丹尼,162n

Des champs,德尚,203

De Tocqueville, Alexis,亚历克西斯·托克维尔,89

Democracy in America,《论美国的民主》,27,89

Detroit,底特律市,33n

尔,163

Holman, Frank,弗兰克·霍曼,186－87, 188,189

Holmes, Oliver Wendell,奥利弗·温德尔·霍姆斯,176－77,180－82,183－84, 186,188,189,192,193

Holt, Francis Ludlow,弗朗西斯·勒德洛·霍尔特,43n

Holy Alliance,神圣同盟,198

Holy Roman Empire (see Rome),神圣罗马帝国(罗马)

Homer,荷马

The Iliad,《伊利亚特》,66

Hoover, Herbert,赫伯特·胡佛,199, 205,217

Hopkirk v. Bell,霍普柯克诉贝尔案,182

House, Edward M(also Colonel House),爱德华·M豪斯(亦可见"豪斯上校"), 165,167,172,173,174

Huberus,霍布鲁斯,105

Hudson, Manley,曼利·哈德逊,211,215－16,217

Hughes, Charles Evans,查尔斯·埃文斯·休斯,99,205－06,214,215,216,217

Hungary,匈牙利,139

I

Illinois,伊利诺伊州,104,105,109,110

Incorporation rule,吸纳规则,111

Indians (also Native Americans),印第安人(美洲原住民),101,139

Institut de Droit International,国际法研究院,134,149

instituted law (see positive law),制定法(实证法)

Inter-American Court of Human Rights,美洲国家间人权法院,72

Internal law,国内法,12,13,22,30,116, 117,188

International affairs,国际事务,35

International arbitration,国际仲裁,122, 123,132－33,134,138－39,140,144, 145,148,154,162,166,174,208,211

International code,《国际法典》,117, 118,126

International Code Committee,国际法典委员会,135,136－37

International Court (also World Court Justice)国际法院(国际法院),72,159, 202,205,212,214,215,216－17

International customary and conventional law (also Customary International Law), 国际法和国际惯例(习惯国际法),32, 51,111,122,124,129,142,161,191, 208,218－19

International Criminrl Court (ICC),72, 207,208－09,203n,210,211,国际刑事法庭

International human rights law (also

international human rights movement），
《国际人权法案》（亦可见"国际人权运
动"），6，26，115，186，188，190，191

International human rights movement（see
International human rights law），国际人
权运动（见"《国际人权法案》"）

International Law Association IILA）（also
Association foi the Reform and
Coditication of the Law of Nations），国际
法协会（亦可见"国际法改革和编纂协
会"），46n，131，135，136－38，144，207－
10，208n，211

Brussels（1873），布鲁塞尔，136

Hague（1875），海牙（1875），137

London（1879），伦敦（1879），137－38

Buenos Aires（1922），布宜诺斯艾利斯
（1922），207，209，211

Stockholm Conference（1924），斯德哥尔
摩大会（1924），46n，207－08，208n，
209，210，211

Vienna Conference（1926），1926 年维也
纳会议，208n，210，211

International Law Digest（see Digest of
International Law），《国际法汇纂》

International legal duties，国际法律义务，
33，121

International legal rights，国际法律权利，
33，121，143，209

Internatioml morality（also positive
morality），国际道德（实证道德），61，64，

70，127，162，212

International peace（see World peace），国际
和平（世界和平）

International public opinion，国际舆论，26，
83，144，151，153－54，156－57，158，211

International relations，国际关系，v，60，
121，122－23，125，128，129，130，133，
135，137－38，139，140，144，151，154，
162，208，214，218－19

International Tribunal for the Law of the
Sea，国际海洋，72 法法庭

Ireland，爱尔兰，3，7，166

Dublin，都柏林，3

Isle of Man，马恩岛，7

Italian（see Italy），意大利人（见"意大利"）

Italy（also Italian），意大利（意大利人），28，
65，119，122，132，135，139，187，207，
214，215，217－18

J

Jackson，Andrew（also Jacksonian
Democrat），安德鲁·杰克逊（杰克逊式
民主党人），100，103，118

Jacksonian，杰克逊主义者

Jacksonian Democrat，159（see Jackson，
Andrew），杰克逊式民主党人（安德鲁·
杰克逊）

Jacobini，雅各布尼，15，15n

Jamaica，牙买加，97

Marseillaise,《马赛曲》,88

Marshall, John, 约翰·马歇尔, 24, 32n, 40 - 41, 41n, 42 - 48, 91, 8102, 112 - 13, 195

Martens, Georg F. von, 乔治·F. 冯·马腾斯, 45

Maryland, 马里兰州, 33, 100

Massachusetts, 马萨诸塞州, 75 - 76, 78, 83, 85 - 86, 110 - 11

    Boston, 波士顿市, 80, 85 - 86, 88, 90, 90n

    Worcester, 伍斯特市, 86, 91

Massachusetts Peace Society, 马萨诸塞州和平协会, 78

Maurits, Prince, 慕黎斯王子, 57

McCulloch v. Maryland, 麦卡洛克诉马里兰州案, 41n

McLean, John, 约翰·麦克莱恩, 101, 104, 109, 109n, 110, 114

Mead, Walter Russel, 沃尔特·拉塞尔·米德, 158 - 59, 162

Medieval period (see Middle Ages), 中世纪时期(中世纪)

Methodism, 卫理会主义, 78, 214

Mexican-American War, 美墨战争, 88, 131

Mexican Mixed Claims Commission of 1868, 1868 年的墨西哥混合索赔委员会, 132

Mexico, 墨西哥, 132, 142 - 43, 167, 178, 204

Middle Ages (also medieval period), 中世纪(中世纪时期), 88, 127, 146

Miles, James B., 詹姆斯·B. 迈尔斯, 135, 136

Mill, James, 詹姆斯·米尔, 15n

Miller, Perry, 佩里·米勒, 50n, 51, 52n, 59, 59n

Minnesota, 明尼苏达州, 100

Missouri, 密苏里州, 100, 102, 104, 107, 109 - 12, 114, 180

Missouri Compromise, 密苏里妥协, 100 - 02, 104 - 05, 107 - 08, 112

Missouri Peace Society, 密苏里州和平协会, 215

Missouri v. Holland, 密苏里诉霍兰德案, 176 - 77, 180, 183, 184 - 85, 186, 187 - 88, 189, 190, 191, 192, 193

Mohammedan nations, 穆斯林国家, 67, 140

Monroe Doctrine, 门罗主义, 122, 195

Monroe, James, 詹姆斯·摩尔, 124

Montesquieu, Charles Louis, 查理·路易·孟德斯鸠, 24, 51, 67, 94

Moore, John Bassett, 约翰·巴塞特·摩尔, 39n, 81, 81n, 91, 126n, 151, 151n, 163, 204 - 05, 212 - 13, 217

Moral law, 道德法, 30, 94, 157

Moral sanctions, 道德制裁, 17, 62, 109

Moral suasion, 道德劝说, 69

More, Thomas, 托马斯·莫尔, 73

Morris, R B., R B. 莫里斯, 31n, 33n, 34n

Morison, Samuel Eliot, 塞缪尔·埃利奥特·莫里森, 33n, 134

Z

译后记

本书从翻译初始到修改出版，不乏波折。签订翻译合同时，美国还是奥巴马执政，如今，特朗普入主白宫已经一年有余，自其上任以来，美国宣布退出《巴黎协定》、退出《跨太平洋伙伴关系协定》(TPP)、宣布退出联合国教科文组织、美国－墨西哥边境墙开工……特朗普在大选中一再强调的"美国优先"(American First)成为其对外政策的主基调，孤立主义的倾向显而易见。

以过去的七八十年间的眼光来看，这个美国无疑是陌生的。但从更长远的时段看，这样的美国也许没有那么令人意外。如同特朗普的美国仍是美国一样，孤立主义的美国也仍是美国。在本书中，贾尼斯教授讲述的故事正是以 20 世纪 30 年代美国孤立主义到达巅峰结束的。这多少令人感慨。

在贾尼斯教授的笔下，美国与国际法的故事是一个美国故事。

这个美国故事是关于独立建国的故事。国际法或者说万国法为美国的建国者们提供了他们从大英帝国独立出来的合法性论证的依据。《独立宣言》意在"寻求世界性法庭的支持……在全人类的面前使用朴实而坚定的话语来阐述有关这一主题(即有权独立)的常识，获取他们的认同。"(本书第 29 页)新生的合众国也渴望借由万国法来巩固美国刚刚获取的独立与主权地位。

这个美国故事是关于北美民众自诩为上帝选民的故事。独立之后的美国不仅是同欧洲国家一样的"一个值得尊敬的文明的基督教国家"(本书第 68 页)，也是远比同时代的欧洲更热衷于基督教的国度，宗教乐观主义促使美国基督徒向旧欧洲反哺和平的福音。

这个美国故事是关于联邦与州的双重主权的故事,"国会无权在各州的范围内管控或是废除奴隶制",国际法从来没有限制各州主权。(丹尼尔大法官,本书第129页)这一逻辑导向了历史上臭名昭著的德雷德·斯科特案的裁决,并且最终诉诸于内战。

这个美国故事是关于乐观的进步主义运动以及美国拯救世界的故事,此时的美国是"在周遭帝国正为自身军备力量所累,不堪重负之际……一个昂首挺立的共和国,逐渐但终将在世界进程中成为最高道德代表和处理世界争端的公认仲裁者"(1900年民主党总统候选人布莱恩语,本书第181页)。这个故事在1918年1月8日威尔逊总统发表的《十四点和平原则》的演讲以及1919年2月14日他向巴黎和会提交《国际联盟盟约草案》中达到顶峰。

故事到此戛然而止。1919年11月19日,美国联邦参议院否决了美国总统威尔逊倡导的《国际联盟盟约》,并且在第二年的3月19日再次予以否决。

因为突然间,美国人开始主张"卓有成效的国联和孤立主义的国家政策水火不容";因为"现在的国联会具有管辖世界的超级权力,美国在其中将不再举足轻重"(哈丁总统1921年4月12日发给国会的函件,本书第244页);因为"美利坚合众国可以最好地服务于世界,但首先应该积蓄自己的实力、维系自身的文明体系"。(1924年共和党外交事务首席发言人洛奇的演说,本书第245页)

曾经迫切的融入旧欧洲的基督教文明大家庭的美国,突然嫌弃并且惧怕承担起领导欧洲这个残破的故乡。洛奇说,"他们(美国)的很多人来到此地就是为了摆脱欧洲,……随着一代代人在美利坚这片土地上安居乐业,那些存在于欧洲的或好或糟的过往感觉都已经远去。"(本书第245页)

乌托邦的美国小心谨慎地回归到了实利主义的美国,他们宣称,"今身处欧洲之外,……避免纠葛于我们无法体察而只有欧洲国家才领受过的困境与冲突,我们就可以更好地造福于世界和平与福祉","美国可以与欧洲体系相分离,独立地、自由地、以自身的方式帮助他们,全面充分地实现人道主义。"(本书第245页)为此,美国宁愿走向孤立,走向封闭。

如果要总结的话,这个精心叙述的故事或许可以表述为,理想主义的、具有浓烈的乌托邦色彩的、试图要承担起上帝选民义务的美国国际法亡于苟且。然而,如果抛开情绪去观察,1919年的美国应该承担起领导欧洲乃至的责任吗?还是应该"深挖洞、广积粮、缓称王"?事后而论,第二次世界大战之后美国才真正迎来了属于美国的世界霸权,1919年"美国的远离"(本书第252页)也许才是成功的根本。

在维持了战后70年的世界领袖地位后,美国似乎又到了一个新的孤立主义的时刻。这个时刻到来了吗?会持续吗?可能持续多久呢?如何终结?从历史和当下的形势看,令人不安。也许是预感到了些什么,在这本出版于2010年的著作最后的篇章中,贾尼斯教授写道:驻足于"中立的小角落中"的美国被迫参与了两次世界大战,"事实证明,一味否定国际法和国际组织只会徒劳无功又危险至极"。(本书第265页)

原书出版8年后,一切都在改变,但一切又未曾改变。无论今天的美国继续采取孤立主义,还是转向多边主义,国际法之于其都只是一种工具。贯穿美国国际法发展的内在逻辑和价值导向皆源于美国利益的需要。

完稿之际,要感谢、感恩的人太多太多。非常感谢恩师何勤华教授、李秀清教授待我如女儿一样的关心、爱护和提携,感谢复旦大学陈志敏教授在博士后研究中的点拨与指导,感谢陈颐教授、屈文生教授、于明、于霄、王笑红、赖骏楠、宋丽珏、王伟臣、李洋、赵智勇、孙晓鸣等师友在各个方面的帮助与照顾,特别是赖骏楠兄提出了非常中肯的重要修改意见。感谢鲍赟婕、祁琦、周莎、刘侗侗、沈艳雯、马悦、吕点点、李栋等小伙伴对背景文献的查证、对译稿的悉心校读和在翻译中种种有益的讨论,愿今日的你们一切顺利,想念那段时光。感谢上海三联书店郑秀艳编辑不厌其烦地帮助。最后,感恩我最最亲爱的家人,因为你们,我一路前行,因为你们,我无所畏惧!

李明倩

2018年3月于华政园

图书在版编目（CIP）数据

美国与国际法（1776－1939）/［美］马克·威斯顿·贾尼斯
（Mark Weston Janis）著；李明倩译. —上海：上海三联书店，
2018.6
（法政文丛）
ISBN 978－7－5426－6118－0

Ⅰ.①美⋯　Ⅱ.①马⋯②李⋯　Ⅲ.①国际法－法制史－美国
Ⅳ.①D990

中国版本图书馆 CIP 数据核字（2017）第 268954 号

美国与国际法（1776－1939）

著　　者 /［美］马克·威斯顿·贾尼斯
译　　者 / 李明倩

责任编辑 / 郑秀艳
特约编辑 / 王笑红
装帧设计 / 一本好书
监　　制 / 姚　军
责任校对 / 张大伟

出版发行 / 上海三联书店
　　　　　（201199）中国上海市都市路 4855 号 2 座 10 楼
邮购电话 / 021－22895557
印　　刷 / 上海肖华印务有限公司

版　　次 / 2018 年 6 月第 1 版
印　　次 / 2018 年 6 月第 1 次印刷
开　　本 / 710×1000　1/16
字　　数 / 350 千字
印　　张 / 19.75
书　　号 / ISBN 978－7－5426－6118－0/D·369
定　　价 / 68.00 元

敬启读者，如发现本书有印装质量问题，请与印刷厂联系 021－66012351